〈숨겨진 5공집권의 진실〉
전 특전사령부 보안반장의 수기

짓밟힌 서울의 봄

비극의 10·26, 거짓의 12·12, 잔혹한 5·18

저자 **김 충 립** 박사

프롤로그

　근간에 지난 1979년 12·12 사태를 되새겨보는 영화 '서울의 봄' 흥행이 천만 명을 넘었다. 그리고 필자의 방송 대담 시청자가 50만이 넘는 등 예사롭지가 않다. 1979년 12월 12일 전두환과 노태우 등을 중심으로 한 신군부가 정승화 육군참모총장 등을 불법적으로 강제 연행하고 군권을 장악하면서 시작된 군사 반란은 군과 국가를 지켜야 할 군인이 적군이 아닌 동료를 희생시키고 정권을 잡은 부끄러운 역사였다.

　대한민국 현대 정치사에서 12·12 사태를 전후한 5공들의 〈집권시나리오〉는 우리 민족 역사에 크나큰 시련을 가져다 준 격랑의 연속이었다. 온 국민이 민주화에 대한 열망으로 〈서울의 봄〉이 온다며 꿈에 부풀어 있을 때, 필자는 보안사령부에서 근무하면서 1980년 '짓밟힌 서울의 봄'을 목도하며 〈제5공화국 집권시나리오〉를 목도하였다.

　12·12 군사 반란이 일어나던 때 필자는 반란군 쪽 특전사령부 보안반장으로 재직하면서 반란군이 특전사령관을 연행하는 과정에서 김오랑 소령의 최후 순간을 생생하게 지켜보았다. 12·12 군사반란 진상은 그 후,

약 20여 년간 밝혀지지 못한 채 권력에 의해 은폐되었다가 1996년 김영삼 정부에서 '하극상에 의한 군사 반란'이라는 역사적 평가를 통하여 진실을 밝히는 계기가 되었고 5·18민주화운동의 원인을 제공한 사건으로 밝혀진 것을 다행이라고 생각한다.

하지만 12·12 주역들은 44년이 지난 지금까지 〈12·12 사건은 쿠데타나 군사 반란이 아니고 나라를 구하기 위한 구국적 혁명이었다.〉며 허황된 역설을 계속하고 있고, 많은 국민이 이들의 주장을 진실인양 받아들이고 있으며 특히 북괴군 침투가 있었다는 터무니없는 주장을 믿으며 동서 간의 갈등과 국민대 통합의 길을 방해하고 있는 현실을 안타깝게 생각한다.

필자는 〈12·12. 쿠데타는 국가와 국민을 위한 것이 아니고, 전두환과 '하나회'가 나라를 구하려 한 것이 아니며, 거짓으로 위장한 군사 반란이었음〉을 만천하에 천명하고 이들에 의하여 희생된 분들과 5·18 당시 희생된 분들의 명복을 빌고 광주 시민에게 위로의 말씀을 올린다. 그리고 젊은 후세들에게 〈12·12 쿠데타는 나라를 구하기 위한 혁명으로 기억되어서는 안 되며 5·18의 왜곡과 폄훼는 더 이상 계속되어서는 안 된다.〉는 것을 알리고자 간절한 심정으로 필을 들었음을 밝힌다.

필자는 1980년 육군 소령으로 강제 예편 당한 뒤, 신군부 세력의 구속 압박을 피하여 미국으로 피신 유학을 간 후 목사 안수를 받고, 신학박사가 되어 교수직에 재직 중 2012년 박근혜 후보의 요청으로 귀국한 후, 정호용 장군과 같이 〈5공과 5·18 화해〉 운동을 하던 중, 2016. 4. 27. 전두환 전 대통령을 대면, 〈사과와 화해〉를 요청한 후, 전 전 대통령이 〈사과와 광주 방문〉을 결단하는 것을 지켜보았으나 불행하게도 측근들의 방해로 무산되는 아픔을 겪었고 5공들로부터 사기꾼이라는 비난을 받았다. 그로부터 1년 후 전 전 대통령은 2017년 〈회고록〉을 발간 후 재판에 시달리다 운명을 달리하였다.

그 자리에서 전 전 대통령과 이순자 여사 그리고 고명승 장군이 북괴군 침투가 없었다고 강조하였고 이순자 여사는 연희동과 지만원 씨를 섞지 말라고 신신당부를 하였다. 그러나 5공 세력 일부가 5·18을 북괴군이 침투하여 일으킨 폭동이라고 폄훼하고 회고록에 북괴군이 침투했다고 실었다. 만약 이때, 측근들의 방해가 없었다면 우리의 역사가 좀 더 바람직한 방향으로 전개되었을 것이라는 아쉬움을 지금도 가지고 있으며 전 전 대통령의 사과와 화해가 무산된 것을 안타깝게 생각한다.

2019년과 2020년 필자와 정호용 장군의 5공과 5·18 화해 노력은 계속되었고 2022년 추석 때는 김장환 목사님과 김삼환 목사님께서 이순자 여사를 만나 화해를 위한 〈가족의 결단〉을 촉구하였지만 좋은 결론을 얻지 못하고 오늘에 이르렀다. 앞으로 이 일을 요청한 박근혜 전 대통령과 목사님 그리고 뜻있는 많은 분들과 같이 〈5공과 5·18 화해〉와 더불어 〈한반도프로세스포럼〉을 통한 〈동서화합과 국민대통합〉 운동을 계속하려고 한다.

이제는 우리 모두가 잊혀져 가는 역사의 한 페이지를 냉철하게 뒤돌아

보고 다시금 이 자유민주주의 땅에 지난 오류의 전철이 되풀이 되어서는 안 된다고 생각하며 이 책을 통하여 격랑과 혼돈의 시대를 되새겨 보고 암울했던 과거 역사가 반면교사가 되어 더더욱 성숙한 시민의식과 번창하는 대한민국에 민주주의의 꽃이 활짝 피어나기를 기도드린다.

2024년 새해 벽두,
저자 김충립

목 차

》프롤로그 ··· 3

제1부 하나회 조직과 1963. 7. 6 쿠데타 음모
    제1화 손영길 소령이 주도한 육사 11기 친목 모임 ············· 17
    제2화 육사 11기들의 5·16 혁명 국가재건최고회의 근무 경위········· 21
    제3화 손영길 소령이 조직한 '하나회' 조직 목적과 강령 ········· 26
    제4화 1963. 7. 6 쿠데타 모의 사건의 내막 ···················· 29
    제5화 전두환 개인의 정치적 비밀 사조직으로 변질된 '하나회' ········ 38

제2부 김재규 보안사령관의 수도경비사령관 윤필용 장군 감청 사건
    제1화 1963~1971년까지 청와대 주변 권력자 ··················· 49
    제2화 김재규 보안사령관의 수도경비사령관 윤필용 장군에 대한
           시기, 질투 ··· 51
    제3화 수경사 윤필용 장군의 보안사 515 감청보안부대 감청 요원
           3명 구속 사건······································ 53
    제4화 윤필용 장군 감청 결과 3군단장으로 좌천된 김재규의 분노 ····· 59

제3부 윤필용, 손영길 장군 쿠데타 음모 사건을 조사한 강창성 장군
    제1화 1973년 1월 1일 장군 진급 신고 후 전두환의 손영길에 대한
           시기, 질투 ··· 65
    제2화 대통령의 천기를 누설한 윤 장군의 '제2차 불경 언동'과 노태우 ··· 69
    제3화 윤필용 장군 구속 8일 후, 추가로 구속되는 손영길 장군 ········ 75

제4부 윤필용, 손영길 장군 조사 결과를 허위 보고하는 강창성 장군
- 제1화 윤필용 장군 조사 잘못으로 허물어지는 강창성 장군 83
- 제2화 서빙고 분실 고문으로 하루에 세 번 실신한 신재기 대령 84
- 제3화 쿠데타 음모 조사 중 '하나회'에 대한 강창성 장군의 실수......... 86
- 제4화 윤 장군과 손 장군 관련 여러 건을 동시에 모함한 박종규와
  신범식 88
- 제5화 손영길 장군 재판정에서 측근에게 허위 증언을 지시한 전두환 ... 92

제5부 윤필용 감청사건과 쿠데타 모함 사건의 숨겨진 진실
- 제1화 전두환 대령 추천으로 보안사령부에 전입된 육군 중위 필자 ... 101
- 제2화 육사 11기 출신 '하나회' 회원과 필자의 인연.......................... 102
- 제3화 윤필용 장군 감청사건으로 3군단장으로 좌천된 김재규 장군... 104
- 제4화 윤필용 장군 사건 결과 최대 수혜자가 된 전두환 장군 106
- 제5화 1973년 '쿠데타 음모' 모함 사건 이후 무너지는 박정희 대통령... 109

제6부 진종채 장군이 박 대통령에게 보고한 강창성 장군의 비리
- 제1화 군내 문제점을 진종채 장군에게 보고한 필자 113
- 제2화 윤 장군 사건 조사와 고문 사실 보고를 결단한 필자의 고민 ... 115
- 제3화 진종채 장군에게 쿠데타 사건 내막과 강 장군의 조사 비리를
  보고한 필자... 120
- 제4화 윤 장군 사건 진실과 강 장군 비리를 대통령에게 보고 한
  진종채 장군... 121

제7부 진종채 장군의 박 대통령 독대
- 제1화 진종채 장군의 강창성 보안사령관에 대한 경고 127
- 제2화 진 장군으로부터 윤필용 사건 보고를 받고 격노하는 박 대통령 ... 129
- 제3화 대통령에게 강창성 장군의 보직 해임을 건의한 진종채 장군 ... 130

제4화 박 대통령이 진 장군에게 지시한 군 인사조치 내용 ············ 134
제5화 박 대통령이 진 장군에게 지시한 내용을 보고하라는 보안
사령부의 압박·· 135
제6화 전두환, 노태우가 1973. 3. 쿠데타 모함 사건의 주역인 이유 ··· 138
제7화 1980년 전두환이 대통령이 된 후 '강창성 구속, 윤필용 보은
인사'를 한 내막·· 142
제8화 1973년 이후 허물어지는 박 대통령과 10·26 사건의 원인(遠因)··· 145
제9화 1974. 8. 15. 육 여사 피격 사건 경위와 박종규 퇴임 후 차지철
등장 경위··· 148

제8부 1976년 김재규 중앙정보부장 등장과 10·26 사건
제1화 1974년 차지철 등장과 1976년 김재규 등장 후 둘 간의 치열한 갈등 ··· 159
제2화 1976년 차지철의 심복이 되어 경호실 제병지휘관으로 변신한
전두환 장군··· 161
제3화 1사단장 전두환 소장의 부하로 변신한 1군단장 황영시 중장과
12·12 사건·· 163
제4화 진종채 보안사령관을 구속하고 전두환을 보안사령관으로 등용
하려는 차지철··· 164
제5화 자진하여 보안사령관직을 사임하고 2군사령관으로 영전한
진종채 장군··· 166

제9부 1979. 3. 보안사령부 위상 제고를 위해 노력하는 전두환 보안사령관
제1화 1977년 이후 대통령 독대 및 일일보고를 폐지한 차지철의 독주 ··· 171
제2화 보안사 대공 업무 통제 및 일반 정보 업무를 통제하는 김재규
중앙정보부장··· 172
제3화 보안사령부 기능 회복에 집념하는 전두환 보안사령관 ·········· 173
제4화 대권 장악을 위해 합동수사본부 설치 준비를 하는 전두환
보안사령관·· 175

제10부 10·26 사건 후 합동수사본부장이 된 전두환의 김재규 조사

- 제1화 전두환 사령관의 박 대통령 독대 준비와 〈중요보고서〉 작성 지시 … 181
- 제2화 계엄사령부 내 합동수사본부 설치 및 합동수사본부장에 임명된 전두환 …………………………………………………………… 182
- 제3화 합동수사본부장의 참모총장, 대통령 직권 조사를 막은 박준광 법무참모 공로 ……………………………………………… 184
- 제4화 박 대통령 집무실 현금 9억(?) 중 일부를 횡령, 사취(?)한 전두환의 파렴치 행위 ……………………………………… 185
- 제5화 전두환의 박 대통령 가족에 대한 의리 배반, 배은망덕 한 행위 … 188

제11부 1979년 12·12 쿠데타로 대통령 반열에 진입한 전두환

- 제1화 1963년 7·6 쿠데타 모의 후, 쿠데타에 의한 집권 준비를 해 온 전두환과 허화평 …………………………………………… 197
- 제2화 차지철에게 아부하여 보안사령관에 등극한 전두환의 처세술 … 198
- 제3화 경호실 작전차장보에 기용된 전두환의 초라한 변신 ………… 201
- 제4화 10·26 사건으로 김재규의 총탄에 쓰러진 박 대통령과 차지철 … 202
- 제5화 10·26 사건은 〈우발적 단순, 단독살인사건〉이라는 백동림 수사국장 조사 결과 …………………………………………… 203
- 제6화 조국의 민주화를 위한 〈민주 투사〉라고 허황된 주장을 한 김재규 … 205
- 제7화 전두환 합동수사본부장 임명과 중앙정보부 접수 …………… 207
- 제8화 〈우발적 단독 단순 살인 사건〉이 아니라는 이학봉 후임 수사 국장과 5공 실세들 ……………………………………………… 209
- 제9화 우국일 참모장과 백동림 수사국장의 전두환 정치참여 반대 조언 ……………………………………………………………… 210

짓밟힌 서울의 봄

제12부 12·12 군사 반란 시 발포, 살인으로 군권을 장악한 전두환과 5인방
- **제1화** 정승화 참모총장과 김재규가 사전 모의한 것으로 몰고 간 전두환 ·············· 215
- **제2화** 12·12 당일 전두환이 허삼수에게 참모총장 정승화 장군 체포를 지시한 거짓 이유 ·············· 218
- **제3화** 정병주 사령관 체포와 김오랑 소령 전사(戰死) 사건의 진실 ··· 223
- **제4화** 12·12 쿠데타 진압군 지휘관과 전사한 병사 ·············· 231

제13부 전두환 보안사령관의 1980년 월별 집권 시나리오 진행 경위
- **제1화** 1980년 1월, 군으로 복귀하지 않고 대통령이 될 것을 결심한 전두환 ·············· 237
- **제2화** 보안사 3인방이 주도한 전두환 대통령 옹립 K―공작 ·············· 239
- **제3화** 보안부대원 전원을 대상으로 한 대통령 취임 여론조사 ·············· 239
- **제4화** 1980년 2월 전두환 장군을 맹비난한 글라이스틴 대사와 위컴 장군 ·············· 243
- **제5화** 정호용 장군에게 정당 창당 자금 200~300억 원 모금 요청을 한 전두환 장군 ·············· 244
- **제6화** 1980년 3월 최규하 대통령에게 중앙정보부장 겸임을 압박한 전두환 ·············· 249
- **제7화** 1980년 4월 중정 비서실장 허문도가 추진한 집권 시나리오와 K―공작 ·············· 250
- **제8화** 1980년 4월 허문도가 주도한 언론통폐합법을 무산시킨 정호용 장군 ·············· 251
- **제9화** 1988년 국회 문공위 언론 청문회에 자진출두하여 증언 한 필자 ··· 255
- **제10화** 1991년 9월 10일 월간 '신동아'에 필자가 폭로한 비밀 사조직 ··· 258

제14부 5공 집권시나리오와 5·17 혁명과 5·18 민주화운동
　제1화 1979. 10. 18. 부마사태 후 〈중요보고서〉 존재를 부인하는 허화평 … 267
　제2화 보안사령부에 군사 혁명 관련 문건 〈중요보고서〉와 〈정국수습
　　　　방안〉 ……………………………………………………………… 267
　제3화 5·17 군 주요지휘관 회의와 5·17 쿠테타와 5·18 진압 경위 … 269
　제4화 5·18 광주 시위 진압 사건의 본질………………………………… 270
　제5화 전두환의 분신 장세동 작전참모 출동 경위와 박종한 작전과장의
　　　　200장 분량의 작전보고서 향방 …………………………………… 274

제15부 5·18 후 육사 11기 전두환, 노태우, 정호용, 김복동의 의리와 암투
　제1화 전두환 이후 대권을 노리는 자(노태우)와 양보하는 자(정호용)의
　　　　엇갈린 운명 …………………………………………………………… 279
　제2화 노태우에게 보안사령관직을 양보한 정호용 장군의 몰락 …… 280
　제3화 1980.7. 노태우 배반으로 강제 예편 당하게 된 김복동을 살린
　　　　정호용 ………………………………………………………………… 282
　제4화 노태우 대통령이 김대중에게 정호용의 '생사여탈권'을 양보한
　　　　경위 …………………………………………………………………… 283
　제5화 노태우 중간평가 폐기와 3당 합당을 위한 김윤환 총무와 김원기
　　　　합작 경위……………………………………………………………… 287
　제6화 육사 11기 하나회 회원 가족 간의 시기와 질투 ………………… 288

제16부 전두환과 김충립의 인연과 악연
　제1화 부친의 부역과 종군 그리고 필자의 군 경력 및 학력 소개 …… 293
　제2화 보안사령부 전입 후 강제 예편 경위와 구속을 시도한 허삼수
　　　　사정 수석……………………………………………………………… 297
　제3화 필자의 전역 명령을 한 자는 전두환인가? 이순자인가?……… 299

제4화 1975년 진종채 보안사령관의 군 정화를 위한 〈혹, 딱지 제거 비밀 공작〉과 허화평 대령 ·· 303
제5화 전역 후 필자의 학·경력 및 정당 활동 소개 ················· 306

제17부 동서화합과 국민대통합을 위한 제언
제1화 박근혜 후보의 국민대통합을 위한 제안 3가지 ············· 313
제2화 2013년 정호용 장군과 필자의 5공과 5·18 화해 추진 경위 ··· 315
제3화 김장환 목사의 〈5공과 5·18 화해〉 추진을 위한 공개 제언과 필자의 공개 제안 ·· 319
제4화 남북통일을 위한 시대적 사명인 〈국민대통합〉················ 321
제5화 현존하는 5공 실세(허화평, 허삼수, 장세동, 김진영)와 공개토론 제의 ··· 324

부록
부록1 5·18 당시 북괴군 침투설 관련 필자의 기자 회견 ············ 329
부록2 〈5공과 5·18 화해〉 관련 전두환 화해 및 광주 방문 기자회견 ········ 336
부록3 CH-47 헬기 구매 관련 필자의 600만 불 국가 헌납 제안과 필자의 국고 낭비 대책 건의 ·· 345
부록4 대한민국 정치 60년사 정치적 사건 연대표 ······················ 349
부록5 한반도프로세스 포럼 활동 실적 ······································ 351

》 에필로그 ··· 356

이 책은 국군보안사령부 소속 보안부대원이던 김충립 소령이 1970년부터 1980년까지 실무로 경험한 한국 정치와 군부 관련 사건을 직접 경험한 수기를 주 내용으로 한다. 그리고 1961년부터 1973년까지의 사건 기록은 손영길 장군의 회고와 조사한 내용을 실었다.

　필자는 1971년 김재규, 윤필용 감청사건, 1972년 유신 혁명 사건, 1973년 박종규, 신범식, 전두환, 노태우의 윤필용, 손영길 장군과 이후락 중앙정보부장 모함사건과 1973년 강창성 보안사령관 해임 사건, 1974년 육영수 여사 피격 사건과 차지철 등장, 1976년 김재규 중앙정보부장 등장과 1979년 진종채 보안사령관 사임과 전두환 보안사령관 취임과 10·18 및 10·26 그리고 12·12 쿠데타, 1980년 5·17과 5·18 민주화운동, 5공 정부 수립 등 필자가 몸소 경험한 사실을 쓴 기록이다.

　2012년 박근혜 대통령 후보의 권유로 〈5공과 5·18화해〉 운동을 시작한 결과 2016년 4월 27일 전 전 대통령의 '사과와 화해를 위한 광주 방문 결단'을 이끌어냈다. 그러나 측근들에 의하여 이 역사적 사건이 무산되는 과정을 지켜보며 안타깝게 생각했던 사실을 기록했다.

　한국정치 60년과 5공 집권시나리오를 〈짓밟힌 서울의 봄〉에 수기와 기억을 되살려 후세를 위하여 생생한 역사를 기록으로 남긴 심층고백서임을 밝힌다.

제1부

하나회 조직과 1963. 7·6 쿠데타 음모

제1화 손영길 소령이 주도한 육사 11기 친목 모임

육군사관학교의 장교 임관 과정은 두 가지로 구분된다. 하나는 1950년 6·25 한국전쟁 중에 6개월 단기 교육을 마친 뒤 임관한 장교 1기~10기까지의 '단기 육사 출신 장교'가 있다. 다른 하나는 전쟁 중 부산에서 개교한 4년제 육군사관학교 과정이다.

4년간의 정규 대학과정 교육을 이수한 후 1955년 학사학위 취득과 함께 육군 소위로 임관한 '정규 육사 1기 장교'가 시작이다. 급변하는 안보환경 속에서 미래 육군의 변혁을 선도할 올바르고 유능하며 헌신하는 핵심인재를 양성하는 곳으로 국가방위에 헌신할 수 있는 육군의 정예장교를 육성하고자 둘로 구분되어 오던 것을 육사 1~10기에 이어 육사 11기로 통합한 것은 1973년 윤필용 장군 사건 이후이며 지금까지 계속되고 있다.

■ 오성회(五星會)와 칠성회(七星會) 조직

'오성회'는 1954년 육사 11기 가운데 이북 출신 친목 단체인 '송죽회'가 조직된 것을 보고 영남 출신 전두환(龍星), 노태우(官星), 김복동(黎星), 최성택(惠星), 박영하(雄星, 유급 탈락) 등이 '오성회'라는 친목 모임을 구성하였다.

'칠성회'는 1961년 5·16 군사혁명 당시 오성회 4명에 정호용, 권익현, 손영길 등 3명을 추가한 친목 모임으로 확대되었다. 이 당시 군내 분위기는 함경도파 최고회의 의장 장도영 대장이 쿠데타 사건으로 구속되고 3~4개월 후 같은 혁명 주도 세력이던 평안도 출신 박임항, 박

창암 대령 등이 쿠데타 사건으로 구속되고 경상도 출신 박정희 장군이 군 내 중심세력으로 등장하면서 경상도 출신 정규 육사 11기들의 친목이 필요한 시기였다.

육사 생도시절 친목모임 오성회 기념사진

■ 손영길 소령이 주도한 '하나회'(일명 一心會) 조직

하나회 조직 시기는 1962년 육사 8기 김종필 대령이 중앙정보부를 창설하고 1963. 12. 민정 이양 당시 육사 8기들이 4대 의혹 사건으로 물의를 일으킬 때였다. 당시 최고회의, 중앙정보부, 방첩대 등 권력 기관에 근무하던 육사 출신 '칠성회'가 주축이 됐다. 박 대통령 전속부관인 손영길 소령이 주도하여 육사 17기까지 17명이 모여 하나회(일명 일심회)를 조직하였다.

1979. 12. 14 보안사에 모여 12·12 성공을 축하하는 기념사진

육사 졸업 후 전방 근무를 해온 육사 출신들이 조직한 총동창회 북극성회(北極星會 회장 서우인 대위)에 대응하여 최고회의, 중앙정보부, 방첩부대에 근무하던 육사 11기 칠성회(전두환, 노태우, 김복동, 최성택, 손영길, 정호용, 권익현) 외에 노정기, 백운택, 박갑용 등 10여 명과 12기 박희도, 14기 이종구, 15기 김상구, 17기 김진영, 허화평, 허삼수 등 모두 17명이 1963. 3. 1. 김복동 소령 집에 모여 '하나회'를 조직하고 회장에 전두환, 총무에 이종구를 선출하였다. 이 조직에 육사 17기 중위 허화평, 허삼수, 김진영 등이 발기인으로 참여하였는데 이들이 12·12 쿠데타 당시 중요 임무를 수행한 5공 핵심인물이 되었다는 점이 특이하다.

당시 조직은 전속부관 손영길 소령이 주도하여 조직하였고, '박정희 대통령에게 한 마음으로 충성하고 배신을 용서하지 않기로 한' 순수한 친목 모임이었다. 세월이 흐르면서 이 조직은 정치적 비밀 결사 조직으로 변질되었다. 이 조직은 1967년 손영길 중령이 수도경비사령부 30

대대장을 마치고 육군대학에 입학한 후, 정치적 집권 욕망이 강하였던 전두환 중령이 30대대장을 맡은 후부터 정치적 목적을 위한 군내 비밀 사조직의 거점이 되었다.

1973. 1. 1. '하나회' 소속 4명(김복동, 손영길, 최성택, 전두환)이 장군으로 진급한 이후 전두환 장군과 노태우 대령은 의리를 생명처럼 지키자는 결의를 저버리고 자신의 정치적 욕망을 위하여 회원 간에 시기, 질투를 일삼았다. 1973. 3. 모함 사건을 일으켜 하나회 회원인 손영길 장군의 생명을 짓밟은 후부터 적대 관계로 변질하였다.

창립 당시의 친목 단체이던 '하나회'는 1973. 3. 하나회를 조직한 손영길 장군이 전두환과 노태우의 모함에 의하여 쿠데타 모의 혐의로 구속되어 조사받는 과정에서 노출되어 30여 명의 회원들이 조사를 받고 강제 전역을 당했다. 이 사건으로 박정희가 기대한 바대로 육사 출신들이 군의 골간이 되어야 한다는 희망은 사라지고 1979년 12·12쿠데타 사건으로 범죄 집단이 되고 만다.

1980년 5. 17 쿠데타의 핵심 조직이 되어 정권을 찬탈하고 대통령이 되었지만, 이들은 1996년 1심 재판에서 사형 판결을 받은 전두환은 2심에서 무기로 감형되고 결국 사면되기는 하였지만, 국민들로부터 용서를 받지 못하고 사망해 지금도 안장을 못하고 있는 상태로 그 영혼은 안식을 못하고 있다.

이 모든 결과는 전두환이 집권 야망을 가지고 친구를 배반하고 음모를 꾸민 업보라고 생각한다. 이 글의 핵심은 군인이 국가와 민족을 위하여 초개같이 목숨을 바쳐 충성을 해야 함에도 불구하고 한 군인이 이를 망각하고 자신의 영욕만을 탐하다가 어떻게 비참하게 생을 마쳤는가를 밝히는 것이다. 그리하여 후세들에게 다시는 이런 추악한 군인이 나타나서 나라의 장래를 어지럽히는 일이 없도록 후세대에 교훈을 남기고자 한다.

제2화 육사 11기들의 5·16 혁명 국가재건최고회의 근무 경위

■ 박정희 장군과 손영길 중위의 인연

1955년 육사 11기로 임관한 손영길, 정호용, 노정기 소위가 전방(인제, 화천)지역 제7사단에 배치되었고, 당시 제7사단장은 김익렬 장군이었으나 1957년에 제6군단 부군단장이던 박정희 장군이 제5사단장을 거쳐 제7사단장으로 부임한 후 육사 8기 출신 윤필용 중령은 군수참모, 차규헌 중령은 인사참모, 조천성 중령은 정보참모로 포진시켜 박정희 장군 인맥을 구축하였다.

■ 1956년 박정희 사단장의 신임을 받은 중대장 손영길 중위가 전속부관이 된 경위

박정희 소장이 7사단장으로 부임할 당시 손영길 중위는 7사단 3연대 9중대장으로 근무하고 있었다. 당시에는 한 해에 1개 중대가 탈영 내지는 월북을 해 탈영병 문제로 전 부대가 골치를 앓고 있었다. 그런데 손영길 중위가 중대장으로 근무하는 중대에서는 탈영병이 한 명도 없어 박정희 사단장으로부터 우수한 중대장으로 인정을 받았다.

전방 7사단에서 중대장을 마친 손 대위는 논산 제2 훈련소 근무 중 1960년 부산 군수기지사령관으로 근무 중인 박정희 소장 요청으로 부산 군수기지에서 경비 중대장으로 근무하던 중 1961년 박정희 대통령이 5·16 군사혁명을 일으켰다.

1961년 5. 17. 서울대학교 학훈단 교관인 전두환 대위가 손영길 대위에게 전화로 '상경하여 5·16 혁명을 반대하여 구금된 육사 출신 교수들의 석방을 위해 박정희 소장을 만나 달라.'는 요청을 하였다. 전화를 받은 손 대위는 5월 18일 상경하여 박정희 소장을 만났다. 이 자리에서 박 장군은 손 대위를 '전속부관으로 근무하라'는 지시를 했다.

이후 손 대위는 1967년 청와대를 경호하는 수도경비사령부 30대대장을 마칠 때까지 7년 동안 박 대통령을 모신 후, 전방 26사단 연대장을 거쳐 1972년 수도경비사령부 참모장으로 근무하던 중 1973. 1. 1. 장군으로 승진하였으나 2개월이 지난 1973. 3. 8. 윤필용 장군 쿠데타 음모 모함 사건에 연루되어 15사단 부사단장으로 전속되었으나 통일정사 사건 모함을 받고 서빙고에 구속된 후 전역을 당했다.

◼ 1961~1963년 간 권력 기관에 근무한 육사 11기와 1963. 7. 6. 쿠데타

1961. 5. 18. 손영길 대위가 전속부관이 된 후 1963. 12. 민정 이양 전까지 육사 11기 출신 전두환, 최성택 대위는 비서실(비서실장 윤필용 중령)에 노정기 대위는 경호실에 근무하였다. 노태우 대위는 방첩부대에 근무하다가 김재춘 중앙정보부장 전속부관이 되었고, 전두환 대위는 중앙정보부 인사과장으로 근무하였다. 당시 권력 기관에 근무하던 육사 11기들이 친목 모임 '칠성회'에 이어 1963년 3월 '하나회'를 구성하였다. 그리고 2개월 후인 1963. 5월, 1963. 7. 6. 쿠데타 음모 당시 육사 11기 출신 11명이 가담하였다.

◾ 육사 11기, 전두환, 손영길 그리고 정호용과 필자의 특별한 인연

1971년 전두환 대령 추천으로 보안사령부에 근무하게 된 필자는 전두환 대령 소개로 손영길, 최성택 등 육사 11기 하나회 회원들과 친밀한 관계를 유지하게 되었고, 손영길 장군과는 1972년 수도경비사령부 참모장 재직 시 수도경비사 보안반에서 같이 근무한 인연이 있다.

손영길 장군

그 후 2023년 현재까지 가까운 사이로 자주 만난다. 이 책에 기록된 1961년 이후 1973년까지 역사는 대부분 손 장군께서 증언해 준 역사의 기록임을 밝힌다. 손영길 장군 회고록을 쓴다는 생각을 가지고 역사를 기록하였다.

그리고 육사 11기 정호용 장군과의 인연은 1979. 12. 13. 특전사령관으로 부임할 당시 필자는 109보안부대 소속으로 특전사 보안반장으로 근무할 당시 만났다. 특별히 가깝게 지낸 이유는 상관인 전두환 보안사령관이 필자에게 정보보좌관 임무를 수행하라는 지시를 받은 후 거의 매일 보안반장 겸 정보보좌관으로 밀접한 관계였다.

제1부 하나회 조직과 1963. 7 · 6 쿠데타 음모   23

따라서 5·17 및 5·18과 1980. 9. 1. 5공 정부 수립 과정을 같이 근무하였다. 그리고 1980. 10. 24. 중령 진급 예정자 발표가 있은 지 3일 후 허삼수 사정수석의 지시(전두환 대통령?)로 강제 전역을 당하였다. 표면적 이유는 '신원 이상자'라는 것이었지만 실제로는 정호용 장군과 밀접한 관계였다는 이유로 강제 전역을 당한 것이다.

군 예편 후 미국 유학을 갔지만, 정호용의 1988년 광주 청문회와 1996년 구속되기 전, 정호용 장군을 위하여 진실을 밝히겠다는 제의를 하였으나 정 장군이 반대한 사실이 있다. 2012년 귀국 후 박근혜 후보 요청으로 〈박근혜 대통령과 전두환 전 대통령 화해〉 주선 및 2013년 이후 〈5공과 5·18 화해 프로젝트〉를 같이 추진하였다.

정호용 장군과 같이 2016. 4. 27. 전두환 전 대통령 자택에서 전두환 전 대통령의 〈광주 방문과 화해(사과) 결단〉을 얻어 내기도 하였다.〈부록 1참조〉 필자가 2021년부터 5·18 민주화운동조사위원회 전문위원으로 근무하면서 정호용 장군에게 〈5·18 진실을 밝히고 억울하게 5·18 책임자로 처벌받은 것을 밝히고 명예를 회복하자〉는 제안을 하였다.

정 장군도 결단을 하고 5·18 진상조사위원회에 진정서를 제출하였으나 5공 측근들이 반대하고 본인의 건강이 악화되자 조사에 응하지 못하였다. 하지만 필자는 정 장군의 진정서를 소개하고 5·18의 진실을 규명하여 후세에 5·18 역사에 올바른 증거를 남기고자 노력하였다.

■ 강영훈 육사 교장 구금과 박정희 의장의 신임을 받게 된 전두환

5·16 혁명 당일 육사 교장이던 강영훈 장군과 교수들이 5·16 군사혁명 동참을 거부하고 5·16 혁명위원회가 요청하는 육군사관학교 학생들의 혁명지지 가두시위 행진을 거부한 결과 모두 연금된 사태가 벌

어졌다.

이렇게 되자 육사 동기회장 이동남 대위와 서울대학교 학훈단 교관이던 전두환 대위는 육사 지휘부와 달리 혁명을 지지하고 연금된 교수들을 돕고자 하였다. 다급해진 전두환 대위는 1961. 5. 17. 부산 군수기지사령부에 근무하고 있던 손영길 대위에게 전화를 걸어 현 상황을 설명하고 '급히 상경하여 사단장으로 모셨던 박정희 소장을 만나 연금 상태인 육사 교수들의 연금 상태를 풀어 보자.'는 제안을 하였고, 손영길 대위는 즉시 상경하였다.

한편 육군사관학교는 손영길 대위가 상경하기 전날인 5월 17일, 육사 동창회 회장과 전두환 대위 설득으로 육사 생도들의 혁명지지 시가행진을 하게 되었고 연금된 교수들이 풀려났다. 하지만 강영훈 교장은 전두환 대위가 박정희 의장에게 보고하여 〈반혁명 1호 장군〉으로 구속되었고 전두환 대위는 박정희 최고회의 의장의 각별한 신임을 받게 되었고 5·16 혁명위원회 비서실에서 민원 비서업무를 보게 되었다.

■ 박정희 의장 전속부관이 된 손영길과 비서실 민정 비서관이 된 전두환

1961. 5. 18. 손영길 대위가 상경했으나 모든 상황이 종료된 후였다. 손영길 대위는 이왕 상경했으니 전두환 대위와 같이 박정희 장군을 찾아가 인사를 드리고 부산으로 내려가려고 하였다. 이때 박정희 장군은 7사단장 시절부터 총애하였던 손영길 대위에게 부산으로 가지 말고 오늘부터 '최고회의 의장 전속부관 임무를 수행하라.'는 지시를 내리고 동행했던 전두환 대위에게는 최고회의 비서실장 윤필용 중령 밑에서 민원담당 비서관으로 근무토록 하였다.

이후 육사 11기 최성택, 노정기 등 육사 출신 장교들이 5·16 혁명위원회에 근무하는 계기가 되었다. 전두환은 1961년 서울대학교 학생군 사교육단에서 교관으로 근무하던 중 5·16 군사 정변이 일어나자 육사 생도들을 동원하여 군부 지지 시가행진을 벌였고, 이 일로 인해 박정희 소장의 신임을 얻어 국가재건최고회의 비서관이 되었다.

■ 하나회 조직 배경과 쿠테타 핵심 주체세력으로 변질되는 과정

'하나회'를 조직하게 된 배경은 육사 11기 이북 출신 장교들의 친목 모임인 '송죽회'에 대응하여 권력 기관에 근무하는 경상도 출신 후배 장교들을 규합하여 친목 단체를 조직하였다. 처음에는 대통령 전속부관 손영길 소령이 육사 엘리트들을 규합하여 친목을 도모하고 박 대통령을 위한 충성을 다하자는 뜻으로 조직하였다.

그런데 1967년 손영길 중령이 육군대학에 가면서 30대대장을 전두환 중령에게 인계한 후부터 전두환 중령이 중심이 되어 조직을 확대하고, 조직을 강화한 결과 1972년부터는 참모총장 수석부관이던 전두환 중심의 정치 비밀 사조직으로 확대되었고 1979년 12·12와 1980년 5·17 혁명 주체 세력이 되었다.

제3화 ⟩ 손영길 소령이 조직한 '하나회' 조직 목적과 강령

■ '하나회' 조직 목적과 강령

1963. 3. 1. '하나회' 발기인 손영길 소령은 8명의 동기생 전두환, 김복동, 노태우, 정호용, 권익현, 박갑용, 노정기, 최성택과 박희도(12), 배

명국, 이종구(14), 김상구(15), 김진영, 허화평, 허삼수(17기) 등 16명은 김복동 소령 집에 모여서 '하나회'를 조직한 후 회장에 전두환 소령, 총무에 이종구 대위를 선출하였다.

후배 회원은 각 기별로 우등생이고 모범적인 장교 10명 내로 선발하여 전 회원의 만장일치 동의를 얻은 자를 회원으로 가입시키고 선·후배 간에 친목과 유대를 강화하자는 뜻으로 "형님! 동생!" 호칭을 썼다. 이런 뜻으로 '하나회'는 '일심회'라고 알려지기도 하였다.

이 모임의 조직 목적은 생도 시절부터 가깝게 지내던 친구들이 육사 총동창회인 '북극성회'보다 더 두터운 형제 같은 친목을 도모하면서 군과 국가를 위하여 헌신하자는 신념을 가지고 조직하였다. 특별히 중요시한 것은 회원 상호 간에 의리 지키기를 목숨같이 중요시한다는 맹세를 하였다. 처음에는 순수하고 숭고한 뜻을 가지고 조직한 것이었고 처음부터 정치적 목적을 가지고 조직한 것이 아니었다.

'하나회' 조직 강령은
첫째, 우리 모두 한마음 한뜻으로 신명을 바쳐 국가와 민족을 위하여 충성하자.
둘째, 부정과 부패를 멀리하고 정의로운 군인이 되자.
셋째, 박정희 대통령의 숭고한 애국애족 정신을 받들고 군과 국가를 위하여 충성을 다 하자는 것이었다.

특별히 강조한 회원 간의 행동 강령으로 첫째, 의리를 지키기로 한다. 만약 의리를 배반할 경우 자결한다. 둘째, 우리 조직은 절대로 목숨을 걸고 비밀로 한다는 결의를 만장일치로 채택하고 이를 철저히 지키기 위하여 회원 앞에서 선서를 하도록 하였다. 그런데 육사 11기 친목 모임 주도자들은 '하나회' 조직 이전 1951년 생도 시절부터 의리를 배반할 경우 자결한다는 맹세를 해 온 자들이었다. 그러나 전두환과 노태우는 생도 시절 맹세한 의리와 '하나회' 조직 당시 맹세하였던 의리를 지키지 않았다.

1963. 7. 6 쿠데타 음모 적발 당시 손영길 소령의 의리와 1973. 3. 8. 전두환 장군 의리

1963. 7. 6. 박정희 최고회의 의장 전속부관이던 손영길 소령은 쿠데타 모의가 적발되어 정승화 방첩대에 구금되어 처벌받게 된 전두환 소령을 비롯한 '하나회' 회원과 육사 동기생들을 구출하기 위하여 박 대통령에게 간청하여 목숨을 살리는 의리를 지켰다. 손 소령은 의리를 배반할 경우 자결을 하자고 맹세한 약속을 지켰다.

하지만 전두환은 1967년 이후 이 조직을 개인의 정치적 욕망을 달성하기 위한 사조직으로 변질시킨 후, 1973년 윤필용, 손영길 쿠데타 모함 사건이 났을 때 의리를 배반 할 정도가 아니라 쿠데타를 했다는 모함 사건에 가담하는 등 의리를 배반했다. 후일에 손 장군으로부터 의리를 배반한 행위에 대하여 질타했을 때 전두환과 노태우는 아무 말도 못하고 당하였다.

제4화 1963. 7. 6 쿠데타 모의 사건의 내막

1963년 5월 1일 7·6 쿠데타 모의 경위

　1963. 3. 1. '하나회'를 결성한 두 달 뒤인 1963. 5. 1. 중앙정보부장 전속부관이던 노태우 대위와 중앙정보부 인사과장이던 전두환 소령 등 육사 11기 출신 7~8명이 최성택 소령 집에 모여 당시 공화당 창당을 위하여 4대 의혹 사건을 일으킨 김종필 등 육사 8기생 40여 명을 제거하기 위하여 쿠데타 모의를 하였다.

　쿠데타를 모의한 배경은 5·16 혁명 주체 세력 중 김종필 등 육사 8기들이 중앙정보부를 창설하였고, 1963. 12. 민정 이양 당시 군으로 복귀하지 아니하고 정치에 참여키로 하였다. 민주공화당 창당자금 모금을 위하여 1961년부터 소위 말하는 4대 의혹 사건을 통하여 불법으로 창당자금 모금을 하였기 때문에 육사 11기들이 쿠데타를 모의하였다.

　즉, 이들은 1961. 9. 광장동에 18만 평 부지를 확보하고 1962. 12. 워커힐호텔을 건축하면서 건축비를 횡령하였다. 1961. 11. 새나라자동차 사건, 1962. 5. 증권파동 사건과 1962년 회전 당구대 100대를 수입하여 불법으로 거액을 만드는 비리를 저질렀다. 4대 의혹사건 때문에 세상이 시끄러워지자, 육사 출신 9명이 모여 부정과 비리에 관련된 육사 8기 출신을 제거하고 자신들의 정치적 욕망을 달성할 목적으로 친위 쿠데타를 모의하였다.

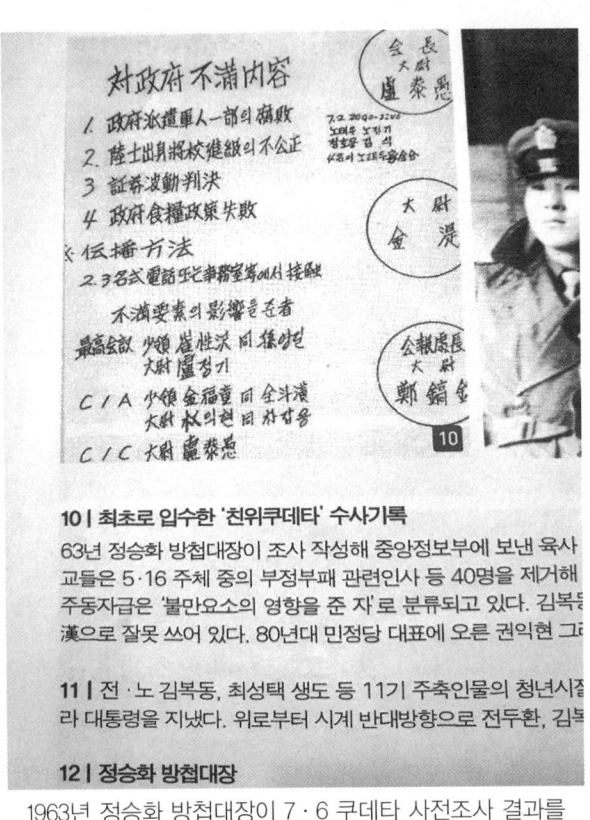

10 | 최초로 입수한 '친위쿠데타' 수사기록
63년 정승화 방첩대장이 조사 작성해 중앙정보부에 보낸 육사 교들은 5·16 주체 중의 부정부패 관련인사 등 40명을 제거해 주동자금은 '불만요소의 영향을 준 자'로 분류되고 있다. 김복동漢으로 잘못 쓰여 있다. 80년대 민정당 대표에 오른 권익현 그

11 | 전·노 김복동, 최성택 생도 등 11기 주축인물의 청년시절 라 대통령을 지냈다. 위로부터 시계 반대방향으로 전두환, 김복

12 | 정승화 방첩대장

1963년 정승화 방첩대장이 7·6 쿠데타 사전조사 결과를
김재춘 중앙정보부장에게 보고한 조사체계도

 이 사건 주동자는 중앙정보부장 김재춘 장군 전속부관이던 노태우 대위와 전두환 소령이 주동하였다. 이들이 1963. 5. 1. 육사 11기 출신 9명이 노태우 대위 집에 모여 음모를 꾸몄다. 특이한 내용은 전방 15사단 수색 중대장으로 근무하던 허화평 중위가 1963. 7. 5.부터 열흘간 휴가를 내어 가담하였고 장 모 중위가 가담하였다 하나 근거를 찾지 못하였다. 혁명에 동원될 병력은 1개 소대 병력을 동원하여 최고 회의 건물(현재 서울시 의회 건물)을 점령하는 계획을 세웠다고 한다.
 그러나 육사 11기 9명이 1963. 5. 1. 노태우 대위 집에 모여 7월 6일

을 거사 일로 정하고 쿠데타를 모의하던 중, 방첩부대장 정승화 준장에게 발각되어 체포되어 조사를 받고 있던 중, 손영길 전속부관의 간청으로 풀려났다.

그런데 우연인지 필연인지 모르겠지만 16년 후인 1979. 12. 12. 역으로 전두환 장군이 쿠데타를 일으키고 정승화 참모총장을 보안사령부 서빙고에 구속시키고 조사를 한 후 전역을 시키고 형을 살게 한 사건이 일어났다. 한 가지 더 특이한 사건은 12·12 며칠 전 김재춘 장군이 정승화 총장을 방문하여 전두환이 총장에 대하여 무언가 일을 저지를 것을 예고하였고, 이때 정 총장은 "잘 대비하고 있으니 걱정말라."고 하였다. 이 이야기는 감청되어 전두환에게 보고되었고 며칠 후, 정승화 총장은 전두환에 의하여 구속되었다.

■ 방첩부대장 정승화 준장에게 체포되어 구금된 전두환 소령 등 육사 11기

1963. 7월 초 방첩부대장 정승화 준장이 박정희 대통령이 제주도 출장으로 부재 중에 7·6쿠데타 음모 주모자들을 체포하여 구금하고 조사를 마친 후, 국방부 장관과 참모총장을 대동하고 박정희 대통령에게 보고를 하려고 청와대에서 대기를 하고 있었다.

이 시간에 박 대통령은 제주도 출장을 마치고 여의도 공항에서 청와대로 돌아오는 승용차 안에서 대통령 옆 좌석에 앉아 있던 박종규 경호실장으로부터 보고를 받았다. "각하께서 청와대에 안 계시는 동안에 불미스러운 사건이 발생하였습니다. 육사 11기 출신 일부 영관, 위관 장교들이 쿠데타 음모를 하던 중 정승화 방첩부대장에게 적발되어 구속, 조사를 받았습니다. 청와대에 도착하시면 국방부 장관과 참모총장 그리고 정승화 방첩부대장이 사건 전모를 보고하려고 대기 중입니다" 라고 보고를 하였다.

박정희 대통령이 "어떤 장교들이야?" 하고 묻자, 경호실장이 "정규 육사 11기 출신 장교들인데 전두환 소령, 정호용 대위 등 입니다."라고 대답하였다. 이때 앞자리에 있던 대통령 전속부관 손영길 소령이 "각하, 이 사건은 모함입니다. 사실은 그렇지 않습니다. 정규 육사 출신 11기들이 대위, 소령들입니다. 전두환 소령은 최고회의 비서실에 근무했던 장교입니다. 이들이 무슨 힘이 있어 쿠데타를 모의를 했겠습니까? 사실이 아니고 오해한 것 같습니다"라고 말씀을 드렸다.

손영길 소령이 이렇게 말하자 박종규 경호실장은 더 이상 보고를 하지 않았고, 손 소령은 이어서 "육사 11기들은 한마음 한뜻으로 신명을 다하여 국가와 민족을 위하여 죽기를 맹세한 장교들이고 각하의 숭고한 애국애족 정신을 이어받아 국가를 위해 충성을 맹세한 장교들입니다. 쿠데타 음모를 할 장교들이 아닙니다. 더 잘 하려다가 오해를 받고 조사를 받은 것입니다. 그러니 각하께서 이들을 풀어주는 것이 좋을 것 같습니다"라고 간청하였다.

■ 손영길 소령의 도움으로 훈방된 전두환 소령 외 주모자

박 대통령이 청와대에 도착하자 정승화 방첩부대장이 국방부 장관, 참모총장 배석 하에 전두환 소령과 노태우 대위 등의 쿠데타 음모 사건을 보고하려고 대기하고 있던 분들을 전속부관 손영길 대위가 대통령 집무실로 안내하였다.

집무실에 들어온 국방부 장관이 대통령에게 "정승화 방첩부대장이 쿠데타 음모 사건 조사 결과를 보고 드리겠습니다."라고 하였다. 이때 박 대통령은 보고를 시작하기도 전에 "이들이 정규 육사 출신으로 계급이 낮은 장교들이 무슨 힘으로 쿠데타를 일으키겠느냐? 앞으로 더 잘 해보자는 충정에 의한 것으로 보이니 국방부 장관과 참모총장 그리고 방첩부대장은 이들을 잘 교육시키고, 타일러서 앞으로는 이런 일이 일어나지 않도록 하고 이들이 국가를 위하여 헌신할 수 있도록 훈방하라."는 지시를 했다.

손영길 대위 간청 덕분에 전두환 소령 등은 군에서 퇴출되고 처벌될 위기에서 구출되었다. 이는 손 소령이 하나회 회원 간에 약속된 의리를 지킨 결과였다. 이 사건으로 군 생활을 마감하고 처벌을 받았어야 할 노태우 대위, 전두환 소령 등은 동기생인 손영길 소령이 박정희 대통령에게 간청한 덕분에 살아남게 되었다. 이 사건은 이렇게 박정희 대통령의 결단으로 종결되었다.

■ '1963년 7·6 쿠데타 음모 사건'을 거론한 이유와 알려지지 않은 이유

이 사건이 잘 알려지지 않은 이유는 쿠데타를 주도한 전두환 소령이 1967년 청와대 경비를 담당하는 30대대장, 제1공수 여단장, 경호실 작전 차장보, 제1사단장, 보안사령관을 역임하는 과정에서 쿠데타를 모의했다는 사실이 알려지면 비난을 받을 것이 두려워 숨기려 했기 때문이었다.

필자가 이 사건을 거론하는 이유는 첫째, 52년 전 전두환 소령과 노태우 대위가 주동이 되어 1963. 7. 6 〈쿠데타 음모〉라는 범죄 행위를 저지른 경력이 있다는 것을 알릴 필요가 있기 때문이다. 이유 여하를 막론하고 대위, 소령 계급의 초급 장교들이 쿠데타를 모의했다는 것 자체가 불량하다는 것이다.

다음으로 이들은 이 사건으로 한번 쿠데타를 모의한 경륜이 있기 때문에 재차 쿠데타를 일으킬 가능성과 쿠데타에 의한 정권 탈취를 감행할 범법 행위 재발 우려가 있었으나 고의적으로 이 사건을 은폐하려 했기 때문에 이를 밝히고자 한다.

쿠데타를 모의한 자는 다시 쿠데타를 모의하기 마련이다. 또, 한번 발포를 하여 사람을 희생시킨 군인은 쉽게 발포를 하게 마련이다. 이는 전과자가 재범을 하는 경우와 같다고 보아야 한다. 필자는 이런 자들을 목격한 경험이 있기 때문에 자신 있게 증언한다. 고로 과거가 있는 자들의 회개와 반성을 촉구한다.

■ 이 사건을 처음으로 거론한 손영길 장군

처음으로 이 사건이 거론된 것은 1973년에 쿠데타 음모로 구속되었다가 1974년에 출감한 손영길 장군이 자신의 집에 위로 차, 방문한 전두환 장군과 노태우 장군에게 손영길 장군이 언급하면서 부터 시작되었다. 이 자리에서 손영길 장군은 "너희들 나를 잘 알지 않느냐? 내가 쿠데타 음모를 한 사실이 있느냐? 바로 말해 봐라. 너희들은 1963년에 쿠데타 음모를 했지 않느냐?"

"너희들이 방첩대에 구속 조사를 받고 방첩부대장이 박정희 대통령에게 보고하려 할 때 내가 박 대통령에게 애걸하듯 간청하여 너희들을 살려내지 않았느냐? 그러니 너희들도 당연히 박정희 대통령에게 쿠데타 음모가 없었다는 것을 말씀드리고 억울하니 살려달라고 간청을 했어야 하지 않느냐?"

이어서 손 장군은 우리는 "한마음 한뜻으로 뭉쳐 국가와 민족을 위하여 살신성인하고 같이 살고 같이 죽기로 결의하였고 친구로서의 의리를 배반할 경우 자결을 하기로 맹세를 한 사이가 아니냐? 너희들이 나에 대한 의리를 지켜서 쿠데타 모함이 없었다는 것을 각하에게 보고하고, 통일정사 사건은 신범식과 박종규가 한 것이고 내가 한 것이 아님을 각하에게 보고했어야 하지 않느냐?"

그리고 청와대 헬기 고철 판매사건 재판 시 증인으로 나온 전두환 장군이 30대대장 이종구(14기) 중령과 정보참모 윤태균 대령(13기)이 허위 증언을 하여 내가 형을 살고 나왔다. 그런데 전두환의 지시로 거짓 증언을 하게 되어 미안하다는 이야기를 위 두 사람이 폭로하였다. "이런 일들 모두가 너희 두 사람이 의리를 지키지 않았고 나를 중상모략한 것이 아니냐?"고 질타하였을 때 두 사람은 아무 말도 하지 못하고 듣기만 하였다는 이야기를 해 주었다.

■ 이 사건을 정승화 장군에게 거론한 김재춘 장군

이 사건이 두 번째로 거론되고 세상에 공개된 것은 손영길 장군이 전두환 장군과 노태우 장군에게 이 사건을 언급한 지 30년이 지난 2014년 김재춘 장군이 별세한 후 인터넷에 자세한 내용이 언론에 거론되면서 세상에 알려지게 되었다. 2014년 김재춘 장군이 세상을 떠나자 이 사건을 알고 있던 육사 11기 중 한 분이 용기를 내서 김재춘 장군을 추모하는 글과 몇 장의 사진을 올리자 이 사건에 관련된 육사 출신 한 사람이 이 사건 관련 기사를 인터넷에 올려서 묻혀 있던 사건이 50년이 지나 세상에 알려지게 되었다.

12 · 12 직전 김재춘 장군이 정승화 참모총장을 만나 조언한 내용을 감청한 전두환

육사 5기 출신으로 1963년 중앙정보부장직에 근무했던 김재춘 장군이 1979년 10 · 26사건이 일어난 후 동기생인 계엄사령관이자 참모총장인 정승화 장군을 만나 1963년 7 · 6 사건을 교훈을 삼으라는 이야기를 해주려고 여러 번 만남을 시도하였으나 정승화 장군이 바쁘다며 시간을 내주지 않아 못 만났다가 12 · 12사건 직전에야 만나게 되었다 한다.

김재춘 장군이 정승화 참모총장에게 "1963년 7 · 6 쿠데타 사건 조사를 한 후 이 사건을 주도하였던 전두환 소령과 노태우 대위 등을 처리하지 못하고 살려 준 것은 잘못한 일이었다. 그때 살려준 전두환 합수부장과 노태우 장군이 가만히 있을 사람들이 아니다. 지금 다시 뭔가 일을 저지를 것 같으니 조심하라"고 조언을 하였다.

위 조언에 대한 정승화 총장 답변은 "이번에는 그때에 처리 못한 것과 같은 일이 일어나지 않을 것이니 걱정마라. 철저히 대비하고 있다"라고 자신 있게 답변하였다. 하지만 이 이야기는 있는 그대로 보안부대원에 의해 감청되어 전두환 사령관에게 보고되어 12 · 12 쿠데타를 12월 12일 거행하게 된 원인이 되었다. 하지만 허화평은 이런 사실이 없었다고 주장한다.

12 · 12 다음 날 수도경비사령관 노태우 장군을 만난 후 보복을 당한 김재춘 장군

언론에 보도된 글 말미에 김재춘 장군이 12 · 12사건 다음 날인 12월 13일 김재춘 장군이 자신의 전속부관이었던 노태우 수도경비사령관을 만나 "너희들이 정권을 잡을 거냐?"라고 물어봤더니 노태우 장군은 "사태를 수습하고 군으로 돌아갈 것이니 걱정하지 마십시오"라고 답변하였다.

그런데 노태우는 김재춘 장군이 12·12 쿠데타에 대하여 좋지 못한 견해를 피력한 것에 대한 앙심을 품고 있다가 1988년 대통령에 당선된 후 김재춘 장군의 전 재산을 몰수했다는 보도가 있었다. 당시 김재춘 장군은 자신의 전속부관이었던 노태우가 일으킨 12·12 후 어렵게 수도경비사령부에 찾아가 국가의 장래를 염려했을 뿐인데 재산을 몰수당한 후 노년에 노태우로부터 당한 기구한 운명의 장난에 크게 실망하여 홧병으로 세상을 떠났다고 보도되었다.

이 기사를 읽은 많은 사람들은 전속부관으로 모셨던 대선배인 김재춘 장군이 8년 전에 정승화 총장에게 조언한 것과 자신을 찾아와 앞으로 어떻게 할 것이냐고 물어 본 일에 대한 보복으로 전 재산을 몰수한 행위를 보고, '피도 눈물도 없는 비정한 인간'이라고 분노했을 것이고 노태우 자신은 대통령이 된 후, 수천 억 원을 착복한 범죄자인 것을 생각하면 파렴치한 인간이란 비난을 받을 수밖에 없다고 생각한다. 부끄러운 일이 아닐 수 없다.

필자는 1980년 이후 그의 인간성이 어떤 사람인가에 대하여 이 책 여러 곳에서 지적한 바 있다. 노태우는 전두환, 손영길, 김복동, 정호용에 대한 의리를 배반한 것은 역사가 증명한다.

▣ 필자의 역사적 평가

살인을 저지른 전력이 있는 사람은 다시 살인을 재발할 우려가 높다고 한다. 한 번 정치적 욕망을 가지고 쿠데타를 도모한 과거가 있는 사람은 자신의 정치적 욕망 달성을 위하여 재차, 삼차 쿠데타를 도모할

가능성이 높다고 봐야 한다. 전두환, 노태우가 1973년 윤필용, 손영길 장군 제거 모함을 한 행위도 자신들이 쿠데타 음모를 한 경험이 있었기 때문에 쉽게 남을 모함할 수 있었다.

결론적으로 1963. 7. 6. 쿠데타 음모 사건은 전두환 소령과 노태우 대위 등이 대위, 소령 계급으로 쿠데타를 모의한 것은 그들의 정치적 욕망이 어떠하였는가를 잘 대변해 준다. 이 사건 이후 1979년 12·12 쿠데타, 1980년 5·17 쿠데타를 할 때까지 17년 동안 '하나회' 조직을 보강하며 집권을 하겠다는 집념을 버리지 않았다.

60년을 돌이켜 보면 1963. 7. 6. 쿠데타 모의가 12·12와 5·17 쿠데타 사건과 연관이 있는 시발점이 된 역사적 사건이라는 생각을 하지 않을 수 없다.

제5화 전두환 개인의 정치적 비밀 사조직으로 변질된 '하나회'

■ 1967년 30대대장이 된 전두환 중령에 의해 변질되는 '하나회'

1961년 박정희 대통령의 전속부관이던 손영길 대위는 1964년 11월 30경비대대 대대장으로 경복궁 내에서 4년간 청와대 외곽 경계를 담당하였다. 1966년 중령으로 진급한 후 1967년 10월, 육군대학에 입학하게 되었다. 이때 손영길 중령은 자신의 후임 30대대장에 전두환 중령을 박 대통령에게 추천하였다.

1967년 전두환이 30대대장이 되었을 당시 자신은 '박정희 대통령의 양아들'이라고 하면서 '하나회'는 박정희 대통령의 지시에 의해 조직된 것이고 자신의 품격을 격상시키고 오직 박 대통령에게 충성하고 국가를 위해 헌신 봉사하는 것이라고 하며 후배 조직을 강화하였다.

1967년 손영길 후임으로 30대대장이 된 전두환과
박정희 대통령 기념사진

그러나 4년이 지난 1971년 30대대장을 마친 후 서종철 참모총장 수석부관이 된 후, 전두환 중령은 손영길과 달리 정치적 욕망을 강하게 가지고 자신도 후일에 대통령이 되어야겠다는 대권 욕망을 가지고 '하나회'를 자신의 정치적 욕망 달성을 위한 비밀 사조직으로 변질시키기 시작하였다.

이때 필자도 전두환에 의해 장기 복무를 지원하고 보안사령부 요원으로 발탁되었다. 파월, 연대장 근무 당시 다소간의 불미스런 이야기가 있긴 했으나 귀국하여 1여단장 직을 맡고 있다가 1973. 1. 1. 준장으로 진급한 이후 자신의 후원자이던 윤필용과 11기 선두주자이던 손영길 장군을 제거한 후 경쟁자가 전무한 잠재적 대권 후보 1위 자리를 독차지하였다.

1973년까지 '하나회'는 육사 24기까지 150명 정도의 조직체로 발전하였고 '하나회' 최대 경사는 1973년 네 명의 육사 11기 장성 진급자 네 명 모두가 '하나회' 출신이라는 것이다. 그동안 하나회 회원들은 손영길, 전두환, 김복동, 최성택 등 회원 간에 우열을 가리기 어려운 선의의 경쟁과 대결이 있었지만, 이들이 과연 의리를 계속 지킬 수 있는가에 대하여 이심전심(以心傳心)으로 걱정을 하게 되었다.

이 점을 염려한 26사단 76연대장 권익현 대령과 후배 '하나회' 회원들이 1973. 1. 1. 진급자 김복동, 손영길, 최성택, 전두환 등 장군 진급 축하 모임을 권익현 대령 숙소에서 가졌다. 이유는 전두환 장군이 군번 순으로 네 번째로 대통령에게 진급 신고를 하고 별을 달게 된 것이지만 전두환 장군의 심기가 불편한 것 같아 이를 무마해 보려는 의도를 가지고 있었다. 즉 네 명에게 서로 배신하지 말고 의리를 지킬 것을 촉구하기 위해서였다.

이들은 손잡이 끝에 별을 부착한 단검 네 자루를 준비한 후 진급 축하 선물로 주면서 '하나회 회원 간의 의리를 지킬 것이며 의리를 지키지 못할 경우, 이 단검으로 자결해야 한다.'는 메시지를 전하였다. 그러나 이 노력은 전두환에게는 무용지물이었다.

■ 전두환의 '박 대통령이 하나회 조직을 지시했다'는 유언비어 조작에 대한 증언

전두환이 '박 대통령의 양아들'이라는 유언비어가 난무한 적이 있었고 전두환도 이를 자랑스럽게 여긴 언행을 하기도 했다. 하지만 이는 전두환 자신이나 측근들이 전두환의 위상과 권위를 높이려는 불손한 의도로 흘린 유언비어이고 박 대통령은 피해자일 뿐이라는 사실을 손영길 장군이 확인해 주었다. 1973년 윤필용, 손영길 장군이 구속되자 '하나회' 회원 중 이 두 장군과 가까웠던 장교들 30여 명이 군을 떠났고 전두환, 노태우 장군과 가까운 '하나회' 회원만 살아남았다.

이렇게 되자 모두 전두환 장군을 영웅으로 모시자는 분위기가 형성되면서 '하나회'의 위상과 권위를 높이고 누구도 손댈 수 없는 막강한 조직을 만들려는 의도로 '하나회'가 박 대통령 지시로 조직한 것이고 전두환이 박 대통령과 밀접한 관계라는 것을 과시하기 위한 유언비어들이 나돌았다. 예를 들면 다음과 같다.

'하나회'는 박정희 대통령이 자신을 지지하는 조직이 필요하여 조직된 것이다. 1963년 조직 당시 윤필용 방첩대장에게 보고되고 대통령에게 보고하여 승인을 받았다. 박 대통령이 육사 출신 중 경상도 출신 위주로 조직하라고 하였다.

전두환 장군은 박정희 대통령의 '양아들'이고 윤필용 장군과 박종규 실장이 대부다. 박정희 대통령이 '하나회' 출신 장성들에게 '일심(一心)'이라고 새겨진 장검(長劍)을 하사하였다는 유언비어가 나돌았다. 이러한 유언비어는 전두환 장군 자신의 권위를 세우기 위하여 박정희 대통령의 절대 신임을 받았다는 것을 알리기 위한 의도였다.

반면에 실제로는 박정희 대통령의 권위와 명예를 실추시켰고, 최근까지 '박정희 대통령과 전두환 대통령 그리고 박근혜 대통령은 한통속'이라는 비난을 듣게 하는 등 박 대통령의 권위를 실추시키는 요인이 되기 때문에 이를 바로잡아야 한다는 주장이 제기되기도 하였다.

이유는 '하나회' 관련 유언비어가 박정희 대통령의 명예를 더럽히고 국민 모두가 사실이 아닌 유언비어에 농락당하고 있기 때문이다.

■ '하나회' 관련 유언비어를 발설한 권익현 대령에 대한 손영길 장군 항의

　지금까지 '하나회'와 관련하여 여러 사람이 언급하였고 인터넷에는 육사 11기 김 식 대령의 주장과 '하나회' 창립 회원이었던 권익현 대령이 2015년 《월간 조선》 12월 호에 '하나회' 조직이 박정희 대통령에게 보고되었고 박정희 대통령도 자신을 지지하는 조직의 필요성을 가지고 이 조직을 옹호하였다는 내용의 이야기가 실려 있다. 이 글을 읽은 손영길 장군은 권익현 대령을 만나 항의를 하겠다는 이야기를 전해 들었다.

　필자는 지금까지 알려진 '하나회' 조직과 관련된 여러 유언비어들은 전두환을 미화하기 위하여 사실을 왜곡, 조작한 것으로 박정희 전 대통령의 명예를 훼손하였고 동서 간의 화합을 저해하고 있기 때문에 잘못 알려진 사건의 진실을 아래와 같이 밝힌다.

　첫째, 방첩부대장 윤필용 장군에게 보고하여 박정희 대통령의 승인을 받았다는 이야기는 윤필용 장군이 방첩부대장이 된 것은 1965년이고 '하나회' 조직은 1963년이기 때문에 시기적으로 맞지 않는다. 그리고 박정희 대통령의 전속부관이던 손영길 장군이 박정희 대통령에게 보고된 사실이 없다고 증언하였다. 그리고 '하나회' 조직이 처음으로 박정희 대통령에게 보고된 것은 1973년 강창성 보안사령관이 윤필용, 손영길 장군 쿠데타 사건 조사 보고 당시 처음으로 박정희 대통령에게 보고되었기 때문에 시기적으로도 맞지 않는다.

　둘째, 박정희 대통령이 육사 출신 중, 경상도 출신을 중심으로 조직하라는 지시가 있었다는 주장도 터무니없이 조작된 것이고 사실이 아니다. 처음으로 '하나회'를 조직할 당시 호남 출신으로 육사 11기 노정

기, 15기 고명승, 16기 장세동 등 호남 출신이 회원으로 가입하였기 때문이다.

셋째, 전두환 장군이 박정희 대통령의 '양아들'이라는 이야기는 친아들 박지만이 있고 대통령의 전속부관이던 손영길 장군이 그런 말이 나온 일이 없었고 이는 전두환이 박 대통령의 명예를 실추시키는 것이라고 증언하였다.

넷째, 일부 장군들이 장검을 구입하여 장식용으로 걸어놓고 '이 칼은 박정희 대통령이 자신에게 하사한 칼이라'고 자랑을 하면서 자신은 '박정희 대통령과 특별한 관계'임을 과시하고 있으나 박정희 대통령이 하나회 출신 장성들에게 '一心'이라는 글을 각인한 장식용 장검을 하사한 일이 없다는 증언을 송영길 장군이 하였다.

■ 1993. 3. 8 김영삼 대통령에 의해 군에서 퇴출된 '하나회'

1993년 김영삼 전 대통령에 의하여 군내 '하나회' 조직이 완전히 제거될 당시 필자는 미국에 있었다. 필자가 놀란 것은 그 당시 참모총장 김진영 대장을 위시하여 보안사령관, 수도경비사령관, 특전사령관 등 중요한 3개 대전복부대(쿠데타를 일으키기 쉬운 부대)장을 모두 '하나회' 회원들이 장악하고 있었기 때문이다.

'하나회' 조직을 일시에 보직 해임을 시켜 퇴출시킬 수 있었다는 것은 김영삼 대통령이 '하나회'에 대하여 잘 알지 못한 상태에서 전격적으로 처리한 것이 아닌가 하는 생각을 했던 기억이 난다. 다행히 이들이 명령에 불복종하고 반기를 들지 않았기 망정이지 위험천만한 일이었다.

김영삼 대통령

 연이어 1996년에는 전두환 전 대통령과 노태우 전 대통령을 구속시키고 '하나회' 조직의 핵심 회원들을 구속시켜 법의 심판을 받도록 하여 다시는 군부 출신이 불법적 방법으로 정권을 잡을 수 없도록 쐐기를 박았다. 김영삼 대통령이 이룬 업적 중 하나회를 군내에서 완전히 축출한 것과 이들을 법의 심판을 받도록 한 것은 역사에 길이 남을 업적으로 평가를 받게 될 것으로 생각한다.

■ 하나회' 여진, '박정희, 전두환, 박근혜는 한통속'이라는 유언비어
 필자가 2013년 이후 3년 동안 광주지역을 다니면서 확인한 바에 의하면 이 유언비어로 인하여 일부 인사들이 '박정희, 전두환, 박근혜는 한통속이다. 그러니 박근혜 정부를 도와서는 안 된다.'는 주장을 하는 것을 확인했다. 지금도 이분들은 이런 유언비어를 사실로 믿고 있어 동서화합이 잘되지 않고 국민대 통합을 이루지 못하고 있는 것이 사실이고 필자는 안타까운 일이라고 생각한다.
 1963년 5대 대통령 선거 시 호남에서 윤보선보다 14.6% 더 높은 지

지로 박정희 대통령을 당선시킨 일이 있고 김대중 전 대통령이 박정희 전 대통령의 기념사업을 시작하였고 박근혜 대표에게 동서화합을 이루는 대통령이 되어달라는 당부를 기억하여 동서화합과 국민대 통합을 이루고 남북통일을 이룬 후 대한민국이 세계 대국(大國)이 되는 목표를 달성하기 위하여 노력하는 국민이 되기를 희망한다.

제2부

김재규 보안사령관의 수도경비사령관 윤필용 장군 감청 사건

제1화 1963~1971년까지 청와대 주변 권력자

　1961년 5·16 혁명 후 7월에 장도영 등 평안도 출신이 주축이 된 쿠데타 사건이 있었고, 김동하, 박임항 등 함경도 출신들이 1963년 7월 쿠데타를 일으키는 등 군내 북한 출신 장군들과 갈등이 심할 당시 경상도 출신 김재규 장군이 박정희 대통령을 위한 지지 세력으로 인정을 받고 있었다.
　박 대통령과 동향이고 같은 육사 2기 출신이며 군에 오기 전 박 대통령처럼 교편 경력이 있는 등 박정희 대통령의 측근으로 자타의 인정을 받고 있었다. 군내 북한 출신 장성들이 제거된 후 김재규, 윤필용 등 경북 출신 박 대통령이 주도 세력으로 안정을 이루고 있었다.
　1964년에 한일협정 반대 시위가 있었지만, 1965년에 한일협정이 체결된 후 3년 동안 우리나라 정국은 안정되어 있었고 박정희 대통령의 기반은 견고하였다. 김신조 사건이 나기 전, 군인으로서 박정희 대통령의 가장 확고한 신임을 받던 자는 윤필용 장군이었다.
　1961년 국가재건최고회의 당시 비서실장이던 육사 8기생 윤필용 대령은 1963년 민정 이양 당시 군으로 복귀한 후, 대령으로 506 서울지구 보안부대장을 역임한 후 준장으로 진급한 후 1965년 방첩부대장으로 근무하면서 박 대통령 다음 제2인자의 자리를 지키고 있었다.
　1963년 최고회의 이후 1971년까지의 청와대 주변 권력 기관의 장들과 이들 간의 인간관계를 살펴보면 다음과 같다. 최고회의에서 윤필용 비서실장이 군으로 복귀한 후, 홍보실장이던 이후락이 1963년부터 1969년까지 비서실장으로 근무하였고, 경호실장에는 박종규 실장이 근무하였다.

그런데 1968년 1월 21일 김신조 일당 북괴 무장공비가 청와대를 습격하려고 청와대 바로 뒤 삼청 고개에 이르렀다. 총격전이 벌어지고 많은 희생자가 나오자 책임 소재로 정국은 급랭해졌다. 청와대 주변의 권력 기관 핵심인사였던 박 대통령 지지 기반에 변동이 생기기 시작하였다. 즉 김신조 사건이 난 후 윤필용 장군이 김신조를 데리고 TV 방송에 출연한 것을 본 박정희 대통령이 분노하여 방첩부대장 보직 해임하고 20사단장으로 좌천시켰다.

후임 방첩부대장에 제6관구 사령관이던 김재규(1926년생) 장군을 발탁하였다. 김재규 장군은 경북 선산 출신으로 박정희 대통령과 동향이고 1946년에 육군사관학교 전신인 조선경비사관학교 2기생으로 박정희 대통령과 군 동기였지만, 나이는 9살이나 어렸다. 방첩부대장이 된 후 보안사령부로 개명 후 새로운 권력 기관장으로 군림하였다.

한편 중앙정보부장에는 1963년 육사 5기 김재춘 장군이 물러나고 혁명 동지인 육사 8기 출신 김형욱 부장이 근무하고 있었다. 즉 이후락(1924년생), 박종규(1930년생), 김형욱, 윤필용(1927년생) 등이 박정희 대통령을 보필하고 있던 중 김재규 장군이 보안사령관이 되어 새로운 권력자로 부상하였다.

제2화   김재규 보안사령관의 수도경비사령관 윤필용 장군에 대한 시기, 질투

 1961년 윤필용과 이후락은 최고회의 비서실장 선, 후임 출신이지만 서로 관계가 좋지 않았고, 최고회의 홍보실장 전, 후임 관계인 이후락과 신범식도 나쁜 관계였고, 박종규 경호실장과 이후락 비서실장도 좋은 관계가 아닌 갈등 관계였다. 이유는 박종규 경호실장이 이후락의 중앙정보부장직을 원했기 때문이었다.

■ 3선 개헌 후 장기 집권을 위해 유신 혁명을 구상 중인 박정희 대통령

 1967년 재선에 성공한 박정희 대통령은 재선에 만족하지 않고 계속하여 장기 대통령을 할 수 있도록 하는 3선 개헌을 한 후 비서실장과 주변 권력자들 인사를 단행하고 1969년 윤필용 장군과 사이가 좋지 못했던 이후락 비서실장을 일본 대사로 좌천시키고 후임에 김정렴을 비서실장으로 임명하였다.

 이때 전임 비서실장이던 윤필용 장군이 이후락 비서실장을 좌천시킨 장본인이라는 여론이 있었을 정도로 둘의 관계는 아주 나빴다. 한편 3선 개헌을 한 박 대통령은 임기 없는 장기근속 대통령이 된다는 꿈을 가지고 유신 혁명을 구상하고 있었다.

■ 김재규 보안사령관 등장

 원래 김재규 장군은 명예욕과 정치적 욕망이 강하고 고집이 센 성격인데다 자신이 대통령과 동향이고 군 동기생이라는 자부심을 가지고 자신이 박 대통령의 신임을 받는 자라는 자부심을 가지고 있었다. 건국 이후 사용해 오던 〈방첩부대〉 명칭을 〈보안사령부〉로 개명하고 준장이던 사령관 계급을 군단장급인 중장으로 승격시키는 등 허세를 부리고 있을 때, 앙숙 관계인 윤필용 장군이 귀국하여 수도경비사령관으로 부임하자 김재규 보안사령관은 윤 장군의 비리를 찾아내서 제거하려 하였다.

1972년 11월 506보안부대 정보계장 당시, 부대장 정동철 대령(육사 12기 하나회)으로부터 공로표창을 수여받는 필자

■ 윤필용 수경사령관 등장

1968년 김재규 장군에게 방첩부대장 자리를 물려준 후 20사단장으로 좌천됐던 윤필용 장군이 1970년 주월 맹호사단장을 마치고 1972년 초 귀국하여 수도경비사령관직에 보직되어 박 대통령의 새로운 측근 권력자로 등장하였다.

■ 이후락 중앙정보부장 등장

한편 1963년부터 중앙정보부장 직에 근무하던 김형욱 중앙정보부장이 해임되고 그 후임에 주일 대사로 있던 이후락 대사가 1970. 12. 중앙정보부장으로 발탁되었다. 따라서 1971년도 청와대 주변 권력자는 김정렴 비서실장 밑에 박종규 경호실장, 이후락 중앙정보부장, 김재규 보안사령관, 윤필용 수도경비사령관 등 네 명이 박 대통령을 보필하는 가운데 충성경쟁을 하게 되었다.

제3화 수경사 윤필용 장군의 보안사 515 감청보안부대 감청요원 3명 구속 사건

■ 윤필용 사령관 전화 감청 경위

윤필용 장군에 대한 24시간별 동향보고를 지시한 보안사령부에서 515통신보안부대 소속 통신보안 감청반 요원 2명을 수경사 보안반에 추가로 배치하고 통신보안 점검을 강화하라는 지시를 내렸다. 이에 필자는 사령관 비서실장 정봉화 소령과 참모장 육사 8기 강성탑 준장(손영길 대령 전임) 그리고 통신참모에게 "보안사령부에서 전 군에 통신보안 점검을 하니 수도경비사령부에서도 당분간 보안 점검을 실시할 것"이라는 통보를 하였다.

모두들 불쾌한 입장을 표하고 반대하였지만, 법적으로 받을 수밖에 없으니 "알았다"고 하였다. 필자는 고심하다가 사령부 건물 교환대 뒷벽에 붙어 있는 단자판실에서 통신보안 점검 활동을 시작하도록 지시하였다. 1주일 정도 감청 보고를 하고 있는데, 506보안부대 본부에서

2차로 "윤필용 사령관의 전화를 24시간 감청하여 보고하라"는 특별 지시가 떨어졌다. 이 지시는 다른 말로 하면 "윤필용 장군이 쿠데타 음모를 하는지 여부를 24시간 감시하고 증거를 잡으라"는 지시와 같은 것이었다. 드디어 올 것이 왔다는 생각이 들었다.

515통신보안부대원과 의논한 결과 맨홀에 들어가서 윤필용 장군의 전화선을 찾은 후, 통화가 되면 자동적으로 녹음이 되도록 하면 된다는 결론을 얻었다. 두 명의 통신보안부대 요원이 지하 맨홀에 들어가서 윤필용 장군의 전화선을 찾아보았다. 하지만 수백 개의 전화선 뭉치에서 윤필용 장군의 전화선을 찾는 건 불가능하다는 보고를 받았다.

할 수 없이 통신참모 이 중령에게 거짓말을 하였다. 통신보안 감사에 수도경비사령부가 선정되었다. 그래서 본청 건물 뒷면에 설치된 교환대 단자판에 보안부대원을 24시간 배치하여 통신보안 점검을 하게 되었으니 협조해 달라는 요청을 하고 그날부터 열흘 정도 윤필용 장군 전화에 녹음기를 연결시키고, 모든 통화 내용을 24시간 녹음한 후 녹취록을 보안사령부에 보고하였다.

이때는 하루하루 지내는 것이 제정신이 아니었다. 당장 무슨 일이 터질 것 같아 마음이 조마조마하였다. 그렇지만 윤필용 장군을 감청한다는 것은 어마어마한 사건이기 때문에 불안하였다. 감청 사실을 확인한 통신참모가 윤필용 장군에게 "보안사령부에서 사령관의 전화를 감청하고 있다"고 보고를 하여 탄로가 나버렸다.

■ 지성한 헌병 5대대장 감청 요원 구속 경위

다음 날 아침에 출근하니 어젯밤 515통신보안부대원 3명이 제 5헌병대 구치소에 구속되어 있었고, 녹음 장비와 그동안 윤필용 장군의 전화를 감청한 테이프가 증거물로 압수당하는 일이 발생하고 말았다.

필자가 제5헌병 대대장 지성한 중령을 찾아가서 "근무 중인 보안부대원의 업무를 방해하는 것은 불법이니 구속한 병사와 장비를 즉각 돌려달라"고 요청하고 "보안사령부의 기본 업무를 방해하는 일을 할 경우 책임을 져야 할 것"이라고 강력히 항의하였다. 하지만 지성한 중령은 "현행범을 구속시킨 것은 법적으로 하자가 없으니 윗분들의 처분에 따라야 한다"라고 하였다.

■ 수경사 내 보안부대 요원 철수, 보안반 폐쇄 명령을 내린 윤필용 장군

이 사건으로 격분한 윤필용 장군은 수도경비사령부에 파견된 보안반 사무실을 폐쇄하라는 명령을 내렸다. 그리고 잠시 후, 헌병 제51중대장이 장병 20명을 대동하고 보안반에 와서 철수할 것을 요청하였다. 이에 본인은 직속 상관인 중구 팀장 김형로 소령에게 보고하고, 그분의 지시를 받아 정봉화 비서실장을 만나 보안반 사무실 폐쇄문제를 논의하였다.

즉, "보안부대에서 전군을 대상으로 진행하는 보안 점검을 한 것이다. 윤필용 장군 전화 감청을 해서 보안사령부에 보고한 일이 없다. 수도경비사령부에서 보안부대 업무를 방해하는 것이니 보안부대원 두 명을 석방해 달라. 그러면 수경사령관의 지시에 대하여는 보안사령부의 지시를 따를 수밖에 없다"고 하였다.

그러자 정봉화 비서실장은 사태의 심각성을 감지하고 나서 "절충안을 찾아보자. 이런 사태가 오래가지는 않을 것이다. 그러니 극한 상황으로 몰고 가지는 말자"라고 하면서 오늘 당장 철수할 경우 부대 간에 큰 문제가 발생할 것 같으니 내일까지 대안을 찾아보고 철수하는 것이 좋겠다고 하였다.

필자는 이 상황을 중구 팀장이던 김형로 소령에게 보고하였다. 당시 필자는 중위로서 수도경비사령부를 담당하고 있었는데, 수도경비사령부가 중구 내에 있었기 때문에 편제상 중구 팀장 김형로 소령의 지시를 받고 있었기 때문이었다. 그러니까 김형로 소령은 수도경비사 보안반장을 겸하고 있었다.

■ 수도경비사령부 보안반 '경화장 여관'으로 이전 경위

다음날 보안반장(중구 팀장 겸임) 김형로 소령과 정봉화 비서실장이 대안을 내놓았다. 즉 수도경비사령부에서 볼 때는 보안부대가 수도경비사령부에서 철수한 것이고 보안사령부에서 볼 때는 부대원이 수도경비사령부에 출입하니 철수된 것이 아니라는 궁여지책으로 보안반을 잠시 수도경비사령부 앞 여관으로 옮기고 기다리면 모든 문제가 다 잘 해결될 것 같다는 데 의견을 같이 하였다.

필자는 보안반장 김형로 소령의 지시대로 보안반을 부대 앞에 있는 '경화장 여관'으로 옮기고 1주일 후 다시 들어올 수 있기를 기대하고 전과 같이 부대 출입을 하면서 보고를 하였지만, 보안반을 '경화장 여관'으로 옮긴 것은 보고하지 않았다. 요즈음과 달리 그 당시에는 안가에 사무실을 운영하는 것이 보편적인 일이었기 때문에 심각하게 생각하지 않고 사무실을 옮겼다.

하지만 보고를 하지 않았기 때문에 불안한 나날을 보내고 있었다. 이렇게 1주일이 지났지만, 보안사령관 김재규 장군과 수경사령관 윤필용 장군 관계는 점점 악화되어 가고 있었고, 청와대 분위기는 윤필용 장군에게 유리한 쪽으로 기울고 있다는 것이 감지되면서 더 큰 고민을 하게 되었다.

헌병대에서 구속시킨 두 병사의 석방 노력은 허사였고, 짧은 기일 안에 수경사령관이 다시 보안반을 들어오게 할 리가 없다는 판단이 섰다. 상황이 어렵게 되자 김형로 소령은 "우리가 목숨을 잃는 상황이 오더라도 수도경비사령부에서 철수해서는 안 되고 끝까지 버티어야 하는데 우리가 잘못 판단을 한 것이니 본부에 가서 자수를 하자"고 하였다.

■ '경화장 여관'에서 506보안부대로 철수한 보안반

'경화장 여관'에서 철수하여 보따리를 싸 들고 506보안부대 본부로 들어갔다. 마치 전쟁터에서 지고 돌아오는 패잔병의 심정이 이런 게 아닌가 하는 생각을 하였다. 506보안부대장 조현수 대령은 화를 내기보다는 자초지종 사연을 듣고 우리를 위로했다. 하지만 우리 모두는 지하 감방에 연금되었고 506보안부대는 물론 보안사령부가 난리가 났다.

보안반 전원이 지하 감방에 연금되었다가 보안사령부 감찰부의 조사를 받은 후 징계위원회에 회부되었다. 사령부 징계위원회는 김형로 소령에 대하여는 지휘 책임을 물어 파면을 결정하였다. 고래 싸움에 새우 등 터진다는 말처럼 김 소령은 억울하게 처벌을 받았다. 그리고 필자에게는 불문처리 결정을 내리고 '보안반원을 데리고 다시 수도경비사령부로 쳐들어가라.'는 명령과 육군본부 검찰부에 가서 '수도경비사령관 윤필용 장군을 상대로 업무방해 죄목으로 고소를 하라.'는 결정이 내려졌다.

■ '수도경비사령부로 돌진, 쳐들어가라'는 보안사령부 명령

징계위원회 결정에 따라 필자는 우리 반원과 부대원 20여 명을 전투복으로 갈아입히고 총기로 무장한 후, 군용 트럭에 탑승하고 소공동 조선호텔 앞에서 필동으로 총알도 없이 적군을 향해 돌진하라는 참이었다.

필자 생각에 우리가 쳐들어간다고 수도경비사령부에서 우리를 받아줄 리가 없고 총격전이 나면 희생을 당하는 것이 분명한데 이제 죽을 일만 남았구나 하고 걱정을 하면서 이렇게 하면 점점 더 어려운 상황에 처하게 될 것인데 윗분들이 판단을 잘못하고 있다는 생각을 하였다. 차량이 출발하려는 순간에 506부대장 조현수 대령이 달려 나와 "차를 멈추고 다 내려와라" 하였고 우리는 다시 지하에 감금되었다.

■ 필자가 윤필용 소장을 '공무 방해죄'로 고소한 사건

1971년 위세가 당당했던 김재규 보안사령관이
3군단장으로 좌천될 당시 모습

다음날 보안사령부 김학호 보안처장이 필자를 호출하였다. 김학호 대령은 필자에게 육본 검찰부에 가서 수도경비사령관 윤필용 장군을

상대로 업무방해죄로 고소를 하고 고소인 조서까지 작성하고 돌아오라고 지시하였다. 즉시 삼각지 소재 육군본부 검찰부에 가서 윤필용 장군에 대한 고소장을 제출하고 고소인 진술조서를 작성하기 시작하였다.

고소인 진술서를 작성하느라고 몇 시간이 흘렀다. 이때, 검찰관들이 보안사령관 김재규 장군이 3군단장으로 발령이 났으니 조사를 계속할 필요가 없다고 하면서 돌아가라고 하였다. 필자는 드디어 사건이 끝났구나. 하면서 보안처장의 지시를 받고 고소를 취하한 후 506보안부대로 돌아왔다.

제4화 | 윤필용 장군 감청 결과 3군단장으로 좌천된 김재규의 분노

김재규 장군이 보안사령관직에서 물러나고 3군단장으로 좌천되자 수도경비사령관 윤필용 장군은 감청 사건으로 폐쇄시켰던 보안반 사무실을 사용할 수 있도록 하였고 필자 등 보안부대원들이 수도경비사령부에 다시 들어가 근무를 하게 되었다. '경화장'으로 피신했다가 징계위원회에 회부되고 506보안부대에 감금되었던 보안반 전원은 다시 수도경비사령부에 들어간 것으로 이 사건은 종결되었다. 하지만 김형로 소령이 처벌을 받고 군을 떠나게 된 것은 너무나 애석한 일이었다. 두 장군의 싸움으로 훌륭한 장교 한 분이 군을 떠났다. 참으로 안타까운 일이었다. 다행하게도 후일에 명예를 회복했다는 이야기를 듣고 다소간 위로가 되었다.

■ 1971년 감청사건, 1972년 유신 혁명, 1973년 윤필용 사건, 1979년 10 · 26 사건의 연관성 분석

감청 사건은 현대 정치사에서 중요한 세 가지 사건의 전초전이었다는 점에서 매우 중요한 의미를 가지고 있다. 이 사건 결과 1972년 강창성 장군이 보안사령관으로 부임한 후 10월 유신 혁명을 주도하게 하였고, 1973년 강창성 장군이 윤필용, 손영길 장군 쿠데타 음모 사건과 1979년 10월 26일 김재규가 박정희 대통령을 시해하는 사건의 원인을 제공하였다.

그러나 김재규가 1971년도 감청 사건으로 인해 박정희 대통령으로부터 배신을 당한 것에 대한 앙심을 품고 박 대통령을 시해했다는 사실은 지금까지 언급된 사실이 없다. 하지만 김재규가 윤필용 장군을 제거하려한 것은 박 대통령을 위한 일이었고, 자신이 윤 장군보다 박 대통령에 대한 충성심이 강하였음에도 나를 제거하고 윤필용 장군의 손을 들어준 박 대통령의 배신에 대하여 분노하고 있었음이 분명했고, 이임식 날 그의 얼굴에 살기가 있었음을 느낀 사람이 별로 없었다. 하지만 필자는 그의 분노한 표정을 기억하고 있다.

3군단장을 끝으로 군에서 예편한 후 국회의원, 비료공사 사장, 건설부 장관을 시켜주었고 중앙정보부장으로 기용해 준 박 대통령에 대하여 감사해야 할 것이지만 김재규는 감청 사건 결과 박 대통령이 자기를 외면하고 3군단장으로 좌천시킨 데 대한 악한 분노 감정을 버리지 못하고 있었다.

원래 김재규 장군은 인물이 아니었음을 박 대통령이 잘 알고 있었다. 1973년 윤필용, 손영길 사건은 대통령이 스스로 충신을 제거하였고, 강창성 장군이 30여 명의 우수한 대령급 인재를 제거하였기 때문에 즉

측근들을 다 잃어버렸기 때문에 통치권에 누수 현상이 발생하여 육 여사를 잃어버리게 되었고 우수한 인재를 기용할 수 없게 되자 폐기 처분했던 김재규를 재기용한 결과 운명을 달리하게 되었기 때문에 감청 사건이 국가에 미친 영향이 컸다는 교훈을 얻게 된다.

■ 감청 사건 결과 얻어진 교훈

명예욕이 강하고 질투심이 강한 인물에 대하여 조심해야 했다. 이런 자가 즉흥적으로 자신의 감정에 따라 경솔한 행위를 할 경우, 큰 사건을 일으킬 위험이 있기 때문에 절대로 중요한 일을 시켜서는 안 된다.

한번 일을 저지른 자는 같은 일을 재차 저지를 가능성이 높다고 봐야 하기 때문에 유의했어야 한다. 결론적으로 박정희 대통령이 김재규를 좌천시킨 후 재등용을 하지 않았어야 한다. 이유는 김재규를 감청 사건으로 인하여 좌천시킨 후 그를 호남비료 사장, 유정회 국회의원, 건설부 장관을 시킨 것은 과분한 처사였고, 총기를 다루는 권력 기관의 책임자로 기용한 것은 실패한 인사였다.

앞으로 우리 후세대에는 더 이상 이와 같은 불미스러운 정치 역사가 재연되지 않기를 바라며 온 국민이 특히 정치인들이 정치 역량을 키워 건전한 정치 발전이 있기 바란다.

제3부

윤필용, 손영길 장군 쿠데타 음모 사건을 조사한 강창성 장군

| 제1화 | 1973년 1월 1일 장군 진급 신고 후 전두환의 손영길에 대한 시기, 질투 |

■ 1973. 1. 1. 준장 진급 시까지 손영길 장군의 위상

　1973. 1. 1. 진급 당시 손영길 장군이 1인자로 인정을 받게 된 이유는 박정희 장군이 7사단장을 할 때 최우수 중대장 인정을 받았고, 1961년부터 국가재건최고회의 의장 박정희 소장의 전속부관으로 근무하면서 육사 11기 동기생들이 대거 최고회의에서 근무하게 되었다. 당시 비서실장 윤필용 대령 밑에서 전두환은 민원 비서로 근무하였다.

1967년 선임 30대대장 손영길 중령과 후임 전두환 중령이
박대통령 내외분과의 기념사진

　1963. 3. 1. '하나회'를 조직하고 1963. 7. 6 쿠데타 음모 당시 전두환 등 육사 11기 9명 모두 구속되어 처벌을 받고 군을 떠나야 할 상황에서

손영길 전속부관의 헌신적 노력으로 전두환 등 전원 목숨을 살리기도 했다. 손영길 중령은 1964년~1967년 간 청와대 경호 30대대장을 4년간 역임하고 1967년 대대장 직을 사임하고 육군대학교로 가면서 전두환 중령을 후임 대대장으로 박 대통령에게 추천하였다.

1972년에 73년도 장군 진급 예정자로 자신과 전두환 두 명만이 73. 1. 1. 장군 진급을 하게 되었을 때 육군본부에 가서 육사 11기 중 대령 특진을 한 네 명(김복동, 최성택 포함) 모두를 장군 진급시킬 수 있도록 노력하는 등 손영길은 육사 11기의 지도자였다. 1972년 6월 장군 인사에서 박 대통령은 최측근 거리에서 보필해 온 전속부관 출신 손영길 장군을 수도경비사령부 참모장직에 보직시키고, 김포 공수 제1여단장에 전두환 대령이 보직되었고 73. 1. 1 손영길, 전두환 두 명의 대령이 똑같이 장군 진급하게 될 것을 예고하였다.

하지만 1972년 11월말, 윤필용 장군의 '불경 언동' 사건이 일어난 후 1973. 1. 1. 손영길 대령과 전두환 대령은 김복동, 최성택 대령과 같이 장군 진급이 되었으나 손 장군은 윤필용 장군과 같이 비운의 나락으로 추락, 1973. 3. 구속되고 전두환 장군은 승승장구하게 된다.

◼ 1973. 1. 1 장군 진급 후, 전두환의 암투에 의해 몰락하는 손영길 장군

1972년 10월 유신 후 2개월이 지난 1973년 1월 1일, 육사 11기 선두주자 4명(김복동, 손영길, 최성택, 전두환)이 장군으로 진급하였다. 네 명 중 현실적으로 가장 막강한 파워를 가진 1인자는 박정희 대통령의 전속부관 출신 손영길 장군이었고, 2인자는 전두환이었다.

전두환은 특히 명예와 출세욕이 강하고 관찰력과 판단력, 결단력을 소유하고 있으며 대인 관계는 포용력, 인화력을 발휘하여 남다른 리더십을 가지고 있다. 하지만 자신의 출세 가도에 걸림돌이 되거나 방해가 되는 인물에 대하여는 선배고, 우정이고 의리보다는 무참하게 처리하는 폭군적 기질도 가지고 있다. 예를 들면 12·12, 5·18 사건 등에서 과감한 결단력을 보이기도 했지만, 자신의 출세를 위해서는 부하였던 차지철에게 맹종하며 추종하는 이기주의, 기회주의적인 인간미도 가지고 있었다.

반면에 손영길, 김복동, 최성택 세 사람은 시기, 질투심이 없고 권력욕, 정권욕이 없는 순수한 인품을 가지고 친구와의 우정과 의리를 중요시하고 배반을 모르고 오직 올바른 군인정신을 가지고 국가와 민족을 위하여 헌신하려는 예의 바르고 우수한 인재들이었다. 그중에 특히 손영길 장군은 친구에 의해 무참히 희생을 당하기도 하였다.

1973. 1. 4. 전두환, 손영길 장군만 특별 초청한 박 대통령

1973. 1. 1 준장 진급 신고 3일 후인 1973. 1. 4. 박정희 대통령이 손영길 장군과 전두환 장군을 청와대로 초청하여 진급을 축하해 주고 각자에게 차량 한 대씩 진급 선물을 주고 둘 다 똑같이 사랑한다는 애정의 표시를 하였다. 그리고 두 사람은 다정다감한 형제같은, 서로가 서로를 위해 목숨을 버릴 정도의 의리로 뭉친 혈맹인 것처럼 보였다. 하지만 전두환 장군의 내면은 손영길 장군과 전혀 달랐다. 이유는 전 장군의 뇌리에는 윤 장군의 불경 언동 사건으로 손 장군이 구속될 것이라는 예견이 뇌리를 떠나지 않았기 때문이었다.

이때 전두환 장군은 속으로 "손영길 장군은 윤필용 장군과 이후락 중앙정보부장과 같은 편이고 나는 신범식과 같이 박종규 경호실장 편이야. 박 대통령은 손영길을 더 총애하고 아끼고 있다는 것을 알고 있어.

하지만 오래지 않아 상황은 반전될 거야."라고 생각하였다. 즉 지금까지는 손 장군이 늘 '갑'이었지만 지금 이 순간, 이후 오래지 않아 내가 '갑'이 될 거야. 우리 둘의 '파워게임'은 오래 기다릴 것도 없이 곧 끝날 거야. 손영길이 제거되는 건 시간 문제야 라고 생각하면서 속내를 숨기며 즐기고 있었다.

이유는 두 달 전에 신범식 사장이 윤필용과 손영길 제거를 위해 꾸민 음모와 암투가 박종규 경호실장에 의해 물밑에 가라앉아 있을 뿐, 경호실장이 박정희 대통령에게 보고를 하게 될 것이고 손영길 장군도 제거될 것이 명약관화하였기 때문이었다.

■ 10월 유신 공로 훈장 관련 전두환과 손영길 암투 사건

1973년 1월 1일 장군 진급 후, 전두환 장군과 손영길 장군의 경쟁심을 부추기는 또 다른 사건이 발생하였다. 즉 정부에서 윤필용 장군에게 10월 유신 공로자 2명에게 훈장을 주겠으니 대상자를 추천하라는 연락이 왔다. 윤필용 장군이 손영길 장군과 전두환 장군 2명을 추천하였고 1973년 1월 22일 민방위 날에 중앙청에서 박정희 대통령으로부터 훈장을 받게 되어 있었다. 그런데 총무처 장관이 윤필용 장군에게 한 명만 2등 훈장을 주고 다른 한 명은 3등 훈장을 주게 되었으니 누구에게 2등 훈장을 주겠느냐는 문의를 하였다. 윤필용 장군은 자연스럽게 수도경비사 참모장으로서 10월 유신에 공로가 많은 손영길 장군에게 2등 훈장을 주는 것이 마땅하다고 생각하고 손영길 장군을 추천하였다.

이 소식을 들은 전두환은 73. 1. 1. 장군 진급 신고 시 자신이 대표로 신고하지 못하고 군번 순으로 신고를 하다 보니 네 번째로 진급 신고를 한 것에 불만을 가지고 있던 중, 대통령이 수여하는 훈장 수여식에서 손 장군은 2등 훈장을 받고 자기는 3등 훈장을 받는 것은 수치스러운 일이라고 생각했다.

전 장군 의식 중에는 윤 장군과 손 장군은 대통령에 대한 불경 언동으로 처벌을 받게 될 것이라는 것을 예상하고 있었기 때문에 훈장 수여식에 나가고 싶지 않았다. 총무처로부터 1월 22일 중앙청으로 나오라는 통보를 받자 박종규 경호실장에게 훈장 수여식에 나가지 않겠다고 이야기하고 훈장은 경호실장이 부대 방문 시 전달해 달라고 요청하였다.

결론적으로 두 사람에 대한 훈장 수여는 취소되었고 훈장은 경호실장이 수도경비사령부를 방문 손 장군에게 을지훈장을 전달하였고, 전두환 장군에게는 제1공수여단을 방문하여 전달하였다. 이런 정황을 모르고 훈장 수여식 참석을 준비하고 있던 손 장군은 며칠 후에야 상황을 파악하고 섭섭해 했고, 수경사 장교들 간에는 전두환 장군이 손 장군이 을지훈장을 받는 것을 시기, 질투하여 손영길 장군이 박정희 대통령으로부터 직접 훈장을 받지 못하게 되었다는 이야기가 공공연하게 나돌았다.

제2화   대통령의 천기를 누설한 윤 장군의 '제2차 불경 언동'과 노태우

■ 1973. 2. 이후락 중앙정보부장의 손영길 장군 중정 2국장 전입 요청

1973. 2. 이후락 중정부장이 윤필용 장군에게 중정에서 가장 중요한 국내 정치담당 2국장에 손영길 장군을 데려가고 싶다는 전입 요청을 하였다. 이에 대하여 윤 장군은 손 장군 인사문제는 각하께 보고를

드린 후 결정하자고 하였다. 수일 후 윤 장군은 각하를 만나서 "이후락 부장이 손 장군을 2국장으로 요청하였는데 어떻게 할까요?" 하고 여쭈었다. 그러자 박 대통령은 "손 장군은 앞으로 참모총장을 해야 할 인물이야 그러니 정보기관에 보내지 말고 훌륭한 군 지휘관이 될 수 있도록 윤 장군이 잘 지도하시오."라고 지시하였다.

1973 쿠데타 모의 모함으로 법정에 선 윤필용, 손영길, 김성배 장군

이 지시는 박 대통령, 이후락 부장 그리고 윤필용 삼자 간의 인사 비밀이고 대통령의 복심을 타인에게 누설해서는 안 될 매우 중요한 내용이었고 당사자인 손영길 장군에게도 조심스럽게 전해져야 할 내용이었다. 조금만 더 깊이 생각해 보면 참모총장을 꿈꾸고 있는 전두환 장군이 알면 제1공수여단 병력을 동원하여 박 대통령에 대한 쿠데타를 일으킬 수 있는 위험한 내용이었고, 좀 더 깊이 생각해보면 군의 위계질서

를 어지럽히거나 국난을 유발할 수 있는 중대한 사건이었다.

이 지시에 따라서 손영길 장군은 수도경비사령부에서 윤필용 장군을 모시고 참모장으로 계속 근무를 하는 것으로 조용히 있어야만 했다. 그리고 이후락 부장의 전입 요청은 물거품으로 사라졌다. 이렇게 되었으면 좋겠지만 윤필용 장군은 제2차 불경죄, 즉 박 대통령의 천기를 누설하여 온 세상이 놀라고 자신은 1973. 3. 8. 수도경비사령관직에서 해임되고 자기가 지었던 건물, 서빙고 분실에 구속되었다.

이 사건으로 박정희 대통령 통치는 사양길로 빠져들었고 1979년 10·26 사건으로 윤필용 장군을 제거하려던 역적 김재규의 총탄에 생을 마감하는 요인이 되었다. 반면 전두환은 대권의 걸림돌이던 윤필용과 대권의 적수이던 손영길을 제거하였다. 이 사건 이후 전두환은 차지철의 도움을 받아 1979. 12·12 쿠데타를 일으켜 5공 대통령이 되는 길을 열게 된다. 이 사건은 대한민국 현대 정치사에서 가장 큰 영향력을 발휘한 사건이 되었다.

■ 박종규, 전두환의 올가미(불경 언동)에 걸린 윤필용 장군

윤필용 장군은 1972년 11월 말경 신범식의 고자질 여파로 박종규로부터 엄중한 경고를 받았고 이 경고는 전두환 대령에 의해 전달되었었다. 그리고 이번 만은 없었던 일로 용서해 주니 주의하라는 엄중한 경고를 받은 사실이 있다. 이때 용서를 받은 것이 아니라 실제로는 조사를 받은 것이니 더욱더 조심했어야 했다. 하지만 윤 장군은 크게 심각하게 생각하지 않고 주의를 기울이지 않았다

◩ 1973. 2월 말 윤 장군을 찾아온 노태우 대령에게 천기를 누설한 윤 장군의 실수

1973. 2월 말경, 어느 날 26사단 연대장을 맡고 있던 노태우 대령이 윤 장군을 만나러 왔다. 전속부관 신양호 대위에게 "윤 장군이 노태우를 불렀느냐?"고 물어봤더니 "윤 장군이 부른 것이 아니고 휴가차 나와서 인사를 하고 갔다"고 하였다. 필자 생각으로는 윤 장군이 노태우를 불러서 한 달 전 불경 언동 관련 해명 운동을 하는 건 아닌가 싶어 물어보았다. 필자는 이 내용을 보안사령부에 서면 보고했다.

◩ 전두환의 심복 노태우 대령에게 천기를 누설한 윤필용 장군

윤 장군은 '불경 언동'으로 박종규 경호실장으로부터 경고를 받았고 신범식이 박종규 뿐만아니라 박 대통령에게도 고자질을 할 인물이므로 조심을 했어야 하는 데, 노태우 대령과 같이 자신의 유익을 위해서라면 무슨 짓이라도 하고 남을 사람에게, 특히 전두환의 혀와 같은 일을 하고 다니는 사람이니 더 조심했어야 하는데 실수를 하고 말았다. 노태우 대령은 깊이가 없고 가벼운 사람이기 때문에 박 대통령의 의중을 이야기 하면 바로 큰 뉴스를 얻었다고 생각하고 생색을 낼 사람이고 오직 전두환에게 아부하고 그에게 매달려 점수를 따려고 급급하는 사람인 줄 모르고 속마음을 털어놓아 버린 것이었다.

대개의 경우 이런 이야기를 들으면 "윤 장군님이 이야기는 각하의 의중인데 여러 사람에게 알리면 각하가 어렵게 될 것 같습니다. 다 끝난 이야기니 없었던 일로 하시지요. 특히 참모총장이 되겠다고 신경을 곤두세우고 있는 전두환 장군이 들으면 크게 실망을 할 이야기이니 저 혼자 알고 있겠습니다." 하였으면 모두가 좋았을 일이었으나 곧바로 전두환에게 달려가서 고자질하고 말았다.

이 이야기를 듣는 순간 전두환은 속으로 피가 끓어올랐다. 이유는 박 대통령의 지지를 얻어 참모총장 뿐만아니라 대권을 꿈꾸고 있는데 박 대통령이 윤 장군에게 손 장군을 참모총장으로 키우라 했으니 청천벽력같은 이야기였다. 쿠데타를 해서 뒤집어 엎어버리던가 아니면 윤 장군과 이후락 부장 그리고 손 장군을 제거해야겠다며 생각하고 박종규 실장에게 달려갔다.

전두환, 노태우로부터 이야기를 전해 들은 박종규 실장도 분노했다. 이유는 손 장군 인사문제는 자신도 알고 있어야 하는데 소외시키고 윤 장군, 이 부장과 대통령 3인이 관련된 인사 비밀이 논의된 것이고, 한 달 전, 윤 장군의 '불경 언동'에 대하여 경고했기 때문에 자중해야 할 시점에 천기를 누설한 것은 각하에 대한 불경죄를 저지른 것이라고 생각하였기 때문이었다. 윤 장군의 1차, 2차에 걸친 불경 언행을 더 이상 묵과할 수 없는 상황이 되어버렸다고 판단했다.

박종규 실장은 신범식, 전두환, 노태우와 협의한 끝에 윤 장군의 불경 언동과 천기누설 언행을 대통령에게 보고하고 강창성 보안사령관으로 하여금 조사를 시켜서 윤필용, 손영길, 이후락 부장을 제거하기로 뜻을 모았다. 빠른 시일 안에 신범식으로 하여금 박 대통령에게 보고할 구체적 준비를 하였다.

◾ 신범식이 박 대통령에게 윤필용 장군이 '쿠데타 음모'를 했다고 모함한 경위

1972. 11. 윤 장군의 술 좌석 불경언동과 1973. 1. 훈장과 관련된 손 장군과 전 장군의 불화에 이어 1973. 2. 손 장군 보직 관련 천기누설

사건이 일어나자 박종규 경호실장은 신범식으로 하여금 윤 장군과 손 장군에 대한 모함을 하게 된다.

1973. 3. 7. 코리아나 컨트리클럽에서 대통령과 경호실장이 골프를 치면서 박종규는 신범식에게 윤필용 쿠데타 음모를 보고토록 준비했다. 신범식이 우물쭈물하자 박 실장이 권총을 뽑아 들고 "바른대로 보고하라."고 윽박지르자 신범식이 무릎을 꿇고 "각하 죽을죄를 지었으니 용서해 주십시오."하며 윤필용의 불경 언동을 보고하였다. 그리고 박 실장이 "윤 장군이 손 장군 관련 각하의 지시를 제3자에게 누설하여 각하의 통치력에 심각한 부작용을 일으키는 불경 언행을 했다"고 추가 보고를 하였다. 보고를 받은 박 대통령은 지난 17년간 최대 심복이던 충신 윤필용에 대하여 보직을 해임할 생각을 가지고 강창성 보안사령관을 호출하였다.

대기 중이던 강 장군이 도착하자 박 대통령은 강 장군에게 "윤 장군을 조사하라. 자세한 내용은 전두환 장군에게 들어보라."는 지시를 하였다. 이날이 1973년 3월 7일이었다. 이렇게 윤 장군은 1973. 3. 8. 보직이 해임되었고, 사건 조사는 1973. 3. 9일 육군본부 인사담당 신재기 대령이 서빙고에 불려와 조사를 받기 시작하였다. 윤 장군은 1973. 3. 8. 보직이 해임되고 서빙고에 구속되어 '쿠데타 혐의'에 대한 조사를 받았다. 그리고 후임 수경사령관에는 정보사령관이던 육사 8기 진종채 장군이 부임하였고, 참모장에는 장태완 장군이 부임하였다. 진 장군은 대구사범 출신으로 박 대통령 후배이고 두터운 신임을 받고 있었다. 경북 포항 출신으로 윤 장군과는 가까운 사이이고 강창성 장군과는 친숙하지 않았다. 8기생 중 나이가 2~3살 많았고 매사 용의주도한 선비형에 신중한 성격으로 존경을 받는 장군이었다.

제3화 윤필용 장군 구속 8일 후, 추가로 구속되는 손영길 장군

■ 1972. 11. 윤필용 장군 '불경 언동' 시 손영길 장군 관련 여부

　윤필용 중령과 손영길 소위의 인연은 박정희 소장이 7사단장 시절 군수참모와 중대장 시절 같이 근무하였고 5·16 혁명 당시 최고 회의 비서실장과 전속부관으로 같이 근무한 이후 1972. 6. 수도경비사 사령관과 참모장으로 다시 만났다. 이후락 부장과 손영길 소령 인연은 1961년 5·16 혁명 당시 홍보실장과 전속부관으로 근무하다가 당시 비서실장 윤필용 대령이 군으로 복귀한 후 이후락 홍보 실장이 비서실장이 된 1963. 11부터 1969. 10까지 전속부관으로 오랫동안 같이 근무한 울산 동향인이었다.

1973. 3 '쿠데타 모의' 모함을 받고 고심하는 윤필용 장군

■ 1972. 6. 수경사 참모장인 손 장군이 윤 장군과 이 부장에게 관계 개선 조언

이 부장이 비서실장에서 일본 대사로 밀려난 것은 윤필용 방첩대장이 이후락 비리를 1969. 11. 박 대통령에게 많이 보고하였기 때문에 일본 대사로 좌천되었다. 그런데 이후락 대사는 1년 뒤 1970. 12. 중앙정보부장으로 임명되었다. 이때 손 장군은 박 대통령 측근 권력자인 윤필용 장군과 이후락 부장에게 "서로 미워하지 말고 친숙한 관계가 되었으면 좋겠다"는 조언을 한 사실은 있었다. 하지만 윤 장군과 이 부장은 72년 7·4 공동 성명과 10월 유신 업무 추진 과정에서 친숙한 관계로 발전한 것일 뿐, 손 장군이 특별히 두 분 관계 개선을 위하여 한 일은 없었다. 하지만 항간의 여론은 손 장군이 두 분 관계를 개선시켰다는 여론이 돌아 오해를 받게 되었다.

1975년 전두환 장군의 의리를 질타하는 손영길 장군

■ 신범식 서울신문사 사장 등장

신범식 사장은 이후락 후임 최고회의 홍보실장, 문공부 장관, 청와

대 대변인을 지낸 자로 이후락 부장이나 윤필용 장군과 가깝지도 않았다. 박 대통령의 신임을 받는 자이고 박종규 실장과 친밀한 사이였는데, 10월 유신 업무 보도 관계로 두 분 사이에 끼어들어 분란의 핵심 인사가 되었다.

손 장군은 1972. 11. 윤필용 장군 불경 언동 사건과 전혀 무관하였다. 하지만 모종의 역할을 했을 것이라는 오해가 있을 수 있지만, 이 사건에 손 장군이 끼어들 형편이 아니었다. 그리고 1973. 2. 손 장군의 중정 2국장 보직 관련 움직임은 이 부장과 윤 장군, 박 대통령 3인이 관련된 사건이고 손 장군과 아무런 관련이 없었다.

윤 장군의 보직이 해임되고 서빙고에서 '쿠데타 음모 사건'을 조사하니 수경사 근무 영관 장교들을 서빙고로 연행하라는 지시가 떨어졌다. 이날 손영길 장군은 전두환 장군에게 전화를 해서 오늘 밤 만나자는 제안을 하였다. 이유는 전 장군이 오늘 사건과 깊이 관련이 있다고 생각했기 때문이었다.

그런데 전 장군은 시간이 없다며 만나기는커녕 대화도 하지 않으려 하며 태도가 돌변해 버렸다. 전 장군은 이제는 더 이상 손 장군과 대화를 해서는 안 된다는 판단을 했기 때문이었다. 그날 밤 전두환은 손영길과 만나지 않고 노태우 집에서 향후 대책을 논의하고 있었다(후일에 중정 근무 헌병 송석근 소령이 그날 밤 노태우 집에 갔더니 전두환이 와 있었다는 사실을 밝혔다). 그날 밤 필자는 12시가 조금 지난 시간에 삼청동 소재 최성택 장군 집으로 찾아갔다. 이유는 '쿠데타 음모 조사'를 한다고 하니 필자로서는 그동안 약 4년 여를 수경사 보안반에 근무한 자로서 '쿠데타 음모'를 발견치 못한 책임이 따를 것 같아 정보를 얻기 위해서였다.

그 시간에 최성택 장군과 김복동 장군이 같이 있었는데, 이분들이 오히려 필자에게 "무슨 일이 일어난 것이냐?" 하고 물었다. 여기서 필자는 밤 2시경 답십리에 거주하는 이진삼 중령 집으로 달려갔다. 여기서도 이 중령이 오히려 필자에게 무슨 일이 일어난 것인지 묻고 있었다.

■ **1973. 3. 15. 15사단 부사단장 명령을 받고 떠났던 손영길 장군 구속**

박 대통령이 강창성에게 윤필용 장군 조사 지시를 내릴 때, 손영길 장군 조사 지시는 없었고, 동부 전선 최전방 15사단 부사단장으로 인사발령이 났다. 일단 화를 면했다. 하지만 1주일 후, 각하는 손 장군이 "통일 정사를 짓고 스님을 불러들여 "이후락이 하루빨리 대통령이 되도록 불경을 드렸다."는 보고를 받고 강창성 장군에게 손 장군을 구속시키라는 지시를 하였다. 손 장군은 15사단 보안부대 양은철 대위가 서빙고로 연행하여 구속되었다.

■ **손영길 장군 구속을 모함한 박종규, 신범식, 전두환, 노태우, 강창성**

1973. 3. 8. 윤 장군 구속 후 박종규, 신범식, 전두환, 노태우 등은 손영길 구속을 위해 '통일정사' 사건을 손 장군에게 뒤집어 씌우기로 하였다. 강 장군은 지관 손석우를 서빙고로 연행하여 사건 전말을 확인한 후 박 대통령에게 손영길이 이후락을 대통령 만들기 위해 통일정사를 세운 것이라는 허위 보고를 한 후, 거짓 보고가 탄로 날 것을 우려하여 지관 손석우를 3군단 보안부대에 감금시켰다. 손석우는 강 장군이 보직 해임당한 1973. 7. 이후 3군단 보안부대에서 풀려났다.

결국 손영길 장군 제거에 앞장선 것은 전두환, 노태우였고 통일정사를 지은 신범식이 주범, 박종규는 동조범, 사건 조사를 조작하여 박 대통령에게 허위 보고를 한 강창성은 방조자였다. 후일에 박종규는 손영길 장군에게 사과하고 용서를 빌었다.

하지만 전두환과 노태우는 손 장군의 항의를 받고도 사과하지 않고 적대 관계 중에 각각 사망했고, 피해자인 손 장군은 모든 죄를 사해주고 편안한 마음으로 여생을 즐기고 있다.

■ 순진한 손영길 장군의 안일한 태도

아무것도 눈치채지 못한 손영길 장군은 1973년 1월 4일 전두환에게 "우리 둘이 박정희 대통령을 잘 모시자. 우리 둘을 총애하고 계신다. 진급 축하를 위해 자동차 선물도 해주시면서 우리 둘이 힘을 합쳐서 대한민국을 잘 지키는 간성이 되라고 하지 않았느냐? 우리 둘이 한 형제 같이 우정이 변치 않게 잘 해보자. 우리는 '하나회' 회원이고 한 형제야." 하며 속으로 다짐을 하고 있었다.

손 장군은 두 달 전에 거론되었던 신범식 사장 모함 건과 관련하여 자신이 그 자리에 있었던 것도 아니고 윤필용 장군과 이후락 중정부장이 친밀한 관계로 발전되어 가는 일에 자신이 관여한 일이 없었기 때문에 별로 신경을 쓰지 않았다. 따라서 자신이 쿠데타 음모에 관련되어 구속될 것이라는 것을 전혀 예상치 못하고 있었다.

손 장군은 통일정사 사건은 신범식과 박종규가 한 일이고 자기는 청와대 경내 민간 업자 출입을 도와주었을 뿐 자신에게는 큰 책임이 없다고 생각하고 있었고, 전두환이 이 사실을 박 대통령에게 증인을 해 줄 것으로 믿었다. 전두환이 어떤 인간이며 어떤 생각을 하는지 전혀 알아채지 못하고 진정한 친구로 여기고 의리를 배반할 친구라고 생각하지 않았다.

1973년 3월 윤 장군 사건은 50년 대한민국 역사 속에서 1979년 10·26사건 다음으로 대한민국 정치사에서 대단히 중요한 사건이다. 그 이유는 10·26이라는 사건을 일으키는 원인(遠因)을 제공한 사건이기 때문이고, 이 사건에 관련된 인물들의 권모술수와 흥망성쇠가 우리나라 현대 정치 발전에 지대한 영향을 가져왔기 때문이다.

제4부

윤필용, 손영길 장군 조사 결과를 허위 보고하는 강창성 장군

제1화 윤필용 장군 조사 잘못으로 허물어지는 강창성 장군

■ 윤필용 장군 동향 감시를 강화한 강창성 보안사령관

강창성 보안사령관은 1971년 부임 이후 윤필용 장군을 시기, 질투하며 견제해 왔다. 특히 10월 유신 이후 안수덕 소령은 윤 장군에 대한 일일 보고를 참모장 김귀수 장군에게 하면서 하루에도 두세 번씩 전화 보고를 하고 있었다. 1973. 1. 1. 이후 참모장 손영길 장군에 대해서도 마찬가지였다.

1972년 유신 혁명을 성공한 후 11월부터 일일 보고를 하더니 1973년부터 안 소령은 윤 장군 동향보고를 일일 보고에서 시간별 동향보고로 바꾸었다. 윤 장군에 대하여 보안사에서 무언가 큰 사건 조사가 임박했다는 감을 잡았다. 그렇다고 반장인 안수덕 소령에게 물어볼 수도 없었다. 단지 강 장군은 경기도 포천 출신이지만 이북 출신으로 간주되었기에 영남 출신 8기 선두주자들에 대한 견제 차원의 동향감시가 아니라 모종의 사건 조사가 임박한 것으로 보였다.

4개월 여 동안 특별 동향감시 결과 73. 3. 8. 드디어 윤필용 장군은 보안사 서빙고 분실에 쿠데타 혐의로 구속되었고 수경사 전반에 걸쳐 대전복 업무 차원에서 쿠데타가 일어나지 않을까 하는 우려에서 동향감시는 계속되었고 후임 사령관에 대한 동향 감시도 계속되었다.

제2화 서빙고 분실 고문으로 하루에 세 번 실신한 신재기 대령

　1973년 3월 8일 아침에 서빙고 조사 분실에 갔다가 조사실에서 조사를 받고 있는 신재기 대령을 만나자 깜짝놀랐다. 쿠데타 음모 사건을 조사하기 위하여 수도경비사령부 소속 장교들을 불러 조사를 해야 하는데 '하나회' 핵심인물이긴 하지만 윤필용 장군과 관련이 없는 육군본부 진급 계장직에 있던 신재기 대령을 연행하여 조사하는 것을 보고 무언가 잘못되어 가고 있고 이상하다는 생각을 하게 되었다.

　윤필용 장군의 쿠데타 음모를 조사하려면 당연히 30대대나 33대대 지휘관을 조사해서 쿠데타 음모의 내막을 조사해야 하는데, 신재기 대령을 서빙고로 연행하여 조사를 하는 이유가 무엇인지 납득이 가지 않았다.

　이유는 신재기 대령은 윤필용 장군보다는 전두환 장군과 가까운 사람이었고, 윤필용 장군과는 친밀한 관계가 아니었기 때문이다. 따라서 처음부터 이 조사가 윤필용 장군 쿠데타 음모 조사와는 거리가 먼 사건

죄없이 고문당하고 억울하게 법정에 선 신재기 대령 오른쪽 첫번째

이 아닌가 하는 느낌을 받았다. .

 필자는 안면이 있던 조사관에게 신재기 대령을 "가혹하게 고문하지 말아 달라"는 부탁을 하였다. "이분은 나의 대대장이었다. 나쁜 사람이 아니고 좋은 분이다. 그러니 인간적으로 잘 대해 달라"고 부탁을 하고 씁쓸한 기분으로 서빙고에서 나왔다. 오후에 서빙고에 가서 신재기 대령을 조사하고 있는 조사실에 들어가 보았다. 문을 연 순간 신 대령이 놀라면서 벌떡 일어나 필자를 보고 "충성"하고 거수경례를 하였다. 그런데 그의 눈은 초점이 흐렸고 손을 덜덜 떨고 있었고 상체도 흔들거렸다. 그리고 진술서를 쓰고 있는 손은 사시나무 떨듯 글씨를 잘 쓰지 못하고 정신이 나간 사람이 되어있었다.

 조사관에게 "어떻게 된 거냐"고 물어보았더니 "조사를 거부하여 가혹하게 할 수밖에 없었다. 세 번이나 의식을 잃어 병원에 다녀왔다. 그런데 아직도 불지 않는다. 독한 사람"이라고 했다. 필자는 속으로 쿠데타를 할 분이 아닌데 하면서 얼마나 당황했는지 아무 말을 못하고 현장을 피했다.

 신재기 대령은 육군본부 진급 계장으로서 '하나회' 리더인 전두환 장군의 지시에 따라 진급에 특혜를 준 일은 있을 수 있겠지만, 쿠데타 음모와는 전혀 관련이 없으니 할 말이 없어 말을 못한 것인데 고의적으로 진술을 하지 않는 것으로 오해를 받고, 가혹한 고문을 못 이겨 정신을 잃어버리고 세 번이나 병원에 실려 갔다 왔고, 정신이상은 물론 육체는 경련을 일으키고 있는 모습을 보고 간첩 조사도 아닌데 고문한 것을 보니 가슴이 찢어지는 듯하였다.

 수도경비사령부에 돌아와 작전참모 안필준 대령 방에서 바로 보이는 청와대를 바라보며 '이 건은 사실이 아니고, 모함을 한 것입니다' 하고 생각하며 말없이 눈물을 흘렸다. 우는 이유를 묻는 안 대령에게는 아무 말도 할 수가 없었다. 필자가 심정적으로 이 사건 조사에 대하여 반기를 들기 시작한 것은 바로 이날부터였다.

많은 세월이 흐른 2010년인 것으로 기억한다. 신재기 대령과 육사 13기 동기생인 오한구 전 국회의원이 미국으로 전화를 해 왔다. 내용은 신재기 자녀들이 1973년도에 신재기 중령이 처벌받은 사건 재심을 요청하였는데 법정에 나와서 증언을 해 달라는 요청이었다.

즉시 귀국하여 법정에 나가서 신재기 대령은 쿠데타와 관계없이 고문을 받고 정신이상이 되었던 사실을 증언하고 돌아갔다. 그로부터 세월이 흐른 뒤 신재기 대령 건은 승소하여 무죄가 되었고 보상도 받았다는 소식을 전해 들었다. 두 딸 신수정, 신수진과 아들 신종혁이 어디선가 잘 살기를 바란다.

제3화   쿠데타 음모 조사 중 '하나회'에 대한 강창성 장군의 실수

■ 강창성 보안사령관 실수

이 사건 조사를 한 강창성 장군은 육사 8기생으로 윤필용 장군에 못지않은 인물로 알려져 있고, 1972년 10월 유신을 잘 마무리한 공로로 박정희 대통령으로부터 신임을 얻고 있었다. 그런데 강 장군은 이 사건 조사를 지시받았을 때 '이 사건 조사를 잘하면 윤필용 장군이 제거될 것이고 박정희 대통령을 위하여 큰 공을 세울 수 있을 것'이라는 잘못된 생각을 가지고 고문, 과잉 조사, 조사 조작, 조사 결과 허위보고 등 불법 행위를 저질렀다.

조사결과 쿠데타 음모가 없었다면 이를 즉시 보고하여 군을 지키고, 국가를 위하고, 대통령을 위하여 신중하게 처리해야 했다. 그러나 강 장군은 박 대통령으로부터 사건 조사 지시를 받은 후 박종규 경호실장과 한편이 되어 마음먹은 대로 칼자루를 휘둘렀다. 국가 전복 음모를 조사하는 쿠데타 조사가 아니라 헌병이 조사해야 할 일반 범죄 조사에 열을 올렸다. 쿠데타 음모 대신 '하나회'를 조사하면서 전두환과 노태우 조사는 못하고 그들의 눈치를 보면서 '하나회' 회원 30여 명을 강제로 군복을 벗기고 있었다.

그러나, 이 시도는 결국 박종규, 전두환 대령의 반대로 무산되었고, 오히려 강창성 장군 자신이 보안사령관에서 쫓겨나는 요인이 되었다. 이 사건 이후 손영길 대령이 제거된 '하나회'는 전두환, 노태우 중심으로 더욱더 막강한 파워를 가진 사조직으로 바뀌어 갔다. 손영길 장군 조사 시 통일정사 사건을 조사하면서 증거 은폐를 위하여 서울신문사 신범식 사장밑에 직원이던 손석우 지관(地官; 땅보러 다니는 사람)을 3군단 보안부대(우주일 대령)에 감금하고 대통령에게는 손 장군이 통일정사를 지었다고 허위 보고를 하여 추가로 구속시켰다. 이 과정에서 강창성은 박종규, 신범식, 전두환, 노태우의 모함에 동조하면서 그들의 눈치를 살폈다.

그 당시 특이한 것은 사건 조사 시 보안사령부 참모장 김귀수 장군을 서빙고에 상주시켜 사건 조사를 지휘토록 하고 간첩 조사하듯 모질게 가혹 수사를 한다는 비판이 여러 곳에서 터져 나왔다. 이 사건 조사 중 김귀수 장군은 보안사령부 휘발유 부정유출 사건으로 구속되었고, 강 장군은 윤 장군 사건 조사 4개월 후 대전지역 3관구 사령관으로 좌천되었다가 예편 후 항만청장을 지냈다.

◾ **1980년 5공 정부 수립 후 삼청대에 끌려갔다가 구속된 강창성 장군**

1980년 제 5공화국이 들어서자마자 허삼수 사정수석은 강 장군을 삼청교육대에 잡아넣고 모욕을 주었을 뿐만 아니라 1980. 10. 5공 정부 수립 후 제1차로 청와대 특수수사대에 연행, 범죄를 조사하고 구속시켰다. 이렇게 강창성 장군을 처벌하는 이면에는 윤필용 장군 사건을 조사한 것이 강창성 장군이기 때문에 보복으로 처벌한다는 면피형 사건으로 다룬 것이고, 또 다른 의미는 강창성 장군이 '하나회'를 조사하면서 전두환 장군을 잡아넣으려 한 행위에 대하여 보복한다는 두 가지 의미가 있었다.

필자의 경우도 1980년 12월 말 전역 후 2주 지난 1981년 1월 중순, 허삼수의 지시로 특수수사대에 연행되어 강창성 장군을 조사했던 조사실에 10일간 구금되어 여섯 번이나 조서를 작성하는 강도 높은 조사를 받았다. 이때 만약 구속되었더라면 어떤 일이 일어났을까를 생각하면 지금도 아찔하다. 이 사건은 1973. 4. 필자가 수도경비사령관 진종채 장군에게 보고하였고, 진 장군이 박정희 대통령에게 보고한 결과 강 장군 보직해임 후 종결되었다.

제4화 윤 장군과 손 장군 관련 여러 건을 동시에 모함한 박종규와 신범식

◾ **1972년 12월 윤 장군 불경 언동과 '통일정사' 고발 경위**

윤필용 장군의 불경 언동 고발 시점과 '통일정사' 건축, 청와대 고철 판매사건은 모두 1972년 10월 17일 유신 이후 12월과 1973년 1월 사이에 일어났다. 위 사건은 같은 시간에 일어났고 모함을 한 인물도 동일하다. 신범식 서울신문사 사장이 주도하였고 박종규 경호실장이 감독하고 전두환 노태우가 주연을 하였다.

'통일정사'는 박종규 허락하에 윤 장군의 '불경 언동'을 고발한 신범식이 지관 손석우를 데리고 1971. 11.~1973. 1. 사이에 청와대 경내에 세워진 것으로 1973년 3월 8일 윤필용, 손영길 장군 쿠데타 음모 사건으로 철거된 조그만 정사(精舍, 기도처)를 말한다. 신범식 사장은 1972년 10월 유신 혁명이 성공하자 청와대 경내에 '통일정사'를 짓고 불공을 드리면 박 대통령 재임 중에 남북통일을 이룰 수 있다며 박종규 경호실장의 허가를 받아 1973년 1월 '통일정사'라는 작은 암자를 지었다.

이 정사는 신범식, 박종규, 손석우 등이 박정희 대통령을 위하여 세운 것이지만 1973년 윤필용 장군과 손영길 장군의 쿠데타 음모 사건이 나자 박정희 대통령에게 '손영길 장군이 박정희 대통령을 배신하고 자신의 동향인 이후락 중앙정보부장을 대통령으로 만들고 남북통일을 이루기 위하여 정사를 세우고 스님을 불러서 은밀하게 불공을 드린다.'고 허위보고를 한 것이었다.

이후락 장군

이 보고를 받은 박정희 대통령은 자신이 그토록 총애하였던 손영길 장군이 자신을 배반하고 이후락 부장을 대통령으로 만들려 한다는 것에 대하여 격노하고 손영길 장군도 구속 조사하라는 지시를 내렸다. 1972년 12월에 신범식 사장이 박정희 대통령에게 윤필용 장군이 술좌석에서 이후락 부장을 보고 "큰 형님이 연로하고 건강이 좋지 않으니 대권을 이어받을 준비를 하는 것이 좋겠다"는 언동을 하였다는 보고를 할 당시에는 손영길 장군에 대한 이야기는 전혀 없었다.

1973. 3. 8. 윤 장군 구속 후 15사단으로 발령이 난지 1주일 정도 지나서 제15사단 부사단장으로 직무를 수행하던 중, 손영길 장군도 같이 구속 조사하라는 대통령의 지시가 떨어졌다. 이렇게 된 이유는 이 사건을 음모한 자들이 윤필용 장군만 구속시킬 것이 아니라 손영길 장군도 구속시켜야 한다며 이를 위해 추가로 음모를 하였기 때문이었다.

손영길 장군을 구속하라는 지시가 있자 손영길 장군은 보안부대원의 지프차에 실려 철저한 경비와 보안 속에 강원도 현지에서 서빙고까지 연행이 되었다. 서빙고에서 조사를 받는 과정에 보안사령부 참모장이 "자진해서 전역서를 쓰면 조용히 전역을 시켜주겠다"고 회유를 하였으나 손영길 장군은 "내가 무슨 죄가 있느냐? 전역을 하지 않겠다"하였으나 윤필용 장군과 같이 조사를 받고 재판에 회부되었다.

그런데 후일에 알려지기는 강창성 장군이 '통일정사'에 관한 조사는 일체하지 않았고 박 대통령에게 허위 보고를 하여 손영길 장군을 구속하라는 지시를 받았으며 강 장군은 허위보고 증거 인멸을 위하여 지관 손석우 씨를 전방 3군단 보안부대에 감금하였다는 사실이 알려졌고 강 장군은 이 일로 비난을 받았다.(강 장군이 좌천된 후 풀려났다.)

■ '통일정사' 사건을 인지 못했던 손영길 장군

손영길 장군이 '통일정사' 이야기를 듣게 된 것은 1심 재판이 끝난 후 함께 구속되었다가 무죄로 석방되었던 권익현 대령으로부터 손영길 장군을 면회하였을 때 처음으로 이야기를 들었다. 권익현 대령은 육사 11기 '하나회' 핵심인물로 윤필용 장군 사건에 연루되어 구속되었다가 1심 재판에서 무죄를 선고받고 석방되었다.

권익현 대령이 손영길 장군에게 "내가 알아보니 각하께서 통일정사 건으로 너무나 격노하셔서 사건 해결이 어렵다."는 말을 전하였다. 이 이야기를 들은 손영길 장군은 그제서야 박정희 대통령이 자신에게 배신감을 느끼고 구속까지 시킨 것이라는 것을 이해게 되었다고 하였다.

'통일정사' 사건을 거론하여 박정희 대통령에게 음모를 할 수 있는 사람은 경호실장 박종규, 서울신문사 사장 신범식이고 '통일정사'를 짓는다는 사실을 아는 사람은 전두환 장군, 수도경비사 정보참모 윤태균 대령, 30대대장 이종구 중령 그리고 신범식 사장과 가까운 관계인 권익현 대령이었다. 군부대에 연금되었던 지관 손석우는 서울신문사 직원이었던 신범식 사장 친구였다.

윤필용 장군과 손영길 장군을 조사한 강창성 장군이 '통일정사' 사건의 내막을 자세히 알고 있었으나 박정희 대통령에게 거짓 보고를 한 증거는 강창성 장군이 보안사령관직에서 해임되자 그 전모가 세상에 알려지게 되었다.

'통일정사'를 건축한 사람들이 처음부터 박정희 대통령의 총애를 받고 있던 손영길 장군을 제거하기 위한 권모술수와 음모로 건축한 것인지, 아니면 지어놓고 나서 윤필용 장군 사건이 터진 후, 손영길 장군을 제거하기 위해 이용한 것인지에 대한 확실한 증거는 없고 손영길 장군도 그 내막에 대해서는 잘 알지 못했다. 강창성 장군이 해임된 후 손석우 지관을 전방지역 보안부대에 감금시켰던 내막은 3군단 보안부대장 우국일 대령에 의해 밝혀졌다. 그 당시 강창성 보안사령관이 박종규 경호실장과 신범식 사장과 공모하여 박 대통령에게 허위 보고를 한 것이었다.

1973년 필자는 '통일정사'가 신범식의 작품인 것은 알고 있었으나 손영길 장군을 제거하기 위한 음모로 씌여질 줄은 상상도 못했고, 서빙고에서 손영길 장군 조사 과정에서도 언급된 바 없었기 때문에 알려지지 않았었다.

박정희 대통령도 마지막 순간까지 이 사건이 고도의 권모술수에 의한 음모라는 것을 모르고 돌아가셨다. 이유는 손영길 장군이 출옥 후 6년이란 긴 시간 동안 기다리며 박정희 대통령에게 진실을 이야기하고 싶어했으나 10·26 사건으로 돌아가셔서 해명하지 못해 아쉽다고 하였다.

제5화 손영길 장군 재판정에서 측근에게 허위 증언을 지시한 전두환

■ **청와대 고철을 처리하라는 경호실장 지시**

앞에서 기록하였듯이 '통일정사' 건축허가는 박종규 경호실장의 허가를 얻어 건축하게 되었고 수도경비사령부 정보참모 윤태균 대령(육사 13기 하나회)과 제30대대장 이종구 중령(육사 14기 하나회)은 민간인의 청와대 경내 출입허가를 해주었다. 수도경비사령부 참모장 손영길 대령이 '통일정사' 신축 허가 문제로 경호실을 방문하였을 때, 박종규 경호실장은 손영길 참모장에게 청와대 헬기장 주변에 널려있는 고철을 팔아서 부대 운영비로 쓰라는 지시를 하였다. 이에 손영길 장군은 30대 대장 이종구 중령에게 고철을 30대대 영내로 옮기라는 지시를 하였다.

얼마 후, 손영길 대령은 군수참모 노정기 대령에게 고철을 팔아오라고 지시를 하였고, 노정기 군수참모는 고철을 팔아서 340만 원을 손영길 참모장에게 가져왔다. 이 중, 40만 원은 노정기 군수참모에게 주면서 수고한 장병들과 회식을 하라고 준 후, 300만 원은 부대 운영비로 입금을 시켰다.

그로부터 얼마 후, 손영길 참모장이 이 돈 중 100만 원을 윤필용 사령관 가족에게 쓰라며 준 것이 문제가 되었다. 손영길 장군은 그 돈의 출처를 밝히고 자신이 개인적으로 얻은 돈이지만 부대 운영비로 넣은 것이기 때문에 횡령이 될 수 없다는 주장을 하였으나 조사과정에서 이를 인정해 주지 않았다.

이 사건이 육군 재판부로 이송되어 군 검찰관의 조사를 받게 되자 손영길 장군은 이 돈의 출처를 증명하기 위하여 박종규 경호실장과, 정보참모 윤태균 대령 그리고 30대대장 이종구 중령을 증인으로 신청하였다.

■ 청와대 고철 사건 재판에 개입하여 손영길 장군에게 불리한 증언을 교사한 전두환 장군

고철 재판 증인으로 나와서 진실을 밝혀야 할 박종규 경호실장은 증인으로 출두하지 않았고 정보참모 윤태균 중령과 30대대장 이종구 중령이 증인으로 출두를 하였다. 그런데 검찰관이 청와대 고철 사건의 내막에 대하여 아는 바 있는지 질문을 하자 윤태균 중령과 이종구 30대대장은 "그런 사실에 대하여 아는 바 없다"고 허위진술을 하였다. 따라서 손영길 장군은 공금횡령이 확정되어 실형을 살게 되었다.

이를 지켜본 손영길 장군이 법정 밖에서 윤 대령과 이 중령에게 "너희들 어떻게 고철 사건을 전혀 모른다고 진술할 수 있느냐?"하고 따졌더니 그들은 "사실은 전두환 장군이 이 일에 대하여 일체 모른다고 진술하라는 지시를 하였기 때문에 사실대로 진술할 수 없었습니다. 미안합니다."라고 하였다.

이 이야기를 들은 손영길 장군은 이 사건은 박종규 경호실장, 신범식 그리고 전두환 장군이 짜고 자신을 모함했다는 확신을 가졌다. 그리고 세월이 흐른 후 박종규 경호실장은 자신이 손영길 장군을 모함했던 사실을 고백하고 용서해 달라며 사과를 했다고 한다. 이 사건은 전두환 장군이 손영길 장군과 어떠한 관계였는가를 잘 증명하고 있는 청와대 고철 판매사건의 실상이다.

■ 손영길 장군에게 사죄한 박종규 경호실장과 손영길 장군의 회한

박종규 경호실장이 죽기 전에 손영길 장군에게 "미안하다"는 사과와 더불어 누가 이 일을 시작했고 누가 동조했다는 이야기를 다 털어놓았다 한다. 필자가 알고 있는 내용과 별로 다른 것이 없다는 것을 확인했다. 이 사건으로 여러 사람이 다치고 나라가 떠들썩했고 군이 소용돌이 속에 휘말려 들었었다. 하지만 남은 것은 시기와 질투, 그리고 권모술수와 음모를 했다는 결과만 남겼다. 이것 외에는 아무 것도 없었다.

모함 사건의 핵심인물이었던 박종규 경호실장이 손영길 장군에게 사죄를 하고 세상을 떠난 일은 잘한 일이라고 생각된다. 원래 박종규 실장과 손영길 장군은 친구였다. 박종규 실장이 두 살 연장자였다. 박종규 실장은 혁명 주체 세력으로 최고회의 당시 경호대장이었고 손영길 대위는 전속부관이었기 때문에 절친한 사이였다.

그리고 박종규 실장은 손 장군에게 생명의 은인이라고 할 만큼 중요한 일이 있었다. 1964년 7월 박 실장이 취해서 박정희 대통령 사진을 짓밟은 사건이 대통령에 보고되어 경호실장직에서 해임되어 집에서 대기를 하고 있었다. 이때 이런 사연을 알게 된 전두환이 손영길 소령에게 박 대통령의 진노를 해소해 달라는 부탁을 하였다. 이에 손 소령이 대통령에게 박 실장을 용서해 달라는 진언을 하여 다시 경호실장 업무를 하게 된 일이 있었다. 그 당시 고마운 생각으로 고급 시계를 선물하였는데, 손 장군은 그 시계를 지금도 가지고 있다고 했다. 이렇게 손영길 장군의 도움을 받은 사연이 있으면서도 박 실장은 손영길 장군을 철저히 모함하였고 죽기 직전 사과를 하였으며 손 장군도 용서를 했다.

쿠데타 사건의 조사 시작은 거창했지만, 단 2개월 만에 쿠데타 음모는 없었다는 것으로 밝혀졌고 시기와 질투에 의한 모함 사건이라는 결론을 내고 강창성 장군이 보안사령관직에서 해임되고 사건이 매듭지어졌다. 하지만 이 사건이 우리나라 정치사에 미친 영향은 지대했다. 3명의 장성과 10명의 고급 장교들이 구속되었고 30여 명의 우수한 장교들이 전역을 당하였고 중앙정보부에서도 30여 명의 우수한 요원들이 퇴직을 당하였다.

필자는 1974년 문세광에 의해 육 여사가 서거 당하였을 때, 이 불행이 1973년 사건 여파로 안전에 문제가 있어서 불거진 일이 아닌가 하는 의혹을 가지기도 하였다. 이 사건의 여파는 10·26 사건의 원인이 되었고 그 여파는 지금도 영향을 받고 있다는 점에서 10·26 사건 다음으로 중요한 사건이라고 생각한다.

이제 필자는 누가 모함을 했고, 누가 거들었는지를 알고 있던 진실을 터놓았다. 모두들 늦기 전에 풀 것은 풀고 가기를 바라며 생존한 자들

모두 '하나회 파워 게임'으로 인하여 상처받은 분들에 대하여 미안하다는 말을 해주기를 바란다. 이 글을 쓰면서 손영길 장군과 여러 번 티 타임을 가지고 50년 전 이야기서부터 오늘날 대한민국의 현실 문제에 이르기까지 폭넓은 대화를 나누었고 필자가 경험하지 않았던 1960년대 이야기를 통하여 많은 지도를 받았다.

처음으로 만난 것은 전두환 중령의 추천으로 보안사에 근무하게 된 1970년이었고 손영길 대령이 수도경비사령부 참모장으로 부임한 후인 1971년 후반부터 필자가 수도경비사령부 보안반에 근무하면서부터 많은 사랑을 받았고, 1973년 사건이 난 후 필자는 손영길 장군이 억울하게 당한 것을 보고 이를 바로잡기 위하여 노력하였다. 최근 만난 손영길 장군의 심정을 소개하면 다음과 같다.

첫째, 전두환, 노태우 두 대통령이 대통령이 된 후 부끄러운 일을 저질러 국민들로 부터 비난을 받은 결과 육군사관학교의 명예를 더럽힌 것을 마음 아프게 생각한다.

둘째, 하나회는 군인으로서 순수하게 국가와 민족을 위하여 분골쇄신 하자는 결의체였는데, 이 조직이 군내 정치적 목적을 달성하기 위한 불법적인 사조직이 되어 그 존재가 자타의 비난을 받게 된 것을 애석하게 생각한다.

셋째, 주군이었던 박정희 대통령을 잘 모시지 못하고 자신과 윤필용 장군에 대한 오해를 풀지 못하고 돌아가신 데 대하여 많은 회한을 가지고 있다고 하였다. 1973년 사건이 난후, 6년 동안에 박정희 대통령께서 찾아주기를 기다렸지만 찾아주지 않으셨고 불행한 최후를 맞게 된 데 대하여 자신의 불충에 대하여 사죄를 하고 있다는 충성심을 가지고 있었다.

넷째, 인간 무상을 경험하였기에 세상만사를 인간의 차원에서 바라보는 것이 아니라 모든 것이 무상하다는 불교 신자의 마음으로 자비를 베풀며 살아가는 지혜를 얻었다 한다. 모든 인간을 사랑하고 세상을 사랑하며 마음 편하게 사는 불자의 삶에 충실한다고 하였다.

지금도 손영길 장군은 박정희 대통령께서 오해를 하고 마음을 풀지 않은 채 운명하신 것에 대한 자신의 부덕함에 고민하고 있는 모습을 보니 그분의 충정에 감탄하지 않을 수 없었다. 불교에 귀의하여 관련자 모두를 용서하고 자신의 마음을 다스리기에 노력하고 있는 모습에 안타까움을 금할 길 없다.

자기를 모함하기 위하여 건축하였던 '통일정사'가 아니고 마음 속에 또 다른 '통일정사'를 지어놓고 관련자 모두를 위하여 기도하며 남북통일을 기원하며 여생을 조용히 보내려는 손영길 장군을 존경한다. 지금 93세이지만 건강하시다. 앞으로 더 건강하시고 행복한 삶을 영위하시기를 기원한다.

제5부

윤필용 감청사건과 쿠데타 모함 사건의 숨겨진 진실

| 제1화 | 전두환 대령 추천으로 보안사령부에 전입된 육군 중위 필자 |

1970년 보안사 전입 후, 80년 10월 허삼수에 의해 강제 전역당한 필자

1966년 경북대학교 사범대학 3학년이 되자 ROTC 입교를 하려 했으나 신원 부적격자로 장교가 될 수 없다 하기에 '6·25 이후 3년간 종군한 자'의 자녀인데 재조사를 해 달라고 했더니, 503대구방첩대에서 조사 결과 '사실'이라는 판정을 받고 1968년 졸업과 동시 소위로 임관하였다.

1970년 2월 필자는 서종철 총장 수석부관이던 전두환 대령을 만났다. 면담 후 장기 복무를 하라는 권유를 하였다. 학교 교사로 국가를 위해 봉사하는 것보다는 김 소위 같은 인재는 군에 남아서 정치를 담당하는 부서에서 근무하는 것이 더 바람직하다. 보안부대로 가서 정치군인이 되라는 지도를 하였고 필자는 그 자리에서 장기 복무를 하겠다고 하였다.

전 대령은 전속부관 김진영 소령에게 필자를 보안사령부 인사과장 배명국 중령에게 데려다 주라고 하였다. 필자는 1970년 9월 보안사령부로 전입되어 506서울지구 보안부대에서 대공, 보안, 정보 업무를 담당하였다.

■ 군부 내 일반 장교 출신 김학호 장군과 육사 출신 장교들과의 알력

1970년 11월 김재규 보안사령관 당시 사령관의 최고 핵심인물인 김학호 대령이 부대장으로 근무하는 506보안부대로 육군 중위 필자가

전입신고를 하려고 하였더니 김학호 대령이 행정과장 정철구 대위에게 "육군 중위 김충립을 부대원으로 받을 수 없으니 사령부로 돌려 보내라."는 지시를 하고 전입신고를 받을 수 없다고 하였다. 이유는 육사 출신 장교들이 전방에서 중대장 경력을 쌓은 장교를 보안부대로 전입을 시켜야 하는데 공정하지 못하게 정실인사를 한 것이고 육사생들을 위한 부당한 인사니 받아들일 수가 없다는 것이었다.

1주일 동안 행정과장 옆에 앉아 기다리던 중 김학호 부대장이 필자를 보고 부대장 실로 불러 여러 가지 질문을 하더니 "난 대구 계성 출신이다. 한 고향 출신이니 받아 주겠다. 앞으로 편파적인 행동을 하지 말고 정정당당하게 국가를 위해 헌신하고 사욕을 탐하는 일을 해서는 안 된다. 앞으로 내 말을 잘 들어야 한다."는 훈시를 한 후 대공과 수사계장 허화평 소령 밑에서 대공 업무부터 배우라고 하였다.

제2화 육사 11기 출신 '하나회' 회원과 필자의 인연

1971년 8월 전두환 대령이 손영길 장군 집으로 오라고 하여 갔더니 육사 11기 동창 '하나회' 회원 모임을 하고 있었다. 이 자리에서 전 대령은 내가 전방에 다니다가 신재기 중령 부대에서 모노(물건)를 만나 보안사로 전입시키고 506보안부대에서 근무토록 했으니 동기생 여러분께서 도움을 받도록 하려고 인사를 시킨다. 김 중위는 모든 문제를 해결할 수 있는 '해결사'이니 잘 활용하라고 소개를 시켰다.

■ 육사 11기 '하나회' 출신 가족이 일으킨 사고 해결 이야기

1971년 한 군인(대령) 가족이 화가 나자 운전병 볼 따귀를 때렸다. 그랬더니 이 운전병이 차를 몰고 보안사령부 영내로 들어와서 이 군인 가족을 처벌해 달라며 시위를 벌이는 사건이 발생하자 해당 군인이 필자에게 이 문제를 해결해 달라는 요청이 있어 해결해 주었다.

다른 한 건은 종로 네거리 신신백화점 피아노 상회에서 한 대령 집에 피아노를 전달하는 과정에서 벽에 흠집을 내자 군인 가족이 배달 인부의 볼 따귀를 때렸다. 시비가 붙자 피아노 상회에서 언론사에 전화를 해서 이런 억울한 일을 보도해서 군인 가족을 처벌해달라며 기자회견을 열었다.

당황한 장교가 필자에게 이 문제를 해결해 달라는 요청이 있었다. 필자가 이 두 사건을 원만히 해결해 준 웃기는 사건이 있었다. 지금까지 이를 아는 군인 가족이 여럿 있어 지나간 비하인드 이야기로 소개한다.

■ 수도경비사령부에서 1971년, 72년, 73년 중요 사건 실무 경험

1970년부터 1973년까지 506보안부대에서 대공, 보안, 정보 업무를 경험하게 되었고, 1971년 감청 사건, 1971년 10월 유신 혁명, 1973년 윤필용, 손영길 쿠데타 음모 사건 조사 실무자로 근무하여 많은 경험을 쌓았다. 특히 73년 윤필용, 손영길 쿠데타 음모 사건을 경험한 후 군에 대한 애착을 버리고 군을 떠나는 것이 더 바람직하다는 생각을 하고 고민하던 중 새로 부임한 진종채 수도경비사령관을 만나 새로운 기분으로 군 생활을 계속하게 되었다.

이유는 지금까지 필자를 후원해 준 전두환 장군의 인간성에 크게 실망하고 이런 분과 인연을 지속해서는 안 된다는 생각을 하게 되었다. 자세한 내용은 뒤에서 기술하기로 한다. 한마디로 전두환 장군의 인간성은 좋지 않다는 생각을 하게 되었다.

제3화 윤필용 장군 감청사건으로 3군단장으로 좌천된 김재규 장군

감청사건이 날 당시 수도경비사 보안반장에 육사 17기 강명오 소령이 떠나고 18기 김형로 소령이 부임했다. 1971. 5. 윤필용 장군 감청 사건 결과 김형로 소령은 전역을 당하였고, 필자는 사령부 지시에 따라 윤필용 장군을 업무방해죄로 군 검찰에 고소하고 진술조서를 작성하던 중 김재규 보안사령관은 3군단장으로 좌천되었고 육사 8기생 강창성 장군이 보안사령관으로 부임하였다.

이 사건이 매듭지어진 후 10월 유신 혁명을 준비하면서 정보과에 정보계장으로 근무하라는 명령을 받고 정보과장 이용린 소령을 모시고 10월 유신 업무를 담당하였고 혁명이 완수되자 1972년 10월 말 재차 수도경비사령부 보안반으로 옮겨서 근무하던 중 1973. 3. 8. 윤필용, 손영길 장군 쿠데타 음모 사건이 터졌다.

■ 전직 두 보안사령관 김재규, 강창성에 대한 비평

필자는 1970년 말부터 1973년까지 근 4년을 수도경비사령부 보안반에서 근무하면서 1971년 감청 사건, 1972년 10월 유신 혁명 그리고 1973년 윤필용, 손영길 장군 사건 조사에 직접 관여하였기 때문에 사건별 그 내막을 잘 알고 있다. 필자는 보안부대에 근무하면서 군과 국가를 위하여 최선을 다하기로 결단했다. 한 개인의 유익보다는 군과 국가를 위하여 헌신, 봉사하고 희생정신을 발휘하는 훌륭한 군인이 되어야 한다는 사명감에 불타고 있었다. 무엇보다 중요하게 생각한 것은 사리사욕을 멀리하고 공명정대한 지도력을 발휘하여 타의 모범이 될 것을 다짐하며 보안부대 업무에 충실하고 있을 때였다.

특히 이권에 개입하거나 불법을 저지르지 말고 타의 모범이 되어야 한다고 생각했다. 따라서 지원부대나 타인으로부터 금전을 얻어 쓰거나 각종 청탁을 통하여 이득을 취하는 일이 없어야 한다는 생활신조를 가지고 불의한 짓을 해서는 안 되고 정의롭게 살아야 한다는 규범에 스스로 엄격했다.

그런데 필자가 처음으로 상관으로 모셨던 보안사령관 김재규 장군은 자신의 권력을 군과 국가 발전을 위해 써야 함에도 전 장군은 공명정대함과는 거리가 멀었다. 1971년 자신의 권력을 더 강하게 하고자 주위 인물을 감시하고 죄를 찾아 제거하려 하였다. 즉 시기, 질투, 암투로 윤필용 장군을 제거하려 한 잘못을 저질렀고 1979년 말에 가서는 차지철과 박 대통령을 저격하는 범죄를 저질렀다. 결과적으로 군과 국가에 대한 역적죄를 저질렀다.

두 번째로 사령관으로 모셨던 강창성 장군은 개인적으로 똑똑하고 두뇌가 명석한 것으로 인정을 받은 자였으나 국익을 위하는 것이 아니라 사욕을 위해 시기, 질투심으로 상대(윤필용 장군)를 제거하기 위해 공작에 참여하거나 사리사욕을 위하여 불의와 타협하고, 친구인 윤 장군 제거에 앞장서고 손영길 장군 제거를 위하여 사건 조사를 조작하여 보고하고, 그 증거를 감추기 위하여 증인을 전방 보안부대에 3개월 이상 감금시키는 비리를 저지른 자였다.

처음부터 박종규, 신범식, 전두환 측과 공모하여 윤 장군과 손 장군에게 쿠데타 음모가 없었다는 것을 알고도 죄 없는 '하나회' 소속 장교들을 연행하여 간첩 조사하듯 고문을 하였고 40여 명의 경상도 출신 우수 장교를 군에서 퇴출시켜 군과 국가 발전에 역행하였다.

그는 박종규, 신범식, 전두환, 노태우와 공모하여 손영길 장군을 구속시키고 신범식과 박종규가 저지른 '통일정사' 사건을 손 장군이 한 것으로 조작하여 허위보고하고 조작한 보고가 들통날까 두려워 '통일정사'를 지은 지관 손석우를 3군단 보안부대에 3개월 감금하는 등 파렴치한 죄를 저질렀다. 필자는 이런 비리를 저지른 사령관을 상관으로 모신 것을 부끄럽게 생각한다.

제4화 윤필용 장군 사건 결과 최대 수혜자가 된 전두환 장군

필자는 전술한 것처럼 봉화 산골 출신으로 사범대학을 졸업하고 2급 정교사 자격증을 가지고 군에 입대한 후 철원.102 OP 철책선 근무를 하면서 철책선 경계 사격을 하던 중 북괴군의 GOP 사격으로 인하여 10분 정도 교전이 있었고 KBS 9시 뉴스에 나온 경험이 있었다. 이때 우리나라는 현재 전쟁 중이라는 생각을 하게 되었으나 군 복무 후, 1970년 2월이면 제대를 하게 되어 있었다.

1970. 2. 육군참모총장 수석부관으로 있던 전두환 대령을 만났더니 "당신 같은 우수한 장교는 군에 남아서 국가를 위해 정치를 하는 게 좋겠다. 장기 복무를 하고 보안부대에 가서 근무하는 것이 좋겠다는 조언을 해주었다." 그리고 그날 참모총장 전속부관 김진영 소령에게 필자를 보안사 인사과장 배명국 중령에게 데려다주라는 지시를 하였고

필자는 인사과장 배명국 중령을 만나고 귀대하였다. 학교 교사를 하기보다는 전쟁 중인 국가를 위하여 군인으로 군과 국가를 위하여 봉사하는 것이 더 보람차다고 생각하고 장기 복무를 지원하고 평생 군인 생활을 하기로 결심하고 보안부대로 전입되면서 인생이 바꾸어 버렸다.

일반 군인이 아니라 정보부대 장교가 되어 특권을 향유하는 가운데 군인정신에 투철하고 확고한 애국심으로 공명정대하게 바른 일을 하면서 국가에 충성하는 삶을 살기로 한 것을 바람직하다고 생각하고 보안사에서 열심히 충실한 군인 생활을 계속하고 있었다.

1971년 전두환 장군 초청으로 한남동 소재 손영길 대령 집에 갔더니 육사 11기 하나회 부부동반 모임이 있었다. 이 자리에서 전 대령은 "내가 전방 신재기 중령 부대 방문을 갔다가 〈모노〉를 만났다. 바로 김충립 중위다. 찾아보기 힘든 인물이다. 그리고 똑똑하고 머리가 좋은 장교다. 보안사에 전입시켜 506보안부대에 근무토록 하였다. 모든 문제를 해결할 수 있는 〈해결사〉다. 여러분에게 어려운 일이 있으면 김 중위에게 부탁하라"고 소개해 주었다. 그날 이후 지금까지 손영길 장군과 친밀하게 지낸다.

그런데 전두환 장군이 1973년 들어 윤필용, 손영길 장군 관련 시기, 질투, 모함, 음해 사건에 박종규, 신범식, 노태우, 강창성 등과 같이 공모하여 비인간적인 방법으로 자신의 상관, 동료를 구속시키는 살벌한 행위를 보고 장기 복무를 한 결단이 잘못된 길로 들어선 것이 아닌가 하는 의구심을 가지고 고민하기 시작하였다.

필자는 보안사로 오기 전, 군내에 불법 사조직을 하고 있던 전두환 조직의 일원이 되어서는 안 된다는 생각을 하고 있었다. 이유는 신재기 중령과 2년 정도 같이 근무하면서 전두환 중령 중심으로 군내에

'이름을 알 수 없는 묘한 사조직'이 존재하고 그 핵심에 신재기 중령이 존재한다는 것을 보안사에 전입하기 전 육군 소위 시절 감지하고 있었기 때문이었다.

그런데 보안사 전입 후, 이 조직에 허삼수, 허화평 소령이 들어있었는데 이들이 필자를 보고 "ROTC 출신 장교가 왜 이 조직에 끼어들었어?"하고 적대시하는 것을 느끼고 "내가 이 조직에 가담하면 안 되겠다."는 경계심을 가지게 되었다. 시간이 지날수록 필자는 전두환 일당이 군내에 마피아 조직과 같은 불법 사조직이 있다는 것을 알게 되었으며 그 조직원이 누구누구인지를 감지하면서 예의 관찰하게 되었다. 군내에 사조직, 그것도 자신들의 정치 목적을 한 조직을 하는 행위는 반국가적 행위라는 생각을 하게 되었다.

506 근무 당시 나이가 많은 이종극 상사로부터 '전두환이 무기징역형을 받은 간첩의 형인 허화평 소령을 간첩을 잡는 보안사에 근무하도록 법을 어기는 것은 군과 국가를 위하는 것이 아니고 역적 행위를 하는 것'이라는 이야기를 듣고, 전두환 대령이 자기 조직을 위하여 군 법(연좌제)을 어기고 허화평 개인에게 특혜를 주는 것은 역적 행위라고 생각하고 이런 행위를 하는 전두환과의 관계를 고민하게 되었다. 이때, 506부대장 김학호 대령에게 허화평과 같이 근무하기 싫으니 보안과나 정보과로 옮겨 달라고 하였더니 보안과로 옮기고 수경사 보안반에서 근무하도록 해주었다.

1973. 2. 노태우로부터 대통령의 의중에 자신이 아닌 손영길을 참모총장으로 키우려 한다는 이야기를 듣고 윤 장군과 이후락 그리고 손영길을 쿠데타로 몰아가는 전두환 장군의 행위를 보고 필자는 전두환 장군에 대한 존경심이 사라졌다. 이런 일들로 인하여 필자는 군 생활에

회의를 가지고 있던 중, 윤 장군이 떠난 1년 후 새로운 수경사령관으로 부임한 진종채 장군을 만나 새로운 기분으로 군 생활을 이어가던 중 진종채 장군을 통하여 군과 국가를 위하여 충성하는 새로운 임무에 충실하기로 결심하였다.

제5화 1973년 '쿠데타 음모' 모함 사건 이후 무너지는 박정희 대통령

박 대통령은 1972년 10월 유신 혁명으로 장기 집권이 가능해졌다. 하지만 1973. 3. 8. 지난 20년간 자신을 보필해온 충신 최측근 윤필용 장군을 역적으로 몰아 구속시켜 버렸다. 그리고 1973. 12월 이후락 중정부장까지 모두 세 명을 제거해 버렸다. 그리고 다음 해인 1974년 8월 15일 육 여사 서거 사건이 나자 박종규 경호실장 마저 곁을 떠나버렸다. 이렇게 되자 측근 4명(윤필용, 손영길, 이후락, 박종규)을 제거해 버린 박 대통령은 자신을 보필해 줄 측근 인물을 더 이상 찾기 어려워졌다.

당장 비서실장, 경호실장, 중앙정보부장, 보안사령관 등 권력 기관에 기용할 만한 인물을 찾기 어려워졌다. 먼저 자리가 빈 경호실장에 46세인 차지철을 기용하였는데, 다른 권력 기관장보다 10년 이상 차이가 나는 젊은 사람인 데다 과격한 성격에 친화력이 없고 유아독존적 자존심이 강한 자로 많은 문제를 가진 특이한 인물이었다.

이때 박 대통령이 신임할 수 있는 인물은 대통령 비서실장 김계원과 보안사령관 진종채 장군뿐이었다. 그리고 1976년에 신직수 중정부장 후임에 김재규를 등용했는데, 김 장군은 1971년 윤 장군 감청 사건 당시 보안사령관 보직을 박탈했던 과거가 있는 인물이었다.

만약 윤필용, 손영길 장군이 건재하였다면 육 여사를 잃거나 자신도 비명에 가지 않을 수 있었지만 1973년에 강창성 장군에 의해 윤 장군과 손 장군 외 경상도 육사 출신 40여 명의 인재를 잃어버린 박 대통령이 최대 피해자라고 봐야 한다.

1974. 8월 15일, 문세광에 의해 육영수 여사를 잃어버린 사건이 일어나자 그 원인이 73년 윤 장군과 손 장군 사건 여파로 '경호업무가 소홀해진 것이 아닌가?' 하는 여론이 일어나기도 하였다.

특히 수도경비사령부에서는 이러한 비극적 사건이 일어난 것은 '윤필용 장군과 손영길 장군을 제거한 결과 경호업무에 공백이 생겨 기강이 무너진 결과'라는 안타까운 여론이 일어나기도 하였다. 이런 점들을 고려할 때 1973. 3. 8. 사건의 최대 피해자가 박 대통령인 것은 확실해 보였다.

제6부

진종채 장군이 박 대통령에게 보고한 강창성 장군의 비리

제1화   군내 문제점을 진종채 장군에게 보고한 필자

■ 진종채 신임 수도경비사령관 동정과 필자와의 인연

 1968. 3. 임관 후 보병학교 교육을 마친 후 8사단으로 갔더니 약 40여 명의 여러 병과 ROTC 장교들이 사단 신병교육대에 모였다. 이 중에는 전역 후 청와대 경호실로 간 보병 박태웅 소위, 그리고 전역 후 중정 이후락 부장 전속부관으로 간 헌병 출신 이창주 소위가 있었고 경희대 출신 최택곤 소위 등이 있었다.

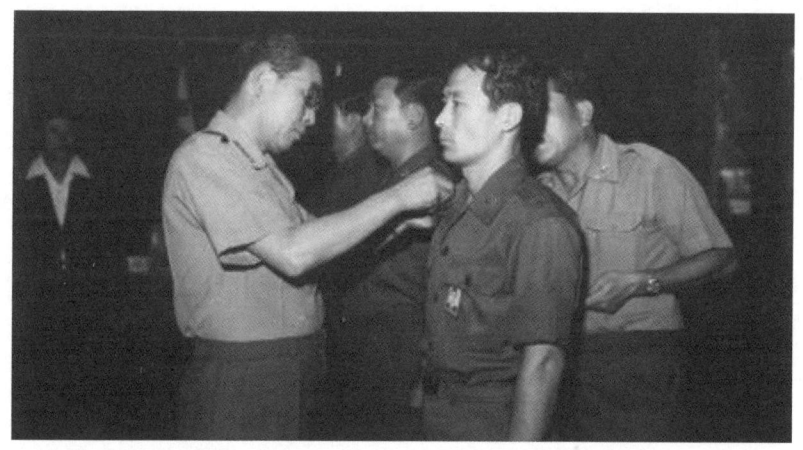

보안사령부 감찰실 근무당시 소령 진급 계급장을 달아주는 진종채 사령관

 1968년 초, 처음 8사단 도착했을 당시 사단장은 백석주 소장이었는데 곧바로 진종채 장군이 사단장으로 부임하였다. 필자가 처음으로 사단장을 만난 것은 산정호수에서 열린 군단 빙상경기 때 8사단 응원단 병력을 지휘하던 ROTC 출신 소대장 때였다. 이때 필자는 진종채 사단장과 여러 번 대화를 나눌 기회가 있었다. 진 장군은 대구사범 출신

이라면서 경북 사대 출신인 필자를 학교 후배라며 특별함 관심을 보였던 분이었다.

■ 수도경비사령관 진종채 소장과 보안부대원 김충립 대위(필자) 상면

1973. 3. 8. 정보사령관으로 근무하던 진 장군이 윤 장군 후임으로 수도경비사령관에 부임하였을 때 필자는 진종채 장군을 감시, 감독, 동향보고를 하는 보안부대원으로 재차 만나 매우 절친한 관계가 되었다. 거의 매일 만났는데 특히 진 장군은 서예를 연습하는 오후 시간에 붓글씨 연습을 하면서 필자와 대화를 나누는 것을 좋아했고 필자는 가끔 먹을 갈아드리곤 했다.

당시 진 장군(23년생)은 경북 포항 출신으로 김계원 비서실장과는 동갑이고 육사 8기생인 윤필용(27년생), 강창성(27년생) 장군보다 네 살이나 많았고, 이후락(24년생) 정보부장, 김정렴(24년생) 비서실장보다 1년 선배였고, 김재규(26년생)보다는 3년, 정승화 총장보다는 6년, 박종규 경호실장보다 7년, 차지철 경호실장보다는 11년 연장자였다. 성품은 인자하고 조용한 선비 스타일로 덕망이 높아 주변 인물로부터 존경을 받는 자였다. 특히 박정희 대통령이 경북 동향이고 대구 사범 후배로 윤필용 장군 다음으로 신임하는 장군이었다.

특히 1973년 윤필용 장군 사건 이후, 박 대통령은 진 장군에게 군과 관련된 모든 일에 대하여 가장 신임하여 중임을 맡겼고 진 장군 자신도 박 대통령에 대한 충성심이 강하였고 군과 국가의 장래를 위하여 많은 대화를 나누는 사이였다.

진 장군은 1971년도 김재규 장군의 윤 장군 감청 사건, 1972년도 강창성 장군의 10월 유신 혁명 추진 및 1973년도 윤필용 장군 사건의 진

실에 대하여 많은 관심을 가지고 있었고 특히 강창성 보안사령관이 진행하고 있는 윤 장군 수사 과정에 대한 이야기에 관심을 가지고 있었다. 즉 "쿠데타 혐의가 있었느냐? 김 대위(필자)는 왜 그런 사실을 제대로 파악을 못 했느냐" 등의 대화를 진지하게 나누었다.

그런데 당시는 전술한 바와 같이 안수덕 소령이 윤 장군에 이어, 진 장군에 대한 시간별 동향보고를 사령부에 보고하고 수시로 참모장과 윤 장군사건 수사와 진 장군의 동향 보고를 하고 있을 때라 진종채 사령관 접촉에 신경을 써야만 했다. 이는 강창성 보안사령관이 윤 장군 후임 진 장군에 대한 감시·감독을 철저히 하고 있었기 때문이었다.

제2화 윤 장군 사건 조사와 고문 사실 보고를 결단한 필자의 고민

■ 수경사 보안반에 근무한 필자와 쿠데타 음모 사건 관련 책임 여부

필자는 71년부터 73년까지 거의 3년 수경사 보안반에 근무하였음에도 윤필용 장군의 쿠데타 음모 관련 징후를 발견하지 못한 책임감을 갖지 않을 수 없었다. 이유는 필자의 가장 중요한 임무가 쿠데타 음모를 적발하는 것이기 때문이었다. 보안부대원으로서 임무 수행을 잘못한 것이 아닌가 하는 죄책감을 느끼고 다소 불안한 상태였다.

만약 쿠데타 음모가 있었는데 발견하지 못했다면 근무 태만 또는 무능력으로 처벌을 받아야 하고 서빙고에서 조사를 받아야 하기 때문에 서빙고 조사 진행 과정에 신경을 곤두세울 수밖에 없었다. 이런 가운데 수경사 소속 장교들을 서빙고로 연행하는 임무를 맡고 있었다.

■ 육본 진급 계장 전두환 핵심 측근 신재기 대령 조사 및 고문 실태

서빙고 조사 과정에서 고문을 당한 신 대령은 정신이 이상해진 상태였고 손은 형언할 수 없을 만큼 떨고 있었다. 이런 상황을 본 필자의 눈에 뜨거운 눈물이 고였다. '죽지는 않아야 하는데' 하고 아무 말 못하고 조사관과 인사를 나누고 돌아왔다. 너무나 가슴이 쓰리고 마음이 아팠다. 필자의 정신도 혼미해졌다. 쿠데타와 관련이 없는 현역 군인을 간첩 고문하듯 하는 것을 보고 만감이 교차했다. 그런데 서빙고 조사 현장 수사 지휘를 사령부 참모장 김귀수 참모장이 하고 있으니 조심스러워 몸 둘 바를 몰랐다.

■ 수경사 소속 및 윤 장군 측근 조사

육본 진급실에서 신재기 대령 외에 김성배 장군 등 필자와 안면이 있는 대령급 장교 20여 명의 조사가 진행되었다. 수도경비사에서 전 비서실장 박정기 대령(14기) 5헌병 대대장 지성환 대령이 구속되었다. 며칠 뒤 필자는 비서실장이던 정봉화 소령을 연행하라는 지시를 받고 다음 날 이른 새벽 화곡동 정 소령 집에 가서 정 소령을 연행하여 서빙고에 구속시켰다.

윤 장군 측근으로 권익현 대령(육사 11기 연대장), 정동철 대령, 안교덕 대령, 황진기 대령 등 10여 명이 구속되었다. 모두 하나회 출신으로 윤필용 장군과 손영길 장군과 가까운 인물들이었다. 청와대와 중앙정보부 근무 장교들도 조사를 받고 구속되었다.

◼ 수사과장 백동림 중령으로부터 조사 결과 '쿠데타는 없었다'는 정보 입수 경위

며칠 후, 수사과장 백동림(15기) 중령을 만나 대화를 나누었다. "앞으로 언제 수경사 소속 지휘관들을 연행해야 하는가?" 문의했더니 "연행은 계속될 것이다. 현재로서는 쿠데타 음모는 발견되지 않았다."고 하면서 "앞으로 '하나회' 조직에 대한 조사를 위해 수경사에서 10여 명 정도 지휘관급 장교들이 연행되어야 할 것 같다."는 이야기를 해주었다.

1973. 윤장군 사건, 10·26 당시 김재규를 조사한 합동수사본부 수사국장 백동림 대령

문제는 쿠데타 음모를 적발하지 못하였는데, 이미 30여 명의 장교들이 구속되거나 전역을 당했고 앞으로 수경사에서 10여 명의 장교들이 연행되어 처벌을 받고 전역을 당한다면 문제가 심각하다는 생각을 하게 되었다. 수경사 요원이 추가로 구속되면 진종채 수경사령관의 부대 지휘가 어렵게 되고 군과 국가 발전에 도움이 안 되는 상황이 전개될 것이 분명해 보였다.

1976년 71사단 보안반장 당시 수도군단장 문흥구 장군 방문당시 필자

이때 필자는 윤 장군 쿠데타 음모 사건은 모함을 한 것이고 이 모함에 의하여 군의 우수한 장교들이 처벌되거나 예편을 당하게 되는 것은 군과 국가 발전에 도움이 되지 않는 일이고 이렇게 되면 진종채 사령관이 군 지휘에 막대한 지장이 있을 것이니 진종채 장군에게 보고하여 강창성 보안사령관이 진행하고 있는 수사를 끝내는 것이 마땅하다는 생각을 하게 되었고, 이런 상황은 대통령에게 보고하여야 한다는 생각을 하면서 고민을 하게 되었다.

■ **진종채 장군과 대통령에게 보고할 것을 작심한 경위**

필자의 가치관은 정의와 진리를 위하여 의협심을 발휘해야 하고 군인으로서 국가와 군을 위하여 목숨을 바치는 애국심을 발휘해야 한다는 생각을 가지고 있었다. 그러나 조사를 담당하고 있는 보안사령관에게는 보고할 수가 없고, 이를 진종채 장군에게 보고하여 대통령에게까지 보고를 한다는 것은 간단한 일이 아니었다. 이렇게 하였을 경우 그 여파가 상상을 초월한 무서운 상황으로 파급될 것을 생각하니 고민을 하지 않을 수가 없었다.

1976년 71예비사단 반장 당시 서종철 1군사령관 방문기념 사진

가장 중요한 것은 필자의 진언을 대통령이 받아 주지 않는다면 대통령에 대한 반발 내지는 항명죄에 해당하는 처벌이 따를 것이고, 보안부대원이 보안사령관 강창성 장군이 하는 업무를 반대하고 제삼자인 수경사령관에게 알리는 것은 처벌을 받을 수 있다는 부담이 따랐다. 개인적으로 가족에 대한 부담도 있는 매우 위험한 일이었기 때문에 여러 날 잠을 못 자고 고민을 계속하고 있었다.

문제는 "어떻게 해야 안수덕 소령에게 발각되지 않느냐?"였다. 비서실장 유정갑(20기 하나회) 소령에게 아무도 모르게 3시간 진 장군과 대화를 하게 해 달라는 부탁을 하였더니 "사령관께서 붓글씨 연습을 할 때 먹을 갈아 드리는 시중을 하는 것으로 하면 된다."며 시간 약속을 해주었다.

제3화 진종채 장군에게 쿠데타 사건 내막과 강 장군의 조사 비리를 보고한 필자

■ 윤필용 장군은 취중 실언으로 모함을 받았고, 손 장군은 죄없이 구속된 것이라고 보고하는 필자

필자는 진 장군에게 "1973. 3. 8. 윤 장군이 쿠데타 음모를 한 것으로 구속되었으나 이는 박종규, 신범식, 전두환, 노태우가 윤필용 장군과 손영길 장군 그리고 이후락 부장을 제거하기 위한 모함을 한 것이고 지금까지 조사결과 쿠데타 음모는 발견되지 않았습니다. 손영길 장군의 경우는 아무런 죄가 없었으나 전두환, 노태우가 신범식과 박종규가 건축한 '통일정사'를 손 장군이 이후락 부장을 위해 지은 것으로 각하에게 허위 보고를 하여 15사단 부사단장으로 갔다가 1주일 후 구속된 것입니다."라고 보고하였다.

이어서 "강창성 보안사령관은 조사결과를 사실대로 정직하게 조사보고치 않고 박종규, 신범식 주장대로 각하에게 허위 보고를 하고 있으며 손영길 장군 조사는 강창성이 조사 결과를 허위로 보고하고 증거인멸을 위하여 통일정사를 지은 지관(地官) 손석우 씨를 3군단 보안부대에 감금해 놓고 있습니다.

그리고 강 장군은 윤 장군 관련 장교 10여 명을 구속시키고 '하나회' 회원 30여 명을 전역시켰는데 강 장군은 이북 출신으로 경상도 출신 장교들을 제거하기 때문에 군과 국가의 손실이 막대합니다. 강 장군은

현역 군인을 간첩 조사하듯 죽음에 이르도록 강압 고문을 합니다. 앞으로 수경사 내 하나회 출신 장교들 10여 명이 서빙고에 잡혀가 고문을 당하고 전역서를 쓰게 될 것이고 진 장군께서 수도경비사령관직 수행에 막대한 지장을 받게 될 것입니다.

계속하여 '하나회'는 전두환이 조직한 군내 비밀 사조직입니다. 강창성은 하나회의 수장 전두환과 노태우는 조사하지 않고 권익현, 정동철, 안교덕, 배명국, 박정기 등을 조사한 후 전역서를 받았습니다. 앞으로 수경사 내 우수 장교 10여 명을 포함하여 20여 명이 군에서 제거될 것이 예상되니 이를 급히 막아야 합니다. 그리고 위 내용을 각하에게 보고하여 시급히 시정을 해주시기 바랍니다." 라고 보고를 드렸다.

이렇게 진 장군과의 면담은 3시간 이어졌고, 12시가 좀 지나 진 사령관과 같이 사령관실을 나오니 군수참모 노정기 대령 등 10여 명의 참모들이 문 앞에 대기하고 있었는데, 모두들 무슨 이야기가 있었는지 모르면서도 2개월 만에 처음으로 모두들 밝은 표정들이었고 필자에 대해서도 큰 관심과 애정을 표하는 듯 했다.

제4화 ▶ 윤 장군 사건 진실과 강 장군 비리를 대통령에게 보고한 진종채 장군

모두들 다소 긴장된 표정을 하면서 점심식사가 끝나자 진 장군이 참모들에게 중요한 선언 겸 지시를 하달했다. "앞으로 수도경비사령부 내부하는 어느 누구도 나의 허락 없이 서빙고로 연행되거나 보안사령부의 조사를 받을 일이 없을 것이다. 이미 보안사령관에게 통보했다. 그러니 앞으로 일체 동요 없이 모두 안심하고 맡은 바 임무에 충실하고 나의 이 의지를 전 장병에게 전파하라"는 의미심장한 지시를 하였다.

73. 3. 8. 이후 지금 이 순간까지 수도경비사 장교들은 쥐 앞에 고양이처럼 벌벌 떨고 숨도 제대로 쉬지 못하고 지내왔는데 사령관의 훈시를 듣고 모두 안도의 한숨을 크게 내쉬었다. 진 장군이 보안사령부 강창성 장군에 대한 선전 포고를 하는 것과 다름없었기에 모두 감동과 감격을 느끼고 대대적으로 환영하였다.

■ 506보안부대장 변규수 대령에게 수경사 접근 금지를 통보한 진종채 사령관

이날 오후 진 장군이 필자에게 다음과 같은 지시를 하였다. "당분간 나는 강창성 보안사령관을 만나지 않을 것이다. 후임 보안사령관이 오면 만나게 될 것이다. 506보안부대장 변규수 대령도 만나지 않을 것이다."라는 지시를 하였다. 필자가 반장인 안수덕 소령에게 보고하였고 안 소령이 부대장 변규수 대령에게 보고를 하자 난리가 났다. 진 대령이 이런 결단을 한 이유를 알아내서 보고하라는 지시가 떨어졌다. 하지만 필자는 '전혀 감을 잡을 수 없다'며 거짓 보고를 하였다.

이유는 이 사건의 전모가 반장 안수덕 소령, 506부대장 변규수 대령, 강창성 사령관에게 지휘 보고가 된다면 상상을 초월하는 불상사가 터지고 군이 시끄러워지게 될 것이기 때문이었고, 이 사건은 박 대통령의 지시와 관련된 사항이기 때문에 극비로 보안을 유지해야 하기 때문이었다.

그리고 필자의 행위는 보안사령관의 입장에서 본다면 명령 불복종, 상관에 대한 항명죄, 보안사령부 공무방해죄, 업무 비밀 누설죄 등 코에 걸면 코거리 귀에 걸면 귀거리가 되듯 어머어마한 파장을 일으킬 상황이기에 절대로 누설해서는 안 될 내용이었다.

만약 강창성 보안사령관이 이 사실을 알게 된다면 대전복사고를 일으킬 정도로 민감한 사건이기에 "죽어도 사전에 발설해서는 안된다"고 다짐했다.

비밀을 지키면서 진종채 장군과의 밀담은 매일 진행되고 있었고 안수덕 반장과는 불꽃 튀는 전쟁을 하고 있었다. 드디어 약 3주 지난 시점에서 강 장군은 3관구 사령관으로 좌천되고 2군단장이던 김종환 사령관이 보안사령관으로 부임하여 큰 어려움이 닥칠 형편은 아니었다. 이 때 필자는 전남지역 광주 505보안부대로 인사발령을 받았다.

제7부

진종채 장군의 박 대통령 독대

제1화 진종채 장군의 강창성 보안사령관에 대한 경고

필자가 진종채 장군에게 보고하는 3시간 동안 진 장군은 단 한마디도 없이 듣고만 계셨다. 보고가 끝나자 내 옆으로 오시더니 아무 말씀 없이 필자를 힘껏 안아주시고 등을 두드려 주셨다. 이때 필자는 '이제 살았구나' 하는 생각을 하면서 감격하여 한참 동안 흐느껴 울었다. 잠시 후, 진종채 장군께서 비장한 각오로 말씀하셨다.

1972. 보안사령관 강창성 장군
(육사 8기, 중앙정보부 차장 역임)

"그래, 그렇게 하자"라고 하시면서 자리에 앉더니 보안사령관 강창성 장군에게 전화를 하였다. 처음에는 국방부 전화로 걸다가 끊고, 중앙정보부 전용 전화로 바꾸어서 전화를 하면서 "이 전화 내용은 중앙정보부에서 녹음을 해야 하니 중앙정보부 전화로 해야 한다"고 하시며 강 장군에게 아래와 같은 대화를 나누었다.

안부 인사를 나눈 후, "강 장군! 이 시간 이후, 그동안 보안사령부에서 해 오던 수도경비사령부 소속 장교에 대한 수사 일체를 중지해 주시오. 더 이상 보안사령부에서 서빙고에 연행하여 조사하는 것을 용납할 수 없소. 나도 헌병과 검찰부, 재판부를 다 가지고 있으니 문제가 있으면 나에게 통보해 주시오. 내가 조사해서 처벌할 것이니 앞으로는 꼭 그렇게 해 주시오." 하고 전화를 끊었다.

진 장군은 강 장군과 같은 육사 8기지만 네 살이나 더 연장자이기 때문에 지시하듯이 했다.

이에 대하여 강창성 장군이 "이 사건은 각하 특명 사항이니 계속 협조해 주시지요. 그리고 의리를 지켜주십시오."하였다. 그러자 진 장군은 "강 장군! 그렇다면 우리가 육군 소위 임관 후 소장이 된 지금까지 의리를 지키지 않았나요? 아니면 의리를 지킨 일이 없다는 이야기요? 이제와서 의리를 지켜달라니 이게 무슨 소리요? 그런 소리 말고 앞으로 제대로 하시오." 하면서 전화를 끊었다. 선전포고나 다름없었다.

■ 진 장군이 이후락 중정부장에게 보안사 휘발유 부정사건에 대한 철저한 조사 요청을 한 사건

진 장군은 강 장군과 통화에 이어서 이후락 중앙정보부장에게 전화를 걸었다.

"보안사령관 강창성 장군이 여러 가지 문제를 잘못하고 있어 대책을 강구 중입니다. 그리고 강 장군이 재경 부대 지휘관 6명을 모아놓고 수도경비사령부 진종채 장군과 이후락 중앙정보부장이 자기를 모함하기 위하여 보안사령부 휘발유 유출 부정사건을 퍼뜨리고 있다고 이야기한 것을 절대로 묵과해서는 안됩니다. 철저히 조사를 해서 처리를 해 주시오."하고 전화를 하였다.

휘발유 사건은 보안사령부에서 매년 휘발유 200드럼을 민간인에게 유출한 부정사건을 말하는 것으로 이 전화 이후 중정에서 이 사건 조사결과, 보안사령부 참모장 김귀수 장군, 군수처장 이진백 대령, 군수과장 등을 구속하였다.

■ 진종채 장군이 청와대 김정렴 비서실장에게 각하 면담 요청

이어서 청와대 김정렴 비서실장에게 전화를 걸었다. "내일 아침 각하게 긴급한 보고사항이 있으니 시간을 내 달라"고 요청하자 비서실장이 다음 날 아침 일찍 박정희 대통령 상면 시간을 지정해 주었다.

제2화 진 장군으로부터 윤필용 사건 보고를 받고 격노하는 박 대통령

■ 진종채 장군이 각하에게 보고한 강창성 장군의 윤필용 장군 조사 비리

박 대통령은 육사 8기 중 윤필용 장군 못지않게 아끼는 장군이 진종채 장군이었다. 이유는 같은 고향이고 대구사범 후배였기 때문이고 진 장군이 다른 8기생보다 3~4년 연장자이고 선비형 인간성을 가지고 있어 신임하는 부하였다. 진 장군도 각하에 대한 충성심이 다른 장교와 달랐기 때문에 윤 장군 후임으로 수도경비사령관에 보직되었다. 진 장군은 부임 후 처음으로 각하에게 군 지휘와 관련하여 중요 보고를 하게 되었는데, 각하의 쿠데타 사건 조사 지시 내용과 상반된 보고를 하게 되어 매우 긴장하였다.

진 장군이 어렵게 보고를 시작하였고 각하도 신경을 쓰며 경청하고 있었다. 진 장군이 "각하! 윤필용 장군 사건은 쿠데타 음모는 없었고 '불경 언동'을 한것으로 인해 모함을 받은 것"이고 강 장군 부하들이 조사를 한 결과 쿠데타 혐의가 없었다."고 합니다. "손 장군 관련 보고도 사실이 아니고 모함을 한 것이고, '통일정사' 건축은 손 장군이 한 것이

아니라 신범식, 박종규 실장이 한 것을 손 장군이 한 것으로 모함한 것입니다. 강창성 장군도 조사 과정에서 사실대로 조사를 하지않고 조작을 한 것입니다."

"뿐만 아니라 강 장군이 조사 과정에서 고문을 심하게 하고 있으며 경상도 출신 장교 30여 명으로부터 전역 지원서를 받고 퇴출시켰다 하니 앞으로 이대로 방치해서는 안될 것 같습니다." 하고 보고를 마쳤다.

보고가 끝나자 박 대통령이 "어떤 놈이 그런 소리를 하는 거야?" 하고 화를 벌컥 냈다. 이에 진 장군이 "육군 대위(필자)가 보고한 것입니다." 했더니 각하께서 "육군 대위가?" 하였다. 이어서 진 장군이 "수도경비사에 파견 나온 보안부대원인데 약 4년간 수도경비사에 파견나온 보안부대 장교입니다. 대구사범 후신인 경북 사대 출신 우수한 장교가 저에게 진언을 한 것입니다." 라고 말한 후 잠시 시간이 흘렀다.

제3화 ▶ 대통령에게 강창성 장군의 보직 해임을 건의한 진종채 장군

이 당시 제대로 살아있던 정보 권력 기관은 보안사령부 뿐이었다. 보안사령관은 군인 개개인의 충성심 여부를 체크하여 대통령에게 보고하고 일반 공무원 근무 자세도 감시 감독하며 대통령 통치권 누수를 막아야 했다. 보안사령관 강창성 장군이 신범식 사장과 박종규 경호실장 모함에 끌려 들어가 군과 국가를 위하기보다 자신의 입지와 권력 집권에 심취되어 윤필용과 손영길 장군 조사를 제대로 하지 않은 것이었다. 이러한 강 장군의 비리를 필자로부터 보고 받은 진종채 장군은 각하에게 강창성 보안사령관의 보직 해임을 건의하였다. 이와같은 비리 보고를 받은 박 대통령은 크게 실망하고 강 장군을 문책하여 보직을 해임하고 3관구 사령관이라는 한직으로 좌천시켰다.

강창성 장군은 군과 국가, 대통령을 보필하는 기관의 수장이 아니라 권력을 탐하며, 모함을 하는 자들의 권모술수에 빠져 버렸다. 만약에 강창성 장군만이라도 올바른 인간성을 가지고 군과 국가를 위한 충성심을 발휘하여 사건 초기에 박 대통령에게 진언을 하였더라면 상황은 바뀔 수 있었지만, 강창성은 대국적이지 못하였다.

■ 보안사의 가장 중요한 임무는 쿠데타를 막고 국가를 바로 잡는 것

강창성 보안사령관은 윤 장군과 손 장군이 쿠데타를 일으키려 하였는지 조사를 해서 박 대통령에게 사실대로 보고 했어야 했다. 조사가 시작된 후 3주 정도 지나서 '쿠데타 음모'가 없었다는 것을 알았으면 대통령에게 쿠데타는 없었고 모함을 당한 것이라고 보고를 하고 '하나회' 조사는 별도의 지시를 새로 받았어야 했다.

그리고 손영길 장군 관련 '통일정사'에 관한 조사는 사실대로, 신범식과 박종규가 지관(地官) 손석우 씨와 72년 11월부터 73년 1월 15일 사이에 청와대 경내에 사찰을 짓고 스님들이 박 대통령 집권 동안에 통일을 기원하는 사찰을 건립한 것이고 손 장군과는 관계가 없다는 사실을 보고했어야 했다.

■ 손영길 장군 재판 법정에서 두 부하에게 위증을 교사한 전두환

그러나 강창성은 통일정사가 손영길 장군과 관련이 없고 신범식과 박종규가 만든 것임을 알았음에도 대통령에게 사실대로 보고하지 않고 손영길이 한 것이라고 허위 보고를 하였다. 그리고 더더욱 나쁜 행위는 자신의 허위 보고가 대통령에게 들통날까 두려워 지관(손석우)을 3군단 보안부대(부대장 우국일 대령)에 감금시키고 외부 인사와 접촉을 하지 못하게 하였으니 참으로 나쁜 인간이라는 비난을 받을 수밖에 없었다.

그리고 통일정사 관련 진실을 자세히 알고 있던 전두환과 노태우는 박 대통령에게 손 장군의 결백을 보고하기는커녕 정보참모 윤태균 대령(육사 13기, 하나회)과 30대대장 이종구 대령(육사 14기 하나회)에게 법정 증인으로 출두하여 손영길 장군에게 불리한 위증을 하도록 지시하였으니 참으로 비열한 행위를 한 것이었다.

위 두 사람(윤태균과 이종구 대령)은 법정 밖에서 만난 손 장군에게 "전두환 장군이 시켜서 거짓 증언을 한 것입니다. 미안합니다."라고 양심 고백을 하였다. 총괄적으로 이 사건을 일으킨 손석우, 박종규, 전두환, 노태우 이분들의 인간성이 어떠하였는가는 이 사건 속에 그대로 생생하게 남아있다.

〈할 말이 있는가? 나와서 이야기해 보라. 이것이 진정한 '하나회' 회원간의 의리인가? 배신인가?〉 이런 일을 한 자였기 때문에 전두환은 거짓으로 12·12쿠데타를 일으킬 수 있었다. 위증을 한 이종구 대장(14기 하나회 창립 시 총무)은 현존해 계신다. 그리고 이들의 위증으로 형을 살고 나온 손영길 장군(현 93세, 육사 11기, 최초 건전한 하나회 설립자) 역시 건재하다.

이분들이 역사의 증인임을 밝힌다.

■ 현역 군인을 간첩 조사하듯 죽도록 고문을 지휘한 김귀수 보안사 참모장

5공 정권이 들어서자 육군 소장 보안사령관이었던 강창성 장군이 삼청대에 끌려가 수모를 당하였다는 이야기를 들었으나 사실 여부는 확인하지 못했다. 하지만 81년 초 허삼수에게 잡혀가 구속된 것은 확실하다. 이유는 필자가 1980년 1월 중순, 강창성 장군이 끌려와 조사 받은 그 방에 10일간 불법 감금된 사실이 있기 때문이다.

결국 강창성 장군은 윤 장군 사건 조사 2개월도 못되어 좌천되었고 그로부터 8년이 지난 81년 1월 허삼수에 의해 구속되었다. 그후 명예회복은 하였지만 비난을 받을 과거사가 있다는 것은 어쩔 수 없었다.

진 장군 보고를 받은 박 대통령은 17년 동안 가까이 있던 충신 윤필용 장군과 손영길 장군을 모함에 의해 구속시킨 것을 후회하였다. 그러면서도 박 대통령은 대통령으로서 한 조치를 당장 되돌릴 수 없다고 고심하면서 윤 장군이 전혀 잘못이 없는 것은 아니니, 한 2년 고생시킨 후 풀어주라고 진 장군에게 지시하였다.

이 사건 여파로 박 대통령의 통치력은 급속히 저하되었다. 15년 동안 옆을 지켜온 동지 윤필용, 손영길(3월) 이후락(12월) 등 충신은 다 떠나고 외로운 처지기 되었고, 주위를 돌아봐도 쓸만한 충신은 찾을 수 없었다. 이들이 떠나면서 이들 추종 인맥들 마저 청와대, 중정, 보안사, 정부 기관, 경찰 등에서 퇴출된 것은 당연지사였다.

1973년 윤 장군 사건의 핵심 인물인 박종규 실장은 윤 장군 사건에 몰두하는 한편 중앙정보부장에 갈 생각만하고 경호실 업무를 태만하였다. 이렇게 1년 남짓 지난 시점인 1974. 8. 15. 육영수 여사 저격 서거 사건이 일어났고 박종규 경호실장 마저 떠나버렸다. 이 비운의 사건은

73년 윤 장군, 손 장군 모함사건 후유증으로 나타난 것이었고 박 대통령의 통치력은 급격히 무너지기 시작하였다.
　남은 자는 전두환 뿐이었다. 그리고 서서히 박 대통령의 통치력은 무너져 가고 10 · 26 사건은 다가오고 있었다.

제4화　박 대통령이 진 장군에게 지시한 군 인사조치 내용

　얼마 후, 화를 가라앉힌 박 대통령이 나지막하게 "임자! 나도 그 이야기를 듣고 알고 있었소." 하고 잠시 시간이 흐른 후 박 대통령은 그 자리에서 결단을 내리고 진 장군에게 앞으로 해야 할 일을 지시하였다.
　진종채 장군이 강창성 장군의 독주를 당장 막아야 한다고 하자 박 대통령은 "후임 보안사령관에는 2군단장을 하고 있는 김종환 장군을 보임하고 강 장군은 대전에 있는 제3관구 사령관으로 좌천시키라고 지시"하였다. 그리고 임자(진종채 장군)는 1년 더 수경사령관직을 맡고 있다가 김종환 장군이 보안사령관을 마친 후인 1975년 보안사령관직을 맡아 군부를 잘 맡으라는 지시를 하였다.
　윤필용, 손영길 장군은 "내가 구속 지시를 하였는데 당장 쿠데타를 하지 않았다 하여 당장 풀어줄 수 없다. 내 체면이 어떻게 되겠느냐? 그리고 너무 거들먹거리고 잘못한 일도 많았다. 그러니 앞으로 한 2년간 구속시켜 교육을 시킬 필요가 있다. 그리고 감옥에서 풀어 줄 때는 이 사건을 보고한 김 대위(필자)로 하여금 출옥을 시켜 이 사건의 내막이 세상에 알려지지 않도록 보안 유지를 잘 하라"는 지시를 내렸다.
　필자는 1975년 진 사령관의 지시에 따라 안양교도소에 가서 윤 장군을 병보석으로 출감하도록 도와주었다.

제5화 박 대통령이 진 장군에게 지시한 내용을 보고하라는 보안사령부의 압박

진 사령관은 박 대통령에게 보고를 마친 후 비서실장 유정갑 소령(육사 20기, 하나회, 중장 출신)에게 필자를 사령관 사무실에 대기시키라는 전화 지시를 하여 필자는 비서실에 대기하면서 두 가지 생각을 하고 있었다. 박 대통령이 진 장군의 진언을 받아 주지 않았다면 필자가 처벌을 받게 될 것이고 받아 들였을 경우, 강 장군의 부하인 필자의 경우 곤란한 처지를 당하게 될 것이라는 것을 예상하면서 진 장군을 기다리고 있었다.

사령부로 돌아온 진 장군의 표정이 밝아 보여 다행이었다. 박 대통령과의 면담 이야기는 위에서 밝힌 대로였다. 천만다행이라고 생각하면서 더 이상 이 사건으로 인한 후유증이 없었으면 좋겠다는 생각을 하고 감사하다는 말씀을 드렸다.

이제 당면 문제는 반장인 안수덕 소령과 506보안부대장인 변규수 대령에게 이런 상황을 "어떻게 감추느냐?"가 큰 문제였다. 필자는 일체 모른다고 발뺌을 하기로 하고 진 장군과는 강창성 장군 보직 해임 인사 조치가 될 때까지 약 한 달간 보안에 유의하자는 합의를 하였다. 즉 진 장군 요청으로 붓글씨 쓰는데 '먹을 갈아 주느라 자주 만났을 뿐'이다. 다른 이야기는 없었던 것으로 둘러댔다. 그리고 진 장군이 왜 506보안부대장 변 대령을 만나려 하지 않는가에 대하여는 일체 모른다고 오리발을 내밀기로 하였다. 다른 변명을 할 도리가 없었기 때문이었다.

1974년 윤 장군 사건 후 505광주보안부대 근무 당시 기념사진

그러던 중 하루는 안 소령이 필자에게 "서빙고에 가서 조사를 받아야 한다"고 협박을 했다. '이제는 죽었구나. 그래도 내가 한 일을 불어서는 안 된다. 그리고 압박이 심해지면 전역서를 쓰고 군을 떠날 수밖에 없다'고 생각했다. 안 소령이 "서빙고에 데려다 줄테니 짚차를 타라"고 했다. 필동에 있던 수경사를 떠나 삼각지 육군본부 앞에 이르렀다. 이때, 안 소령이 "우리가 마지막인데 커피는 한 잔해야 할 것 아니냐?"며 차에서 내리라 하였다.

다방에 앉자 안 소령이 "이게 마지막이다. 사실대로 이야기해라. 김 소령이 책임질 일이 아니고 죄를 지은 것도 아니지 않느냐? 진 장군과 있었던 일을 이야기하면 되지 않느냐?" 하면서 달랬다. 하지만 이야기를 지금 할 경우 '강 장군이 무슨 반격을 저지를지 모르기 때문에 절대로 비밀을 지켜야 한다'고 다짐하면서 강 장군 해임 명령이 빨리 떨어지면 모든 게 조용해질 것이니 며칠만 버텨야 한다고 다짐했다.

차를 마신 후 안 소령이 "할 수 없구나. 당신이 이래도 불지 않으니 내가 포기할 수밖에 없다. 부대로 돌아가자."고 하였다. 이 이야기는 안 소령이 살아 있으니 확인이 가능하다. 지금 필자가 안 소령을 만나게 되면 "미안합니다."라고 정중히 사과할 생각이다. 그리고 안 소령도 "그랬구나" 하고 선의의 거짓말을 한 것에 대하여 이해하고 용서해 줄 것으로 생각한다.

"안 소령님 미안합니다."

■ 결국, 505광주보안부대로 쫓겨 간 필자

3주 정도 시간이 지나고 강창성 장군이 물러났다. 김종환 2군단장이 보안사령관으로 부임하자 보안사 내부에서 진종채 장군이 대통령을 대면하여 보고를 하였는데 이 일에 필자가 모종의 역할을 했을 것이라는 분위기가 돌았다. 이런 상황에서 필자에 대한 고민을 한 변규수 대령이 새로 온 조진희(육사 11기, 하나회) 인사처장과 의논을 한 결과 필자를 505광주보안부대로 전출시키기로 의논이 되었다. 필자는 새로운 기분으로 광주에 가서 약 1년간 근무하면서 아무런 일이 없었던 것으로 하고 지냈다.

505광주보안부대에 전출 온 후에도 진 장군과 유대는 계속 이어졌다. 당시 필자 생각은 광주에 근무하다가 고등군사반(OAC) 교육을 받고 차후 보직을 걱정하면서 예상했던대로 1975년에 현 수도경비사령관인 진종채 장군이 보안사령관으로 보직되기를 고대했다.

광주에 가 있을 당시 수도경비사령부 윤필용 장군의 군수참모였던 노정기 대령이 광주 공병 단장으로 와 있어 자주 만났고, 진 장군과도

자주 만났다. 진 장군에게 붓글씨 동무로 진도에 거주하는 장전 허남호 선생님을 서울로 모시고 와서 진 장군과 붓글씨를 쓰도록 도와드렸던 일이 있었다.

1974년 초, 고등군사반 교육을 마치고 조진희(육사 11기) 인사처장 도움으로 사령부 보안처 대전복계 분석 장교로 근무하면서 대령급 이상 장교 800명의 〈옐로우 카드〉를 정리하면서 자연스럽게 '하나회' 회원 명단 전체를 파악하는 계기가 되었다.

제6화 전두환, 노태우가 1973. 3. 쿠데타 모함 사건의 주역인 이유

■ 필자가 쿠데타 모함 사건의 공모자로 전두환, 노태우를 거론하는 이유

원래 이 사건의 발단은 1972년 말 유신 혁명이 끝난 후 신범식 서울신문사 사장이 윤필용과 손영길 그리고 이후락을 시기, 질투하고 조작하여 '불경 언동'이 있었다고 침소봉대한 것이었다.

박종규는 72년 말 윤필용 장군의 불경 언동 이야기를 듣고, 1공수 여단장 전두환 대령을 시켜 윤 장군에게 신범식이 이런 이야기를 하고 있으니 조심하라는 뜻에서 경고를 하는 정도로 수습을 하려고 하였다. 그런데 1973년 1월 말, 10월 유신 공로훈장 수여 과정에서 윤필용 장군이 전두환 장군에게는 충무훈장(3급)을 수여하고 손영길 장군에게는 한 급 상위인 을지훈장(2급)을 받도록 하자 전 장군이 불만을 품고 윤 장군에게 시비를 걸면서, 대통령이 수여하는 훈장 수여식 참가를 거부하는 사태가 벌어졌다.

이 사건은 전두환 장군이 윤필용 장군에게 자기를 무시했다는 불만

을 가지고 수여식에 참석하지 않겠다는 것이었는데 결과적으로 훈장을 수여하는 대통령에 대한 항명으로 비화되었다. 입장이 곤란했던 박종규는 위 훈장을 자신이 수경사와 1공수여단을 방문하여 전달하는 것으로 무마하였다.

필자는 이 사건을 보고 다음과 같은 동향보고를 하였다. 즉 "전두환 장군이 윤 장군이 자기에게는 3급 훈장을, 손 장군에게는 2급 훈장을 건의한 것에 대한 불만을 가지고, 대통령이 수여하는 훈장 수여식에 불참하겠다"고 하였다. 이는 "윤 장군뿐만 아니라 박 대통령에 대하여 항명을 하는 불순한 의도가 있다"고 보고하였다. 이런 상황에서 박종규 경호실장이 전 장군에게 대통령의 훈장 수여식에 참석하라고 권유하지 않고 본인이 부하들에게 훈장을 배달한 행위는 경호실장으로서 처신을 제대로 하지 않은 것이고 위계질서를 무시한 행위로 경호실장이 전두환 장군과 모종의 깊은 사연이 있어 경호실장이 전 장군에게 끌려다니는 처신을 하고 있는 것"이라는 보고를 하였다.

현 상황을 예의 분석해 보면 박종규와 전두환 장군이 윤필용 장군과 손영길 장군을 한구석으로 몰아붙이는 상황이 전개되고 있었다는 것을 알 수 있다.

즉 박종규 실장이 전두환의 편을 들어 훈장 수여식에 참석하지 말고 자기가 훈장을 가지고 부대를 방문하여 전달하겠다는 것 자체가 박종규가 전두환이 대통령의 권위를 무시하고 항명을 한 것임에도 이를 무시하고 전두환의 손을 들어준 것은 경호실장이 직분에 맞지 않게 전두환의 하수인이 된 꼴이 되었다. 이 사건으로 전두환은 기고만장하였고 박종규가 전두환 중심의 처신을 하는 시발점이 되었고 곧이어 또 다른 사건이 벌어지게 된다.

■ 박 대통령이 '손영길을 참모총장으로 키우라'는 비밀(천기)을 누설한 윤필용 장군의 실수

1973. 2월 말경 이후락 중앙정보부장이 윤 장군에게 손 장군을 중정 2국장으로 보내 달라는 전입 요청을 하였다. 이 요청을 받은 윤 장군이 박 대통령에게 "손 장군을 중앙정보부 2 국장으로 보내는 것을 어떻게 생각하느냐?"하고 의사를 타진하였다. 이때 박 대통령이 윤 장군에게 "손 장군을 참모총장을 시키려 하니 중앙정보부로 보내지 말고 정통 군 지휘관으로 키우라."는 지시를 하였다. 이는 10년 후를 내다보고하는 대통령의 인사 비밀이었고, 대통령이 윤 장군에게 은밀히 부탁을 한 것이었다. 그리고 윤 장군은 이후락 부장에게 대통령의 뜻을 전하고 아무도 모르게 대통령의 인사비밀을 지켰어야 했다. 하지만 윤 장군은 실수를 했다.

이때 박종규는 천기를 누설한 윤 장군에 대하여 크게 분노하면서 윤필용, 이후락, 손영길 장군 등 세 명을 이대로 두어서는 안 된다고 생각하고 대응책을 강구하기 시작했다. 노태우가 잔잔했던 화롯불에 휘발유를 갖다 부은 꼴이 되었다.

■ 필자가 전두환과 노태우가 윤 장군과 손영길, 이후락을 모함한 장본인이라고 필자가 주장하는 이유

전두환과 노태우의 이야기를 전해 들은 박종규는 신범식 사장을 불렀다. 신범식은 윤 장군이 취중에 하였다는 '불경 언동'을 한 것이 사실이고 이후락 부장과 손영길 장군을 그대로 방치해서는 안 된다고 펄펄 뛰었다. 박종규, 전두환, 노태우의 생각도 같았다. 그러자 박종규는 보안사령관 강창성 장군을 끌어들여 조사를 시킬 계획을 세웠다. 그러자 강창성은 윤 장군을 제거하면 "이제 내가 군에서 가장 강력한 힘을 행세할 수 있는 세상이 오는구나." 하고 속으로 좋아했다.

박종규는 신범식으로 하여금 윤필용의 '불경 언동'과 '천기누설' 행위를 박 대통령에게 보고할 구체적 계획을 세웠다. 즉 청와대 인근 코리아나 골프장에서 운동을 하다가 '신범식이 대통령에게 운을 띄우고 박종규가 신범식에게 바른 말하라고 윽박지르는 시나리오'를 만들고 강창성 보안사령관은 대기시켜 놓았다.

어느날 골프를 치던 중 신범식이 각하에게 윤 장군 언동에 대하여 보고를 하게 한 후 박종규가 권총을 꺼내들고 바른말을 하라고 윽박질렀다. 보고를 받은 박 대통령이 강창성 장군을 오라하여 사건조사를 지시하였다.

청와대 주변 권력자들의 시기와 질투, 암투는 항상 있어 왔다. 윤 장군이 사건의 장본인이고 조연은 신범식, 주연은 박종규가 맡았다. 문제는 잔잔한 파도에 그치고 말 희미한 불씨에 휘발유를 쏟아부은 자는 전두환과 노태우였다. 노태우가 입조심을 하고 전두환이 의리를 지키고 배신을 하지 않았으면 조그만 불씨는 사라질 수도 있었고, 화해도 가능했지만, 쿠데타 음모로 확대된 과정에 전두환과 노태우가 주연 역할을 했기때문에 필자는 전두환과 노태우가 사건을 일으킨 장본인이라고 생각한다.

제7화 | 1980년 전두환이 대통령이 된 후 '강창성 구속, 윤필용 보은 인사'를 한 내막

1973년 윤 장군과 손 장군 사건 여파로 1년이 지난 1974. 8. 15. 광복절 기념식장에 문세광이란 재일교포 출신 간첩이 권총을 들고 난사하여 육 여사가 흉탄에 맞아 서거하는 사건이 일어났다. 이런 일이 발생한 이유는 경호실장 박종규가 1973년에 있었던 윤필용, 손영길 모함 사건에 휘말려 경호업무를 소홀히 한 때문이었다. 73년 사건 이후 박 대통령의 통치력은 급격히 약화되어 무너지기 시작하였다.

이 사건 여파로 윤필용, 손영길, 이후락과 이들 측근들이 강창성 장군에 의해 제거된 후 가용할 인재가 고갈된 결과 차지철과 김재규 같은 인물을 재기용할 수밖에 없었다. 74년에 원만치 못한 인품의 차지철이 차관급인 경호실장이 된 후 차관에서 장관급으로 승진한 후 1976년에는 부통령 행세를 하기 시작했다. 그리고 1976년 중앙정보부장에 역시 원만치 못한 김재규가 등용된 후 두 사람간 갈등은 날이 갈수록 심해졌다.

한마디로 1973년 윤 장군 사건으로 대한민국은 '악화가 양화를 구축하는 세상'이 되어버렸다. 이로부터 6년 후, 남은 자는 전두환, 노태우 뿐인 세상이 되어버렸다. 결과적으로 10·26 사건은 73년 사건의 결과라고 봐야한다. 12·12와 5·17, 5·18에 이어 정권을 잡은 전두환은 자신들이 일으킨 73년도 사건의 책임을 강창성에게 있다는 것으로 위장하기 위하여 5공 정부 수립 후 제1차로 강창성을 구속시켰다.

5공이 강창성 장군을 구속시킨 후 또 다른 보은 인사를 해주면서 이분이 구속된 것은 자신들이 모함을 한 것이 아니라 강창성 장군이 저지른 사건이라고 변명하기 위하여 윤필용 장군을 도로공사 사장에 등용하는 보은 인사를 해주었다. 즉 1973년 쿠데타 혐의로 구속시켰던, 윤필용 장군을 돌연 한국도로공사 사장으로 등용하였다. 위 두 사건의 배경은 아래와 같다.

■ 강창성 장군 구속 이유

전두환을 비롯한 5공 주역들은 1973년도에 윤 장군 사건을 모함한 후 '하나회'를 조사한 책임이 당시 보안사령관 강창성 장군에게 있고 전두환과 노태우는 피해자일 뿐이라는 것을 알리기 위하여 5공 정권 수립 후 첫 희생자로 강창성 장군을 희생양으로 선정했다. 1980. 7. 삼청교육대에 끌고가 고생을 시키고 보복을 했다는 이야기가 있지만 확인되지는 않았다. 1981년 청와대 사정수석 허삼수가 강창성 장군을 특수수사대에 구속시키고 여죄를 추궁하여 5공 정권 제1호 범죄자로 구속시켰다. 이는 윤필용, 손영길 장군 모함 사건은 강창성 장군이 한 일이고 전두환과 노태우는 개입하지 않았으며 오히려 피해자인 것을 확인시키려는 저의를 가진 위장 처벌이었다.

■ 윤필용 장군을 도로공사 사장에 기용한 보은 인사 내막

1973년 전두환과 노태우가 윤필용과 손영길 두 선두주자를 제거할 수 있었던 공로자는 박종규 경호실장이고 이 사건으로 인하여 1980년과 1988년 둘 다 대통령이 되었다. 윤 장군이 제거되어 옥고를 치르게 된 이유는 자신(전두환, 노태우)들이 모함을 한 것이 아니고 〈강창성 장군이 윤 장군을 구속시킨 것〉이라는 것을 알리기 위하여 강창성 장군은 구속시키고 윤 장군은 도로공사 사장으로 보은 인사로 지난 과오를 희석시키려 하였다.

　이런 내막과 상황을 잘 모르는 군부와 세상 사람들은 전 대통령이 의리와 인간미가 있다고 칭찬하는 홍보 효과를 얻었다. 그러나 이것은 한 편의 위장 전술이고 드라마를 연출한 것이었다.

　필자는 1980년 초 허삼수의 특수대에 끌려가 10일 동안 강도 높은 조사를 받았으나 지은 죄를 찾지 못하자 구속을 면했다. 한 수사관이 "보안사 출신이 신원이상으로 전역을 당하였으니 외국으로 나가면 어떻겠느냐?" 하고 조언했을 때, 필자는 허삼수가 시킨 이야기로 알아들었다.

　미국으로 출국하기 전, 윤필용 도로공사 사장을 만나 하직 인사를 하고 전두환과 5공 세력들의 속셈을 알려주었는데 윤 장군도 그 내막을 알고 있었다. 그래서 언사를 조심하고 조용히 지낸다 하면서 각하를 잘못 모신 과거를 반성하며 지낸다는 이야기를 해주었다.

　결론적으로 5공 잔여 세력가들에 대한 충고를 하고자 한다. 두 분 전두환 장군과 노태우 장군은 고인이 되었다. 살아남은 잔여 세력 몇 분과 추종 세력에게 부탁한다. 이제는 더 이상 경우에 맞지 않는 변명과 궤변을 늘어놓지 말고 국민과 역사 앞에 솔직하게 진실을 밝히고, 사과할 것은 사과하고 국민 통합에 기여하기를 바란다.

　특히 전 전 대통령은 5·18 관련 진실을 밝히고 광주를 방문하고 사과하려고 했지만 이모든 것을 포기한 것은 5공 측근이 이를 못 하도록 압박했기 때문이었다.　아쉬운 일이다. 측근 여러분들이 5·18에 대한 사과를 한 후 화해하기를 권유한다. 이것이 주군에 대한 최소한의 예의이고 고인의 명복을 비는 길이라고 생각한다.

제8화 1973년 이후 허물어지는 박 대통령과 10·26 사건의 원인(遠因)

■ 1973년 윤 장군 사건으로 흔들리는 박 대통령 통치기반

1972년 10월 유신으로 안정된 정국은 6개월이 채 못 되어 1973년 윤 장군 사건으로 어수선해졌다. 청와대 박종규 경호실장은 이 사건의 핵심인물이 되어 경호업무보다 윤 장군 사건에 전력을 쏟아 부었다. 중앙정보부 이후락 부장은 윤필용 쿠데타 사건 당사자로 지목되어 몸 둘 바를 모르고 몸을 움츠리고 조심하고 있었다. 윤 장군 사건 조사가 시작되면서 지난 20년 가까이 형성되었던 윤필용, 손영길 장군 인맥으로 짜여진 청와대, 중정, 보안사 및 군부 인사들은 불안에 떨며 도피할 길을 찾고 떠났다. 군부는 강창성 장군에 의해 윤 장군과 손 장군 개인적 인맥은 물론 '하나회' 소속 인사들이 철퇴를 맞았다.

또 다른 문제는 제3공화국에서 17년 동안 근무해 오던 윤 장군과 손 장군 측근들이 모두 청와대, 중정 등에서 떠나야 했다. 지난 17년 동안 박대통령 최측근이었던 충신들이 구속되자 육 여사는 물론 박 대통령도 마음고생이 심했다. 비록 박 대통령의 통치 스타일이 2인자를 옆에 두지 않고 힘이 강해진 부하들은 쿠데타를 일으킬까봐, 멀리한다는 이야기가 있긴했지만 이번 사건의 여파는 간단하지 않았고 큰 충격을 받았다.

■ 해이해진 청와대 대통령 경호실 경호업무

1973년 윤필용, 손영길 장군이 쿠데타 혐의로 구속되자 청와대 경호실은 크게 흔들렸다. 이유는 박종규 경호실장이 이 사건의 핵심인물로

사건 관리와 조사에 골몰하면서 경호업무를 소홀히 했다. 대통령 경호보다 윤필용 장군, 손영길 장군, 이후락 중앙정보부장을 제거하고 자신이 중앙정보부장을 하고 싶어, 충신을 역적으로 만드는 중상모략에 집념했었다. 대통령 경호문제에 구멍이 날 수밖에 없었다.

윤 장군 사건 후, 1년 동안 대한민국 국기가 뿌리째 흔들리고 질서가 무너지고 청와대를 비롯한 권력 기관의 기강이 해이해졌다. 이 모든 책임은 궁극적으로 박 대통령 자신에게 있다고 봐야한다.

■ 1973년 이후 총체적으로 허물어지는 박 대통령 통치력과 10 · 26 사건의 원인(遠因)

필자는 앞서 진술한 것처럼 봉화 산골 출신으로 사범대학을 졸업하고 2급 정교사 자격증을 가지고 군에 입대하였다. 임관 후 철원 102 OP 철책선 근무를 하면서 우리나라는 현재 전쟁 중이라는 생각을 하게 되었으나 1970년 2월이면 제대를 하도록 예정되어 있었다.

그런데 군 생활 1년이 지난 1969년 육사 13기 하나회 핵심인물 신재기 중령 밑에서 인사장교를 하던 중 1969년 7월경 30대대장이던 전두환 중령에게 대대 현황 브리핑을 잘한 결과 발탁되어 장기 복무를 하게 되었고 중위 진급 후 보안부대로 전입되면서 인생이 바뀌었다. 교사가 아니라 평생 군인을 하기로 작정하였다.

학교 교사보다는 전쟁 중인 국가에서 군인으로 군과 국가를 위하여 봉사하는 것이 더 보람된다고 생각하고 보안부대에 전입하여 군인정신에 투철하고 확고한 애국심으로 공명정대하게 바른 일을 하면서 다소간의 권력을 지켜보며 국가에 충성하는 삶에 몰두하며 보람을 느꼈다. 그런데 1973년 윤 장군 사건을 보면서 나의 결단이 잘못된 길로 들어선 것이 아닌가 하며 다음과 같은 생각을 하게 되었다.

첫째, 필자 자신이 군내에 불법 사조직을 하고 있던 전두환 조직의 일원이 되는 것이 아닌가하는 염려를 하게 되었다. 이유는 신재기 중령을 모시면서 전두환 중심으로 군내에 '이름을 알 수 없는 묘한 사조직'이 존재하고 그 핵심에 전두환 중령이 존재한다는 것을 보안사에 전입하기 전, 육군 소위 시절부터 감지하고 있었다.

그런데 보안사 전입 후 허삼수, 허화평이 필자를 두고 "이런 놈이 왜 이 조직 가까이에 끼어들었어?"하고 적대시할 때마다, 필자는 내가 이 조직에 가담하면 안 되겠다는 경계심을 갖게 되었다.

시간이 지날수록 전두환이 군내에 마피아와 같은 조직을 하고 있다는 것을 알게 되었고 그 조직원이 누구누구라는 것을 감지하면서 예의 관찰하게 되었다. 군내에 사조직, 그것도 자신들의 정치 목적을 위한 조직을 하는 행위는 군과 국가 발전에 도움이 안되는 반국가적 행위라는 생각으로 비난을 하기 시작하였다.

둘째, 506 근무 당시 나이가 많은 이종극 상사로부터 허화평이 무기징역형을 받은 간첩의 형인데 간첩을 잡는 보안사에 허화평 같은 인간이 중요직에서 간첩을 잡는 일을 하도록 한 것은 군과 국가를 위하는 것이 아니고 사조직을 위한 역적 행위를 하는 것이라며 허화평과 같이 근무하지 말라는 조언을 듣고 이들과 같이 해서는 안된다는 생각을 하였다.

이때 필자는 506부대장 김학호 대령에게 대공수사가 맞지 않고 허화평과 같이 근무하기도 싫으니 보안과나 정보과로 옮겨 달라 하였다. 이때 보안과로 옮기고 수경사 보안반으로 가서 근무하라고 해주었다. 이때 필자는 전두환이 자기가 조직한 회원을 위하여 군 법(연좌제)을 어기고 허화평 개인을 위하여 특혜를 주는 것은 부당한 행위를 하는 것으로 여기고 이런 행위를 하는 전두환과의 관계를 고민하게 되었다.

셋째, 1972년 신범식이 윤 장군이 취중에 "박 대통령과 이후락 건강을 거론하며 뒤를 이어가자"는 정도의 이야기를 역적모의로 간주하고 박종규 실장에게 보고 할 당시 전두환이 불난 집에 부채질하듯 경호실장과 윤필용 장군 사이를 오가는 것을 보고 상사나 친구 간의 의리도 없고 자신의 출세만을 위하여 시기, 질투하며 자신의 영광을 위한 행동을 하는 전두환의 심성이 바르지 못하다는 생각을 가지게 되었다. 조그만 비리가 있다하여 이를 빌미로 자신을 키워준 윤필용과 친구 손영길에 대하여 의리를 저버리는 좋지 못한 인간성을 가진 자라는 생각을 하게 되었다.

넷째, 1973. 2. 노태우로부터 대통령의 의중에 전두환 자신이 아닌 손영길을 참모총장으로 키우려 한다는 이야기를 듣고 윤 장군과 이후락 그리고 손영길을 쿠데타로 몰아가는 행위를 보고 필자는 전두환 장군과의 의리를 지키는 것에 대한 의문을 가지게 되었다.

제9화 1974. 8. 15. 육 여사 피격 사건 경위와 박종규 퇴임 후 차지철 등장 경위

1974년 8. 15. 광복절 기념행사에 문세광이라는 간첩이 권총을 들고 잠입하여 권총을 난사하여 육 여사가 서거한 사건으로 돌아간다. 필자는 이 사건이 발생한 것은 73. 3. 8. 윤필용, 손영길 사건 후 대통령 통치력이 약해지고 경호 업무가 마비되어 박 대통령의 통치력이 무너져

버린 것이라고 진단하였다.

1961~1974 박 대통령 내외분과 경호실장 박종규

종전 같으면 도저히 있을 수 없는 불상사가 일어난 것은 1973. 3. 8. 윤 장군 사건 때문이라고 생각하였다. 국정원과 보안사, 경찰, 경호실 모두가 안일하고 나태해졌고 박 대통령 통치력과 경호업무에 공백이 생긴 결과였다.

박 대통령은 이 사건 이후 최장기 근속, 최측근이던 박종규 실장마저 잃어버리고 오래된 측근들이 다 떠나고 외로운 처지가 되었다. 주위를 살펴보니 충신이라고 생각되는 인물이 보이지 않았다. 가장 아쉬운 인물은 윤필용, 손영길이었지만 감옥에 갇혀 있었다. 어쩔 수 없이 나이 어린 위험인물 차지철을 경호실장으로 등용할 수밖에 없었다. 주위에는 김정렴 비서실장 외에는 가까운 인물이 없었다.

1976년 작전차장보로 기용된 전두환과 경호실장 차지철

73. 3. 8. 윤 장군 사건으로 윤필용, 손영길, 김성배 장군이 제거되었고 윤 장군과 손 장군과 가까운 경상도 출신 대령, 권익현, 정동철, 안교덕, 신재기 등과 헌병 출신 지성한, 조명기 등 경북 출신 35명이 강창성 장군에 의해 강제 전역을 당하였다. 20년 가까이 윤 장군과 손 장군이 심어둔 인맥이 무너지자 박 대통령의 지지 기반이 허물어지기 시작하였다.

군내 우수한 영남 출신 장교, '하나회' 출신 장교가 대거 제거되자 박 대통령이 등용할만한 인재가 없었다.

1974년 육 여사 서거 사건이 난 것도 73년 윤필용, 손영길 장군 제거 여파였다. 만약 윤필용, 손영길이 건재했다면 경호실장, 중앙정보부장을 할 인물이었지만 박 대통령의 측근 인물이 고갈되었다. 그 결과 1971년에 좌천시켰던 김재규 장군을 1976년에 중앙정보부장으로 재등용하여 1979년에 결정적인 피해를 입었다. 이렇게 박 대통령의 통치력은 무너져 갔다.

■ 중앙정보부, 보안사령부, 행정 관서 및 경찰 근무 기강 해이

1973. 3. 윤 장군이 이후락과 쿠데타 음모를 했다는 중상모략을 하고 대대적인 조사가 보안사령관 강창성에 의해 이루어졌다. 이로 인해 중앙정보부는 범죄 집단과 연루되었다는 누명을 쓰고 업무가 마비되던 중, 1973년 김대중 납치 사건을 벌여 명예를 회복해 보고자 했으나 이 사건으로 이후락 부장은 문책을 당하고 해임된 것은 그 해 12월이었다.

이후락 후임으로 검찰 출신 신직수 씨가 중정부장에 임명되었으나 검찰 출신은 조사가 전문이고 정보업무와는 거리가 멀었다. 점점 더 어려운 상황이 전개되어 제기능을 제대로 추진하지 못하자 김재규를 중앙정보부장으로 재기용하게 되었다.

■ 1974. 8. 15. 광복절 기념행사에서 육 여사가 저격을 당하고 제거되는 박종규

1961년 혁명 이후, 경호실장 자리를 10여 년 지켜오던 박종규는 비서실장을 역임한 윤필용 장군과 전속부관 손영길 장군 그리고 비서실장 출신 이후락 부장을 제거한 후, 혼자 남아있다가 1974년 육 여사 사건으로 권좌에서 물러났다.

박종규는 1964년 경호실장에서 해임되었을 당시 자신을 구해준 일이 있는 손영길 장군에게 사과를 하긴 했지만 의리가 없는 자였다. 1980년 전두환이 5·17 혁명을 할 당시 전두환에게 나를 위시한 권력형 부정축재자를 제거하라는 조언을 한 결과 다른 부정축재자들과 같이 구속되었으나 곧 풀려난 이후 불우한 삶을 살았는데 필자가 전역을 당한 1980년 말 자주 만났다. 이때 박종규 씨는 일본교포 나까야마와 친했기 때문이었다.

■ 군과 국가, 대통령 지키기에 역부족이었던 진종채 장군 이야기

1973년 윤필용 장군 사건 이후, 수도경비사령관에 부임한 진종채 장군만이 군과 국가를 위한 충성심이 강하였고 박 대통령을 헌신적으로 최선을 다해 보필한 인물이었다. 1973. 3. 사건 이후, 3개월 만에 박 대통령에게 강창성 장군의 비행을 보고하고 군의 핵심인물로 군과 국가를 위해 헌신적 노력을 경주하였다.

그리고 1975년 보안사령관에 보직되어 만4년 동안 국가를 위한 노력을 해왔으나, 1978년 중정부장 김재규의 방해 공작으로 어려움을 겪던 중 1979년 3월 차지철이 진종채 장군을 구속시키려 하였다. 우여곡절 끝에 구속당하지 않고 사직서를 내고 정보 기관을 떠나 2군 사령관이 되었지만 김재규와 차지철의 압박으로 많은 고심을 하였고 박 대통령을 잘 모시기에는 역부족이었다.

■ 1975년 출감한 윤필용 장군

1973년 박 대통령이 진종채 장군으로부터 윤 장군 사건을 보고받을 당시 지시한 대로 1975년 진종채 장군이 보안사령관으로 보직되었다. 당시 필자는 보안처 대전복계에서 〈중보 보고서〉를 작성하는 분석장교로 재직하면서 대령급 이상 전체 장군의 개인 신상 존안 자료(일명 엘로우 카드)를 작성하고 있던 중, 사령관의 지시로 감찰실로 자리를 옮기고 보안 감사 업무를 하고 있을 때였다. 진 사령관 부임 후 감찰실로 자리를 옮기고 은밀히 사령관 특명 업무를 담당하게 되었다.

진종채 사령관은 부임 즉시 1973년 박 대통령 지시대로 필자에게 윤필용 장군, 김성배 장군, 신재기 대령을 병보석으로 출감하도록 도와주라는 지시를 하였다. 필자는 먼저 보안처 권정달 과장에게 사연을 보고하였다. 그런데 그 당시 오자복 보안처장은 자신의 사무실에 감청기를 설치하고 약 2년 동안 윤 장군과 손 장군 전화 감청을 하고 있을 때였기 때문에 참고하여 조심해서 일을 처리하라는 조언을 주었다.

다음 날 동기생 양은철 대위와 같이 인천 511보안부대에 가서 윤식영 보안과장에게 사실을 보고하고 협조를 요청하였더니 교도소 담당 김영집 대위를 소개해 주었다.

그런데 김 대위는 첫날 "쿠데타를 한 자들을 조기 병보석하면 되느냐?" 하면서 협조를 거부하였다. 만나보니 김영집 대위는 강창성 보안사령관 측으로부터 쿠데타를 일으킨 자들이니 특별 감시를 하라는 지시를 받은 것 같아보였다. '쿠데타를 모의한 중범죄자를 병보석을 해서 조기 출감을 시키는 것은 있을 수 없는 일'이라며 교도소 담당의사 교체 제안을 거절하였다.

담당 의사는 신재기 대령 가족이 노정기 장군의 처남인 의사를 교도소 군의관으로 추천했던 것으로 기억한다. 연 3일 설득해 보았으나 요지부동이었다. 어쩔 수 없이 진종채 신임 사령관의 특별 지시니 협조해 달라고 했더니 교도소에 담당의사 교체를 협조해 주었고 수감자들은 병보석으로 출감하였다. 손영길 장군은 1년 정도 먼저 출감하였다.

■ 전두환, 노태우의 의리 배반에 분노한 손영길 장군의 질타

1년 정도 먼저 출감한 손 장군은 출감 후 자신을 위로차 방문한 전두환, 노태우에게 다음과 같이 분노하며 그들의 파렴치한 행위를 질타하였고 그들은 아무런 변명을 하지 못하였다.

첫째, 우리는 목숨을 걸고 의리를 지키자 했는데 너희는 의리를 헌신짝처럼 져버렸다. 쿠데타 모의를 하지 않은 것을 너희가 알고 있지 않느냐? 나는 1963년 너희들이 실제로 쿠데타 모의를 하고 적발되어 구속되어서 형을 살고 군복을 벗게 되었을 때, 목숨을 살려주지 않았느냐? 너희는 박 대통령에게 내가 쿠데타를 하지 않았다고 바로 말을 했어야 하지 않느냐? 그리고 너희는 자신의 출세를 위해 친구를 져버린 나쁜 사람이 아니냐? 하고 질타했다.

둘째, '통일정사' 사건은 누가 왜 통일정사를 건축하였는가를 너희들이 다 잘 알고 있지 않느냐? 그런데, 사찰을 건축한 자(신범식과 박종규)들이 이를 나에게 뒤집어 씌울 때, 너희들은 사실이 그렇지 않다고 대통령에게 말씀을 드렸어야 하지 않느냐? 그런데 너희는 이들과 야합하여 나를 모함한 것 아니냐? 그리고 법정에서 두 부하에게 나에게 불리한 증언을 지시하여 나를 형을 살게 하지 않았냐?라고 추궁했지만 전두환, 노태우는 아무 말도 하지 못했다.

세월이 흐른 후 전두환이 대통령이 된 뒤 손 장군이 미국에서 돌아와 전두환 대통령을 만났더니 "내가 도와줄 일이 있으면 이야기해라. 도와주겠다."고 하였지만 그 후 단 한 번도 전두환이나 노태우를 만난 일이 없었고 최근에 그들은 다 세상을 떠났다. 지금은 그들을 원망하기보다는 다 용서하고 명복을 빌어주고 있다고 했다.

최근 93세인 손 장군을 만나보니 건강도 좋아 보였고 옛날 군인때와는 달리 세상 모든 번뇌를 해탈한 신선 같은 모습이었다. 후배들을 만나 식사를 대접하며 덕담을 해주는 것이 낙이라 하였다. 앞으로 건강하시고 많은 후배들에게 덕담을 해주는 훌륭한 분이 되시길 바란다.

자랑스러운 일은 명예 회복을 한 후 국가로부터 보상을 받은 것을 육사 후원금으로 냈다. 지금도 육사와 후배들을 위하여 노력하고 수고하는 선배로 존경을 받고 있다. 육사의 명예를 더럽힌 두 대통령 전두환과 노태우와는 달리 육사의 명예를 살린 훌륭한 장군으로 후배들의 존경을 받는 귀중한 선배가 된 분이라고 생각한다.

75년까지 윤 장군과 손 장군의 가족 전화를 불법 감청해 온 보안처장 오자복 대령 퇴출

1973년 강창성 보안사령관 후임으로 부임한 2군단장 출신 김종환 장군이 오자복 대령을 보안 처장으로 기용하였다. 그런데 오 대령은 윤 장군 사건이 종료된 지 2년이 지난 1975년까지 자신의 사무실에 윤 장군과 손 장군 가족 전화 감청기를 비치하고 감청을 한 후, 이를 전두환 쪽에 보고하는 비겁한 일을 계속하고 있었다. 이를 감지한 필자가 진종채 사령관에게 보고하였더니 진 장군은 대노하였고 즉각 오 대령을 전방 한 직으로 전출시켰다. 하지만 오 대령은 전두환 측과 선을 달고 있다가 전두환 정권 수립 후 국방부 장관을 역임하는 등 출세를 하였다. 필자는 이런 사람을 기회주의자라고 평가한다.

1976년 차지철의 심복 경호실 작전차장보에 기용된 전두환

차지철은 개인적으로 육사 12기 입학시험에 낙방하고 일반 장교로 임관한 것을 창피하게 생각하고 있던 중, 경호실장이 된 후 경호실장을 차관급에서 장관급으로 승격시켰다. 차장 자리에 육군 중장 차관급을 기용하고 그 밑에 육사 11기 출신, 전두환은 작전차장보, 노태우는 행정차장보로 기용하여 자기 직계 부하로 만들었다.

　1973년 윤 장군 사건과 1974년 육 여사 서거로 경호실장에 오른 차지철은 1976년 전두환 공수 1여단장을 자신의 직속 부하로 육사 11기를 기용하고 거드름을 폈다. 즉 매주 토요일 30대대 연병장에 청와대 관련 경호부대를 집결시킨 후 국기 하기식을 거행하였다.

　단상에는 국회의원, 장성, 장관, 일반인까지 초청하여 단상에 앉히고, 전두환 장군이 제병지휘관이 되어 "경호실장을 향하여 받들어 총!" 하고 지휘를 하게 하고 자신은 대통령이 국군의 날 행사하듯 부통령이나 된 듯 거들먹거리며 행사가 끝나고 매주 만찬을 열었다. 필자가 어느 날 현장에 갔었는데 전 장군의 위상이 초라해 보였다. 허화평이 말하기를 차지철이 전두환을 보고 "형님 형님" 했다는 이야기는 전두환을 우상화하려는 의도로 지어낸 거짓말이었다.

제8부

1976년 김재규 중앙정보부장 등장과 10 · 26 사건

1974년 육영수 여사 서거 사건이 일어나기 전 1973년 12월 중앙정보부장이던 이후락이 〈김대중 납치 사건〉을 일으킨 책임을 지고 중앙정보부장에서 밀려났다. 이후락 부장은 1973. 3. 8. 윤 장군 사건에 연루되어 고심하던 중, 박 대통령의 신임을 얻고자 무리수를 써서 김대중을 국내로 납치하여 공로를 세우려다 오히려 화가 되어 부장직을 사임하게 되었고 박정희 대통령 곁을 떠난 마지막 인사가 되었다. 그 후임에는 신직수 검찰 출신이 중앙정보부장에 취임하였다가 1976. 12. 사임하고 김재규가 1976년 중앙정보부장으로 재등용되었다.

김재규는 1971년 윤 장군 도청사건 때 좌천되었던 3군단장을 끝으로 군에서 예편하고 건설부 장관을 하고 있던 중, 신직수 씨가 물러나자 재등용되어 새로운 권력자로 재등장하였다. 문제는 차지철과 김재규 나이 차이는 차지철이 8살 아래였고, 둘은 비슷한 성격의 소유자로 매사 서로 부딪칠 수밖에 없는 독특한 성격의 소유자들이 만난 것이었다. 이 두 사람의 시기, 질투, 갈등으로 인해 박정희 대통령은 비운을 맞게 된다.

제1화 1974년 차지철 등장과 1976년 김재규 등장 후 둘 간의 치열한 갈등

벌써 50년이 다 된 얘기다. 1974년 8월 15일 광복절 기념행사 때, 문세광의 총탄에 육 여사가 서거하자 그 책임을 지고 박종규 실장이 사임하고 1974년 차지철이 경호실장으로 부임하였다. 당시 비서실장은 김정렴, 중앙정보부장에 신직수, 보안사령관 김종환 장군이 재직하고 있어 별 탈 없이 지내 오던 중, 1976년 김재규가 신직수 후임 중앙정보부장이 되고 1978년 김계원이 비서실장에 보직되었다.

10·26 사건 후, 포승줄에 묶인 김재규

1976년 부임한 김재규 중앙정보부장은 차지철보다 8년이나 연장자이고 둘의 성격 차이가 정반대인 성품을 가지고 있어 화합이 안 되는 상태에서 차지철이 김재규 중앙정보부장을 자기 부하 대하듯 반말을 하고 '부통령 행세'를 하였다. 즉 대통령 독대 시, 먼저 경'호실장 허가를 받으라'하면서 모든 보고 내용을 경호실장에게 먼저 보고하라는 요구를 하여 두 사람의 마찰은 피할 수 없었고 갈등은 날이 갈수록 격화되어 갔다. 차지철의 월권행위는 도를 넘어 그의 독선은 누구도 막지 못한 채 갈등의 골이 깊어지면서 10·26 비운의 싹은 돋아나고 있었다.

제2화 1976년 차지철의 심복이 되어 경호실 제병지휘관으로 변신한 전두환 장군

　차지철은 경호실장이 된 2년 후, 1976년부터 경호실장 밑에 차관급인 육군 중장을 차장으로 보직시키고 그 밑에 전두환 장군은 작전차장보, 노태우 장군은 행정차장보로 기용하여 육사 11기 출신 장군들을 자신의 직속 부하로 만들고 위용을 과시하며, 자신이 육사 12기로 응시하였다가 실패한 치욕을 설욕하고, 육사 11기 엘리트 두 명을 차장보에 기용하고 거들먹거렸다. 전두환, 노태우는 나이도 두 살 아래이고 육사 12기에 낙방했던 차지철 앞에 목을 조아리는 수모를 당하게 되었다.
　전두환 작전차장보 후임에 노태우, 김복동 장군을 순서대로 기용되었다. 이는 나이가 두 살 많은 육사 11기 군 임관 선배들을 자기 직속 부하로 만들어 육사 출신 장교 전체를 자기 휘하로 끌어들인다는 생각으로 자신의 위용을 과시하였다.
　한편 전두환은 제1공수 여단장을 3년 가까이 하다 보니 그 보직이 지겨운데다 당시의 유일한 권력자 차지철에게 아부할 수밖에 없었기 때문에 장래를 봐서라도 차지철의 손을 잡아야 한다는 구상을 하고 있던 중, 경호실 '작전차장보'로 쓰겠다 하니 '이제야 제대로 돌아가는구나' 하고 '앞으로 출세할 기회를 잡았다'고 생각하고 차지철에게 충성할 수밖에 없었다.
　전두환 장군 입장에서 보면 차지철이 군입대 경력은 2년 앞서지만, 한해 후배 기인 육사 12기로 입학하고자 하였으나 낙방하여 일반 장교 1년 교육을 받고 임관한 데다 자기보다 2년이나 어린 차지철의 부하로 가는 것이 못마땅하였지만, 민정 이후 차지철은 국회의원직을 계속하였고 국방위원장을 여러 차례 역임하였기 때문에 모양새가 괜찮았고, 현존하는 제2인자로서의 차지철의 위상이 전과 다르고, 경호실 차장인 중장급 장군 밑에 '작전차장보'로 가는 것을 거절할 형편이 아니었다. 박종규 경호실장이 떠난 후 청와대에 새로운 후원자가 필요한 입장에서 물, 불 가릴 것 없이 출세를 해야 할 입장이었으니 경호실 작전차장보를 받아들일 수밖에 없었다.

■ 제병 지휘관으로 추락한 전두환

필자가 우연히 경호실에서 매주 열리는 하기식 열병, 분열 행사에 참석하여 현장을 관찰한 일이 있었다. 하기식 단상에는 사복을 입은 외부 인사들, 차지철에게 아부하는 인사들이 국군의 날 장관들이나 외빈이 앉듯이 앉아 있었고 차지철은 중앙에 대통령처럼 폼을 잡고 있었다.

30대대 연병장에는 대대 병력과 경호실 소속 경찰, 경호원, 헌병, 55대대 병력 등 많은 경호실 소속 병력이 도열해 있었고 맨 앞에 전두환 장군이 제병 지휘관으로 부대 지휘를 하였다. 경호실장이 자리에서 일어서자 전두환 장군은 큰소리로 목이 터져라 하고 "경호실장님을 향하여 받들어 총!" 하고 외친 뒤, 뒤돌아서서 경호실장에게 "경례"를 하였다. 이를 지켜본 필자는 못 볼 광경을 목격한 것처럼 온몸에 소름이 돋았다. 부끄러워 고개를 숙이고 남몰래 쓸쓸하게 웃지 않을 수 없었.

5공 신군부의 실세였던 허화평이 2012년 《월간 조선》 기고에서 차지철 경호실장이 전두환 장군을 보고 "형님! 형님!" 하고 추종했다는 이야기는 터무니없는 거짓말이고, 전두환 장군 위상을 띄우기 위해 거짓 글을 쓴 것에 불과했다.

실제로 전두환은 차지철 위세에 눌려, 보안사령관에 임명된 1979년

3월 이후 10·26 사건으로 박 대통령이 서거까지 10개월 동안 박 대통령을 독대하지 못했으니 차지철과 전두환의 상하 관계가 얼마나 무서웠는지 짐작할 수 있다.

제3화 1사단장 전두환 소장의 부하로 변신한 1군단장 황영시 중장과 12·12 사건

　필자가 30사단 보안부대 운영과장을 할 당시 사단장(박희모 소장)이 면담 요청을 해왔다. 이유는 필자가 진종채 사령관과 특별히 가까운 관계인 것을 알고 있었기 때문이었다. 사단장실로 갔더니 "1군단장 황영시 장군을 이대로 놔두어서는 안 되니 진종채 보안사령관에게 보고하여 시정을 해 달라"는 요청을 하였다.
　내용인즉, 군단장이 체면을 지키지 않고 여러 사단장 앞에서 노골적으로 부하인 전두환 1사단장에게 아부를 해서 군단장 회의에 참석하기가 싫을 정도라고 불평을 하면서, 필자에게 직접 와서 잘 살펴보라는 것이었다. 이 이야기를 듣고 1군단 보안반장 임재문 소령에게 문의했더니 "힘이 센 놈한테 굽신거려야 출세를 하는 거야" 하고 웃어버렸다.
　1972년 연말에 군단장이 회식을 하게 되었는데 그때 1군단 보안반장이었던 임재문 소령이 예하사단 보안부대 운영과장을 모았는데 한 시간이 되도록 회식을 못하고 기다리고 있다는 이야기를 듣고 현장에 확인을 해 봤다. 황영시 군단장이 전두환 1사단장 도착 마중을 위해 군단장 공관 정문에 나가 도착을 기다리고 있다는 사실을 확인하고 30사단장의 불평과 필자가 확인한 내용을 사령부 진종채 사령관에게 보고한 사실이 있다.

그 후 1979년 12·12 쿠데타 당시 황영시 장군은 전두환 장군을 위하여 주도적으로 반란 지지활동을 하였고 12·12 후, 5·18 당시에는 계엄사 참모차장으로서 전두환 보안사령관을 위하여 충성을 다한 자였고, 5·18 당시 작전 지휘를 한 자는 이희성 참모총장이 아니고 황영시 참모차장이었다.

제4화 진종채 보안사령관을 구속하고 전두환을 보안사령관으로 등용하려는 차지철

1979년 2월 차지철 경호실장이 진종채 보안사령관을 제거하기 위하여 1977년 20사단 대대장 월북사고 당시 진종채 보안사령관이 각하에게 "납북 당한 것 같다"고 보고한 내용이 허위 보고였다는 이유로 2년이 지난 1979. 3. 진종채 보안사령관을 구속하라는 지시를 내렸다. 진종채 보안사령관이 빠져나올 수 없는 코너에 몰렸다.

진종채 장군이 제8사단 사단장이었을 때 필자와 같이 근무한 사실이 있던 동기생 박태웅 소위가 전역 후 청와대 경호실에서 박정희 대통령 수행 비서관으로 근무하고 있었는데, 위 사실을 알고 필자에게 연락을 해왔다.

이 친구가 필자와 진종채 장군이 가깝다는 사실을 알고 그날 밤, 12시에 광화문에서 만나자는 연락이 왔다. 당시 필자는 수색에 있는 제30사단 보안부대 운용과장직에 근무하고 있었다. 무슨 내용인지도 모르고 동기생인 대통령 수행 비서인 친구를 밤 12시에 광화문 청와대 근처에서 만나서 20사단 대대장 월북 사건 보고와 관련된 사건 전모에 대한 이야기를 듣고 나니 큰일이 일어나게 되었다는 것을 알고 당황하였다.

자초지종을 듣고 나니 내일 아침이면 진종채 장군이 보안사령관직에서 해임될 것이 분명하고, 허위 보고로 인하여 구속될 가능성도 있다는 사실을 확인했다. 심각한 문제가 아닐 수 없었다.

필자는 진종채 장군이 화를 면하려면 오직 단 한 가지 길이 남아 있다는 것을 직감하였다. 친구와 헤어지고 밤 1시 태릉 육군사관학교 근처 묵동에 있는 보안사령관 자택에 도착한 시간이 새벽 2시가 좀 지나서였다. 한밤중에 숙소에 도착하여 전속부관으로 하여금 사령관에게 급히 드릴 보고가 있다는 것을 내실에 보고토록 하고 잠시 기다렸다.

한밤중에 사령관을 깨울 수 있었던 이유는 진종채 장군은 전속부관은 물론 사모님에게까지 필자가 원할 경우, 언제 어디서든지 직접 보고할 수 있도록 하라는 특별 지시가 오래전 부터 지시되어 있었기 때문이었다. 하지만 오늘같이 한밤중에 찾아뵙는 일은 처음 있는 일이었다. 워낙 중요한 일이고 경각을 다투는 일이라 이렇게 할 수밖에 없었다.

잠시 후 진 사령관에게 오늘 있었던 일, 특히 청와대 동정에 대하여 보고를 드리고 해결 대책까지 건의를 드렸다. 즉 새벽에 각하께서 기상할 시간에, 누구도 각하를 만나기 전에, 집무실에 대기하고 있다가 각하를 뵙고 1977년도 보고가 잘못되었다는 것과 허위 보고를 하게 된 이유를 말씀드리고 보안사령관직을 물러나겠다는 뜻을 밝혀야 화를 면할 수 있다는 건의를 드렸다.

보고를 다 경청한 후, 진종채 장군은 "그렇게 하는 것이 좋겠다."고 하였고 새벽 다섯 시경 함께 숙소를 나섰다.

그날 저녁 필자는 재차 진종채 사령관 숙소를 방문하여 박정희 대통령과 대면하였던 이야기를 자세히 들었다.

박정희 대통령께 사건 당시 보고를 잘못하게 된 경위를 보고드리고 보안사령관 사직 의사를 말씀드렸더니 2군 사령관직을 맡으라 하였고 후임 보안사령관에는 1사단장인 전두환 장군이 기용되었다는 이야기를 들었다. 불행 중 다행이었다.

원래 보안사령관직은 중장 계급, 군단장에 준하는 인사가 임명되는 것이 관례였지만 사단장 보직 중에 이 자리에 발탁된 것은 이례적인 인사였다. 이는 박정희 대통령이 차지철과 의논하였겠지만, 파격적으로 전두환 장군을 선택한 특별 인사를 한 것이었다. 하지만 전두환은 보안사령관 보직을 받은 후 박 대통령 독대를 하지 못했다. 그 이유는 차지철의 위상에 눌려 대통령 독대를 엄두도 못 냈기 때문이었다.

제5화 자진하여 보안사령관직을 사임하고 2군사령관으로 영전한 진종채 장군

■ 1977년 20사단 대대장 유운학 중령의 월북 사건 내막

전두환 장군이 제1사단장으로 근무하던 중 1977년 제20사단 대대장 유운학 중령 월북 사건이 일어났다.

당시 이와 같은 월북 사건은 창군 이래 처음이 아닌가 싶을 정도로 흔하게 일어나는 사건이 아니었고 수습과정 또한 예사롭지 않았다. 1977년 3월 전방 제20사단 지역에서 GOP 남방 철책선 방어 임무를 책임지고 있던 대대장 유운학 중령이 자신의 무전병을 데리고 월북하는 사건

1975년 보안사령관, 1979년 2군 사령관 진종채 장군

이 발생한 것이었다.

당시 유 중령은 진급 누락으로 고심하던 차에, 현지 제20사단 보안부대에서 사건 조사차 소환을 하자 겁에 질린 대대장 유운학 중령이 자신의 지프차로 북방한계선 가까이 간 후, 운전병에게 발포를 하여 부상을 입히고 무전병을 대동하고 이북으로 도망가 버린 것이었다. 당시 영관급 장교로 800여 명의 병사를 지휘하며 방책선을 책임지던 지휘관이 월북을 한 사건 보고를 대통령에게 보고해야 할 책임이 진종채 보안사령관에게 있었다.

■ 진종채 장군이 대통령에게 허위 보고를 한 경위

최초 보고를 접한 진종채 장군이 대통령에게 "납치당한 것 같은 사건인데 조사해서 자세히 보고하겠다."며 간단한 보고를 한 이유는 다음 날 자세한 사건 전말을 자세히 보고할 생각이었다. 이유는 대통령이 현직 대대장이 월북했다는 사실에 충격을 받을까 바로 보고를 하지 않고, 사건을 자세히 분석한 후 보고하는 것이 충격을 줄일 수 있다고 판단했기 때문이었다.

그런데 권력 기관의 충성경쟁으로 인하여 대대장 월북사건은 대통령에게 여러차례 보고 되었다. 김재규 중앙정보부장이 자진 월북 사건임을 즉각 보고하면서 20사단 보안부대원의 잘못으로 사건이 일어났다는 보고를 하였다.

그리고 이세호 참모총장도 국군통수권자인 대통령에게 월북 사건에 대한 보고를 별도로 자세히 보고하였다. 이렇게 되자 진종채 보안사령관은 월북 사고를 일으킨 원인을 제공한 20사단 보안부대의 잘못에 대한 책임도 져야하고, 최초에 대통령에게 허위 보고를 한 책임 추궁을 당하게 되는 어려운 처지에 몰리게 되었다.

제9부

1979. 3. 보안사령부 위상 제고를 위해 노력하는 전두환 보안사령관

제1화 1977년 이후 대통령 독대 및 일일보고를 폐지한 차지철의 독주

　1971년 김재규 보안사령관 이후, 1972년에 부임한 강창성 보안사령관은 '10월 유신 혁명'을 완수하며 각하의 신임을 받았다. 1974년 차지철이 경호실장으로 임명되기 전까지 보안사령관은 비서실장, 경호실장, 중앙정보부장과 같이 수시로 대통령을 만나 독대 보고를 하였고 이때 특명을 받아 특별 임무를 수행하였다. 보안사령부는 가끔 중앙정보부와 동등한 대우를 받았고, 보안사령부가 중앙정보부 비위를 조사한 일도 있었다. 당시 보안사령부에서는 하루 평균 20~30건에 달하는 보고서를 작성하여 대통령, 비서실장, 경호실장 등 3개 부처로 발송하고 있었다.

　보고의 주된 내용은 보안처 대전복계에서 보고하는 군내 주요 인사의 동향 특이 보고서, 군내 중요 업무 또는 비리 첩보와 정보처에서 수집한 정치 정보 및 일반정보, 물가 동향 등 일일 보고를 하거나 특명사항을 보고하고 있었다.

　통상 청와대에 3개의 봉투가 보고되었는데 대통령 외에 비서실장과 경호실장에게 보고하는 봉투가 별도로 있었다. 그런데 1978년 부터 차지철 경호실장이 대통령에게 보고되는 모든 보고를 경호실장 자신에게 보고하도록 하였다. 중앙정보부장과 보안사령관은 대통령에게 직접보고를 못하고 오직 경호실장에게 보고하도록 하자 반발이 있었지만 어쩔 수 없었다. 뿐만 아니라 차지철 경호실장이 대통령 경호는 '신체적 경호 업무'와 '정신적 경호 업무'도 해야 한다는 주장을 하면서 비서실장, 중앙정보부장 및 보안사령관의 대통령 독대 보고 제도를 완전히 없애고 독대 보고하기 전 경호실장에게 보고하여 허가를 받으라고 하였다. '부통령' 역할을 하겠다고 하자 청와대 분위기가 경직되었다.

이 당시 또 다른 문제는 경호실장이 김재규 부장보다 8살 아래이고 김계원 실장과 보안사령관보다 11년이나 아래임에도 비서실장, 중정부장, 보안사령관에게 존경어를 쓰지 않아 냉랭한 분위기가 지속되었으나 어느 누구도 이를 만류하거나 시정을 하지 못하였다.

상황이 이렇게 되자 김재규 부장이 김계원 비서실장에게 불평을 늘어놓았고, 진종채 사령관은 아예 경호실장을 피하고 청와대 근처에 얼씬거리지 않고 차지철과 마찰을 피하려고 노력하였다. 이유는 차지철이 장관급 행세를 하려고 경호실 차장에 육사 8기 동기생인 이재전 중장을 차장으로 기용하고 작전차장보에 전두환 장군을 기용하는 등 스스로 부통령 행세를 하자 청와대 분위기는 악화되었다.

제2화 보안사 대공 업무 통제 및 일반 정보 업무를 통제하는 김재규 중앙정보부장

1976년 이후락 중앙정보부장 재임 시까지는 대공 업무의 경우 중앙정보부의 지휘, 통제를 받지 않고 대공 업무 추진이 가능했으나 1976년 김재규 부장이 중앙정보부장에 취임한 이후부터 대공 업무 관리, 통제가 심해지더니, 1977년 해군과 공군 보안부대를 통합하여 국군보안사령부로 개편되자 중앙정보부의 견제가 더욱 심해지면서 중앙정보부와 보안사령부의 갈등이 고조되었다.

1977년 후반에 20사단 대대장 월북 사고가 터지자 20사단 보안부대장의 과잉 압박을 못 이겨 대대장이 월북한 것이라는 이유를 들어 보안사령부가 정해진 업무만 수행하고 월권을 하는 것을 막는다는 이유로 정보 업무를 폐지하고, 일반정보 업무 대신에 방산 업무와 관련된 정보를 다루라는 압박을 가하였다. 즉 정보처를 폐지하고 방산처로 기구를 조정하고 보안사령부가 일반 정보를 못하도록 규제하였다.

이상과 같이 1979년 3월 전두환 장군이 보안사령관직에 보직되었을 당시 보안사령부는 옛날과 달리 차지철 경호실장과 김재규 중앙정보부장의 견제를 받아서 과거와는 달리 보안사의 위상이 위축되었다.

이렇게 된 가장 큰 원인은 1976년부터 경호실장 방해로 보안사령관의 대통령 독대가 불가능하게 되었고, 1976년 이후 김재규가 중앙정보부장이 된 후부터는 보안사의 대공 업무를 통제하고 대공 업무 감사를 통하여 중정 예하 기관으로 추락시켰고, 1978년부터 정보처를 완전 폐지하고 방산처로 편제를 개편하여 민간인을 상대로 하는 일반정보 업무 기능을 폐지하였기 때문이었다.

제3화 보안사령부 기능 회복에 집념하는 전두환 보안사령관

전두환 장군이 보안사령관으로 부임하자 제일 먼저 보안사 업무를 완벽하게 추진할 수 있는 능력있는 참모를 확보하였다. '하나회' 발기인과 〈7·6 쿠데타〉에 가담하였던 육사 17기 허화평 대령을 비서실장으로 기용하고, '하나회' 조직 당시 발기인으로 참여하였던 허삼수 대령을 인사처장에 기용하였다.

전두환 사령관은 보안사령부가 긴급사태나 계엄이 발생하게 될 경우 삼권을 장악하고 원만한 업무 수행이 가능하도록 하라는 지휘 지침을 하달하고 각 부처마다 1979년 6월 '을지훈련'에 적극 동참토록 격려하였다.

종전에는 지원부대가 을지훈련을 실시할 경우, 군사 보안업무를 지원하는 정도 외에 별 관심이 없었다. 그러나 전두환 사령관은 다른 분들과 달리 전 보안부대로 하여금 '을지훈련'을 통하여 보안사령부가 긴급사태나 계엄이 발생할 경우 중앙정보부, 검찰, 경찰 등 전 수사기관을 장악하고 국가 비상사태를 수습할 것인가에 대한 업무를 철저히 대비를 하라는 지시를 내렸다.

특히 법무장교에게는 계엄 시 정국을 장악할 수 있는 '계엄합동수사본부' 설치 법적 근거를 찾아서 필요한 기구 설치 등에 대하여 연구 보고하라는 지시를 내렸다.

그리고 차지철 경호실장과 김재규 중정부장의 정국 해법 관련 갈등이 고조되는 가운데 차지철 경호실장이 국내 정치 상황에 대하여 중정부장 김재규보다 더 강력한 영향력을 행세하면서 둘 간의 암투와 갈등이 절정을 향해 치닫고 있는 것을 보고, 보안사에서도 앞으로 일반정보 업무가 필요하다는 생각을 하고 있었다.

실제로 10·26 사건이 나자 3일 후, 최규하 대통령으로부터 1978년도에 폐지되었던 보안사 일반정보 업무 부활을 건의하여 승인을 받았다. 1979년 11월 부터 권정달 대령을 정보처장으로 임명하여 보안사령부의 위상을 과거보다 더 강력하게 만들 준비를 하였다.

제4화 | 대권 장악을 위해 합동수사본부 설치 준비를 하는 전두환 보안사령관

　1979년 3월 보안사령관에 임명된 전두환 사령관은 1963. 3. 1. 하나회 조직 당시 발기인으로 참여한 후 1963. 7. 6. 쿠데타 음모에 가담하였고, 1971년도에 친동생이 간첩으로 검거되어 무기징역을 선고받았던 허화평 대령을 비서실장으로 기용하였고, 인사처장에는 보안사령부에서 오래 근무한 허삼수 대령을 기용하였다.

　전두환 장군이 집권을 가능하게 된 중요 여건은 평소 이집트의 낫셀과 터키의 '아타튀르크 혁명' 전기를 탐독해 온 허화평을 비서실장으로 기용하여 많은 도움을 받았다.

　계엄 선포 시 보안사령부가 삼권을 장악한 후 어떻게 할 것인가를 구상하면서 정보기관 전체를 장악한 후, 막강한 권력을 행사할 준비에 박차를 가하였다.

　1979년 6월, '을지훈련'을 하던 중 법무참모 박준광 소령에게는 "계엄 선포가 된 후, '합동수사본부' 설치 근거와 조직, 기능에 대하여 연구해서 보고하라"는 지시를 내렸다.

　1979. 10. 18. 부마사태가 발발하고 계엄이 선포되자 당일 헬기편으로 법무참모를 대동하고 현지를 방문하고 부산지역 보안부대에 계엄합동수사본부를 설치하도록 지시하였으나 중정 부산 분실 방해로 뜻을 이루지 못하였다.

　전두환은 상경 즉시 비서실장 허화평 대령에게 〈중요보고서〉를 준비토록 지시한 후, 차지철 경호실장 모르게 박근혜나 조카인 박재홍을 통하여 대통령 독대를 준비하던 중 10 · 26 사건으로 대통령 독대가 무산되었고 〈중요보고서〉 이야기는 없었던 것으로 되었다.

예상되는 〈중요보고서〉 내용 중 가장 중요한 것은 차지철과 김재규 인사조치였는데 10·26 사건으로 자연스럽게 종결되었고, 제주도를 포함한 전국계엄은 당일 새벽 4시에 선포되었다. 남은 과제는 국회해산, 부패한 정치인들을 숙청, 국보위 설치 후 헌법을 개정하고 새로운 정권을 세운 후 대통령에 취임하는 일만 남았다.

10·26 이후, '전두환 대통령 만들기' 집권시나리오는 허화평 대령이 주도하고 허삼수, 이학봉, 장세동, 김진영 등 5인방이 같이 머리를 맞대고 준비를 했다. '하나회' 회원은 아니었지만, 권정달 대령이 정보처장이 뒤 이어 참여하였고 3월부터는 히틀러의 괴벨스라고 자처하는 허문도 중정 비서실장이 가담하여 5공 정권 창출에 박차를 가하였다.

전두환 장군은 10·26 사건이 일어난 후, 밤 9시경 보안사령부에서 한용원 중령에게 '허화평을 만나 보라'는 지시를 하였고 허화평은 한 중령에게 '5·16 혁명으로 국가를 재건한 과정에 대하여 연구 보고하라'는 지시를 내렸다.

그리고 전두환은 밤늦은 시간에 법무참모 박준광 소령을 육군본부 보안부대로 호출하여 지난 7월에 을지훈련 당시 검토 보고한 바 있는 '계엄합동수사본부' 조직 보고서를 작성케 한 후 정승화 참모총장의 결재를 받아 '합동수사본부장'으로 임명되자 즉시 업무를 시작하였다.

■ 1979. 4. 자신의 측근인 필자를 특전사령부 반장에 배치한 전두환

필자는 1979년 4월 제30사단 보안부대 운용과장을 마치고 503대구 지역보안부대로 명령이 나서, 사령부에 가 보직 신고를 마치고 나오는데 전두환 사령관의 호출을 받았다. 전두환 사령관께서 "특전사 보안반장으로 가서 정병주 장군을 잘 살펴보라"는 지시를 하였다. 이유는 긴급사태나 유사시 그리고 계엄이 났을 경우를 대비하여 특전사령부가 중요 임무를 수행할 것을 대비하여 특전사령부 관리가 중요하기 때문이라고 하였다.

1980. 2. 특전사령부를 방문한 전두환 사령관과 필자(중앙) 오른쪽은 정동호 경호실장
※ 필자에게 "정호용 장군 보좌역을 수행하라"는 특별지시를 하였다.

이어서 "특전사령부는 내가 근무한 부대다. 긴급사태나 계엄이 선포되면 중요 임무를 수행하는 매우 중요한 부대다. 실력과 능력이 있는 지휘관이 중요부대를 이끌어야 한다. 능력과 실력이 없는 지휘관이 중요부대를 지휘하는 일이 없도록 철저히 관찰하고 능력이 없으면 퇴출시켜야 한다는 특별임무를 지시하였다.

당시 필자는 고향인 안동 36사단 부대장으로 가기를 기대하고 있던 터라 별로 달갑지는 않았지만 "고참 소령으로서 중령 진급 예정자 중에서 찾아보았지만 김 소령이 가장 적합한 인물로 내가 정했다"는 말에 두 말도 하지 못하고 "예"하고 나왔다. 인사처장 허삼수 대령에게 가서 사령관의 지시를 이야기했더니 "소령 밖에 안 되는 놈이 사령관한테 가서 인사 청탁을 하는 못된 놈"이라는 비난을 들었고 ROTC 장교 출신을 경멸하는 'ㅇ랄토시' 출신이라는 혐오적인 비난을 받고 기분이 나빴다.

제10부

10 · 26 사건 후 합동수사본부장이 된 전두환의 김재규 조사

제1화 전두환 사령관의 박 대통령 독대 준비와 〈중요보고서〉 작성 지시

1979. 10. 18. 부마 지역에 계엄이 선포되자 전두환 사령관은 헬기 편으로 부산 현지에 도착하여 권정달 501부산 부대장에게 합동수사본부를 조직하라는 임무를 주었고, 박준광 법무참모가 3일간 현지에 주재하며 합동수사본부 조직을 하려 하였으나 현지 중앙정보부 방해로 합동수사본부를 만들지 못하고 상경하였다.

상경 후 사령관이 허화평에게 〈중요보고서〉를 작성하라는 지시에 의거 보고서를 작성하고 박 대통령 독대준비를 하였다. 비서실장 허화평에게 〈시국수습 방안에 대한 보고서〉를 준비시키고 박정희 대통령 면담 일정은 27일로 약정되었다는 설과 30일이었다는 설이 있었으나 확실한 내용은 밝혀지지 않았다.

■ 〈중요 보고서〉에 포함될 내용

전두환 보안사령관은 육군 대위 시절 5·16 혁명정부 비서실에 근무한 경력과 1963년 쿠데타 음모를 꾸민 경험과 1973년 윤필용, 손영길 쿠데타 음모 사건을 통하여 얻어진 정치적 감각이 누구보다 특출하였다. 대통령 독대를 통하여 자신이 주역이 될 정도의 과감한 내용을 박정희 대통령에게 보고할 준비를 하라고 허화평에게 지시하였다. 그 내용은 보지 않아도 다음과 같을 것이 예상되었다.

첫째. 차지철과 김재규를 제거하고 자신이 주역이 되어 정국을 수습하려고 한다.

둘째. 5·16 혁명과 유신 혁명 같이 계엄을 선포하여 북괴의 침투위

험을 막고 치안을 강화한다.

셋째, 국회를 해산하여 정치활동을 금지하고 혁명위원회와 같은 국가보위위원회(국보위)를 신설하고 보안사령관 자신이 상임위원장으로 취임한다.

넷째, 헌법을 개정하여 새로운 유신 헌법을 제정한 후 대통령이 되어 제2의 유신 정권을 창출한다.

이상과 같은 내용의 보고서를 준비하였으나 10·26 사건으로 뜻을 이루지 못하였고 준비하였던 중요보고서는 보안상 중요하기에 폐기 처분하였을 것으로 보인다. 허화평은 최근까지 〈중요 보고서〉란 것은 알지 못하고 처음 듣는 소리라고 했다.

제2화 계엄사령부 내 합동수사본부 설치 및 합동수사본부장에 임명된 전두환

■ **한용원 중령에게 5·16 혁명 관련 연구 하명**

전두환 장군은 10·26 사건이 일어난 후 밤 9시경 보안사령부에서 한용원 중령에게 '허화평을 만나 업무 지시를 받으라'는 지시를 하였고 허화평은 한 중령에게 '5·16 혁명에 대한 연구를 해서 보고하라'는 지시를 하였다. 한용원 중령은 이날 〈허화평이 5·16 군사혁명 당시 군부가 정국을 장악한 사례를 현실에 적용하려는 의도가 있다.〉는 인상을 받았다고 저서에 기록하였다.

◾ 시위 진압 충정 계획에 의한 '합동수사본부' 설치

10·26 사건이 일어나자 전두환 사령관은 밤 12시경 법무참모 박준광 소령을 육군 본부 보안부대로 호출하여 지난 7월에 검토한 바 있는 계엄사 합동수사본부 조직 보고서를 작성케 한 후 이를 정승화 참모총장에게 보고하여 결재를 받았다. 전두환 보안사령관은 정승화 계엄사령관으로부터 새벽 2시 '합동수사본부장' 임명을 받고, 새벽 4시 보안사령부로 돌아와 합동수사본부 업무를 시작하였다.

'합동수사본부' 설치 근거는 계엄법에 있는 것이 아니고, 육군본부의 비상사태 조치계획인 〈충정계획에 합수본부를 둘 수 있다.〉는 조항을 근거로 계엄사령부 내에 합동수사본부를 설치하게 되었고, 평소에 이러한 기능을 수행하고 있는 보안사령부에 합동수사본부를 설치하게 되었다.

◾ 전두환을 합수본부장으로 임명한 정승화 계엄사령관의 실수

10·26 사건이 일어난 지, 4시간이 지난 시점에 합동수사본부장에 보안사령관이 임명되었다. 정승화 총장이 합동수사본부장에 전두환 보안사령관을 임명한 것은 실수였다. 자신의 권한을 원만히 수행하기 위하여 김진기 헌병감에게 합동수사본부장 직을 임명하고 보안사령부와 별도로 운영하였더라면, 상황은 많이 달라졌을 것이라 예상할 수도 있었다.

제3화 합동수사본부장의 참모총장, 대통령 직권 조사를 막은 박준광 법무참모 공로

　박 소령과 필자는 1979년 보안사에서 같은 시기에 근무했으나 교분이 없어 잘 몰랐다. 2021년 김영삼 변호사와 같이 우연히 만나보니 같은 시기에 박 소령은 사령부 법무참모로 근무하였고 필자는 특전사령부 보안반장으로 근무했었다.

　10·26 이후 계엄이 선포되자 보안사령관이 박 소령에게 "계엄 후에도 보안사령부가 중앙정보부를 조종, 통제, 감독할 수 있는 방안을 연구 보고하라"는 지시를 하였다. 이때 박 소령이 "중앙정보부는 〈법〉에 의해 만들어진 상위 기관이고 보안사령부는 〈대통령 령〉에 의해 설치되었기 때문에 하급 법인 대통령 령에 의해 만들어진 보안사령부는 계엄이 아닌 평시에는 중앙정보부를 조종, 통계, 감독이 불가능합니다."라고 보고를 하였다. 이에 전두환 보안사령관이 매우 못마땅해 하였다고 박 소령이 전해 주었다.

　며칠 후 전두환 보안사령관이 재차 매우 어려운 임무를 박 소령에게 주었다. 즉 합동수사본부장이 직권으로 참모총장, 대통령까지 조사할 수 있는 법적 근거를 찾아보라고 하였다. 그런데 박 소령은 며칠간 고민하다가 사령관에게 그런 규정은 찾지 못하였다는 보고를 하였다.

　이 보고를 받은 사령관이 "그러면 규정을 새로 만들거나 법을 고치는 방안을 연구하라."고 지시하였다. 이때 박 소령이 "그건 불법입니다. 합동수사본부장은 대통령과 계엄사령관의 부하입니다. 부하가 상관을 직권으로 조사할 수는 없으며 이런 법을 만들 수가 없습니다."라고 한 후 전두환 사령관은 더 이상 박 소령을 찾지 않았다.

그런데 허화평은 그 당시부터 합동수사본부장이 참모총장과 대통령이 비리가 있을 경우, 직권 조사를 할 수 있다고 주장하였으며, 2012년 《월간 조선》 기고문에서도 합동수사본부장이 참모총장을 연행, 구속시킨 것은 합법이라 하였고 지금도 합법이라는 주장을 하였다. 그리고 최근까지도 12·12 사건은 쿠데타가 아니라 합법이기 때문에 죄가 없으며 처벌 받은 것은 부당하니 재평가를 해야 한다고 여러 언론에 나와서 주장하였다. 이에 필자는 2023. 6. '팬앤마이크 뉴튜브'에 출연하여 허화평의 거짓 주장에 대하여 5회에 걸쳐 5시간 비평을 한 후 지난 과오를 반성하고 자숙할 것을 공개 요청한 사실이 있다.

돌이켜 보면 박 소령이 소신 있는 결단으로 법을 지키고 무법천지를 만들려고 하던 전두환과 그 추종세력 허화평으로 하여금 터무니없는 생각을 좌절시킨 박 소령이야말로 군과 국가를 위해 큰 공적을 남긴 분이라는 찬사와 감사의 뜻을 전하고 싶다.

제4화 박 대통령 집무실 현금 9억(?) 중 일부를 횡령, 사취(?) 한 전두환의 파렴치 행위

■ 박 대통령 집무실 금고 관리 비리

1979. 10·26 후 대통령 집무실은 큰딸 박근혜나 아들 박지만을 입회시키고 비서실장 요원, 경호담당 요원과 합동수사본부장 관계자들이 합동으로 확인 후, 법적 절차에 의거 공무와 사무를 구분하여 정리했어야 했다.

1979. 10. 27 아침 박지만은 보안사령관에게 불려갔다. 그렇다면 박

지만을 데리고 박 대통령 집무실을 가 보는 것도 생각해 볼 수 있었지만, 전두환은 박지만에게 아버지 집무실을 보여주지 않았다.

 가장 큰 잘못은 집무실 내 박 대통령의 사물에 해당하는 것은 유족 입회하에 유족에게 넘겨주어야 하나 이를 무시하였고 전두환은 박 대통령이 남긴 현찰을 보고 물욕을 내고 합당한 조치를 하지않아 비난을 받았고 많은 세월이 지난 지금도 비난을 받고 있다.

 즉, 전두환은 박 대통령이 남긴 현찰이 얼마인지에 대하여 계엄사령관 정승화 계엄사령관에게 보고하지 않고 거짓말을 하였다. 전두환 주장에 의하면 "10·26 사건 수사 중 청와대에서 발견된 현금은 총 9억 원인데 그 가운데 6억 원은 유족에게 생활비로 주고 2억 원은 합수부에서 사용하고 나머지 1억 원은 총장님이 필요하신데 사용하십시오"라는 보고를 하였다.

 전두환의 월권행위에 대하여 비난을 했던 정 총장이 노재현 장관에게 보고하자 노 장관이 "나에게도 5,000만 원을 갖고 왔기에 해군, 공군 참모총장에게 2,000만 원 씩을 주고 1,000만 원은 국방부에서 썼다."고 말했다. 정 총장은 그의 저서에서 "전두환의 9억(실제 사용 총액은 9억 5,000만 원) 원이란 총액은 허위 보고였고 상당한 외화도 있었을 터인데 이에 대하여는 일언반구도 없었다."고 기록하였다.

 결론적으로 전두환은 박 대통령의 금고를 열고 남아 있던 현금을 임의대로 부당하게 처리한 것은 확실해 보인다. 그리고 그곳에 있었을 것으로 예상되는 외화와 유가증권, 기타 값진 물건에 대한 사후 조치는 밝혀진 바 없어 전두환 장군에 대하여 의혹을 가질 수밖에 없다.

■ 김재규 추석 격려금, 전두환 500만 원, 정승화 300만 원 관련 추태

10 · 26 이후, 김재규가 정승화에게 거사를 위해 금품을 제공하였을 의혹에 대한 조사가 있었다. 조사결과 지난 추석 때 촌지를 준 것이 밝혀졌다. 백동림 수사국장이 〈정 총장은 지난해 추석 때 김재규로부터 300만 원을 받았다. 그리고 전두환 사령관은 500만 원을 받았다.〉는 조사결과를 보고 하였다.

1979. 11 . 4. 전두환 사령관은 백동림 수사국장의 조사결과 보고를 받은 후 별 반응 없이 "그러냐?" 하고 받아들이고, "돈을 내가 더 많이 받았으니 문제 삼기가 곤란하게 되었구먼." 하면서 태연하게 보고를 받았다. 그러나 속으로는 "백동림 대령을 그대로 두어서는 안되겠다. 보직 변경을 시키고 수사국장에 이학봉 대령을 임명하여 새로운 각도에서 조사를 새로 해야겠다."는 생각을 하였을 것으로 보인다.

전두환은 1979. 12. 12. 정 총장 연행을 할 때 허삼수가 "총장님이 김재규로부터 자금을 얻어쓴 것이 발각되어 조사가 필요하니 녹음 시설이 되어있는 장소로 가자고 거짓말을 했다"는 이야기를 알고 있었을 것으로 판단된다. 즉 합동수사본부장이 계엄사령관에게 거짓 보고를 한 내용은 첫째, 권정달 정보처장이 간다고 속였고, 둘째, 최 대통령으로부터 총장연행 재가를 받지 못했음에도 연행 재가를 받았다고 거짓말을 하였고, 셋째, "정 총장이 김재규로부터 돈을 받은 것이 추가로 발견되어 조사를 해야 하니 연행 재가를 해 달라"고 거짓말을 하였다 .

뿐만아니라 전두환 사령관 자신도 최규하 대통령에게 거짓말을 하면서 총장 연행 재가를 요구했다. 하지만 최 대통령이 재가하지 않았다.

전두환은 거짓으로 돈 관련 비리로 참모총장을 잡아넣으려고 하였다. 일국의 대통령 그리고 참모총장에게 허위 보고를 하고 직속 상관을 연행하면서 발포를 하고 총장을 연행한 것은 불법이었다. 일국의 대통령이 되겠다는 자와 이런 자를 대통령 만들기 위하여 살인을 마다하지 않으니 세월이 지난 지금 되돌아 보아도 얼굴이 붉어진다. 그럴듯한 구실은 없었단 말인가?

제5화 전두환의 박 대통령 가족에 대한 의리 배반, 배은망덕한 행위

■ 박지만에 대한 전두환의 의리 배반

1979년 10·26사건 다음날 아침, 전두환 장군으로 부터 박지만 소위에게 '전두환 보안사령관이 아버지처럼 잘해줄 것'이라는 뜻을 전하고 "나(전두환)와 박지만 군을 전화로 연결시키라"는 지시를 받았다.

특전사령부 연병장에서 총검술을 하고 있던 박지만 소위를 보안반으로 데려왔다. 당시 그는 아버지 사건을 모르고 있었다. 박지만 소위에게 간단하게 전두환 사령관의 뜻을 전해 주고, 박지만 소위와 전두환 장군과 전화를 연결시켜 준 후, 박지만을 지프차에 태워 전두환 사령관에게 보내 준 일이 있었다.

그런데 세월이 지나고 보니 10·26 다음날 전두환 장군이 "아버지 같이 보살펴 주겠다"던 약속은 잊어버린 지 오래고, 내가 언제 그런 말을 했느냐는 듯이 의리를 지키지 않았다. 필자는 미국에 거주하면서 전 대통령 통치 기간 중에 박지만이 장기간 방황하는 모습을 보고 마음이 아팠다.

전두환 사령관이 필자에게 "내가(전두환) 있으니 걱정말라고 안심시켜라. 그리고 내가 아버지 대신 돌봐 줄 것이라는 말을 전하라"고 하였던 이 약속은 오래지 않아 거짓말이 되어 버렸다. 전두환 장군이 진정으로 박정희 대통령을 위했더라면 박지만 군이 이런 지경에 빠지지는 않았을 것 아닌가? '얼마나 괴로웠으면 저렇게 되었을까' 하고 안타깝게 생각했다.

박지만의 보도를 접할 때마다 박지만 씨가 그럴 수밖에 없었을 것이라고 이해를 하면서 전두환을 원망했고, 전두환 장군의 배신에 분노했다.

■ 박근혜에 대한 의리 배반

10·26 사건 6개월 후, 1980년 5월 17일 계엄을 선포한 후 권력형 부정축재자 조사 명단에 박정희 대통령이 포함된 기사가 신문에 크게 보도된 일이 있었다. 이때 필자가 "이렇게 해서는 안 된다"는 보고서를 냈다. 그리고 즉시 없던 일로 처리된 일이 있었다. 당시 관계자로부터 박근혜에 대한 조사를 하려고 했다는 이야기를 들었던 기억이 난다.

이 사건 이후 전두환은 박 대통령 이미지를 지우기 위하여 박근혜의 외부 활동을 금지시켰고, 아버지 묘소가 있는 국립묘지에 참배도 못하게 하였으며 외부활동을 일체 못하게 하였다. 노태우 대통령 시절에도 마찬가지였다. 노태우 대통령이 1987년 6·29 선언을 한 이후부터 자유롭게 활동할 수 있었다. 혹자들은 이때 "유폐(幽閉)에서 풀려났다."고 평하기도 하였다. 박근혜 양은 다음 해인 1988년부터 추도식을 할 수 있었고 그로부터 10년이 지난 1997년에야 정치 활동을 할 수 있었다. 필자는 박근혜 전 대표가 "아버지께서 돌아가신 후 18년 동안 갇혀 산 것이나 다름 없다"고 표현했던 것을 기억하고 있다.

이런 일들은 전두환 장군 추종세력들이 전두환 장군을 대통령으로 만들기 위하여 박정희 대통령을 격하시키고 국민들로 하여금 박정희 대통령에 대한 흠모와 향수를 느끼지 못하게 하려고 한 것으로 생각되었다.

　그러나 전두환 전 대통령이 박정희 대통령이 베풀어 준 은덕에 배신을 한 것만은 그 누구도 부인할 수 없다. 이뿐 아니라 2007년 한나라당 당내 경선 당시 박근혜 후보가 궁지로 몰려 '최태민과의 아기를 가지고 있다.'는 모함이 있었을 때, 최태민과의 관계를 조사하고 그를 6개월이나 전방 3사단 보안부대에 가두어 두었던 전두환은 그런 사실이 없다는 것을 알면서도 모른 체, 입을 다물고 이명박을 도운 것에 대한 비난은 피할 수 없다. 이는 고의적으로 박근혜를 외면하고 의리를 배반한 것으로 간주할 수밖에 없다.

　전두환 전 대통령 자신은 스스로 40년 이상 자신을 키워준 박정희 대통령의 은덕에 대하여 적절한 처신을 하였는지 돌아볼 필요가 있다. 전두환은 자신 스스로 박 대통령의 양아들이라고 했던 자였다. 세월이 흐른 후, 2012년 박근혜 후보가 대통령이 되기 전, 전두환 전 대통령에게 필자를 통하여 화해를 요청했으나 이를 무시하는 등 전두환은 박정희 대통령은 물론 그 아들 박지만 그리고 박근혜에 대한 의리를 저버렸다는 것은 자명한 사실이다.

■ 2012년 귀국하여 전두환과 박근혜 간의 화해를 주선했던 필자

　2011년 박근혜 대표가 김무성 의원과 같이 LA를 방문 시 필자가 쓴 책 두 권을 박근혜 후보에게 전해 준 일이 있었다. 이 책에서 필자는 전두환 장군이 박정희 대통령은 물론, 자녀들에 대해서도 의리를 지키지 않았다고 기록하였다. 이 책을 읽어본 박근혜 후보의 요청을 받고 2012년 귀국하여 박 후보를 면담을 했을때 박 후보가 전두환과의 화해 주선 요청이 있었다.

2012년 말, 귀국하여 박 대표가 제안한 전두환 전 대통령과의 화해를 정호용 장군과 같이 추진했으나 전두환 전 대통령이 불응하자, 이학봉 민정수석을 통하여 재차 진행한 결과 전두환 대통령은 사과를 하겠다고는 하였으나 실행에 옮기지 않았다. 사과 뜻만 전달한 상태에서 2013년 초, 박 대통령은 전두환 전 대통령에 대한 추징금을 회수하라는 조치를 하였다.

이때 여러 언론 기관에서 추징금 회수는 박근혜 대통령이 그동안 전두환 전 대통령에게 섭섭했던 것들에 대하여 보복하는 것이라는 여론이 일자, 필자가 여러 방송국에 나가서 전 대통령이 사과하겠다는 뜻이 박근혜 대통령에게 전달되었기 때문에 보복하는 것이 아니라는 내용의 TV 대담을 10여 차례 하면서 동시에 전 대통령이 광주 시민과 화해하고 국민 대통합에 참여하는 것이 바람직하다는 이야기를 공개적으로 방송한 일이 있었다.

◾ 1980년 전두환 집권을 위한 박정희 대통령과 박근혜 핍박

전두환 추종세력들이 전두환 장군을 대통령으로 옹립하자는 움직임이 있은 후부터, 다시 말하면 전두환 장군이 대권을 꿈꾸면서부터 상황은 달라지기 시작하였다. 즉 박정희 대통령과의 차별화를 시작하였다. 일부 사람들은 이때부터 전두환 전 대통령이 박정희 대통령에 대한 의리를 배신하게 되었다고 생각한다.

1974년 이후 영부인 역할을 6년간 해 왔던 박근혜는 전두환에 의해 활동에 제약을 받았다. 신당동 집에서 어린이대공원, 육영재단 출퇴근 외에는 활동의 제재를 받았고, 그중에 가장 힘들었던 것은 박정희 대통령 추도식마저 올릴 수 없도록 하는 등 전두환 전 대통령 재임 기간 7년 동안 마음고생을 많이 하였다.

■ 박근혜에 대한 8가지 의리 배반

전두환은 박근혜에 대한 의리를 지키지 않았다. 2011년 필자가 귀국하여 박근혜를 만났더니 대충 8가지 의리 배반을 한 것을 확인하고, 박근혜 대표의 요청으로 전두환의 사과와 화해 주선을 한 일이 있었다. 하지만 전두환은 사과를 건의한 정호용 장군에게 일체 사과할 일이 없다고 하였다.

재차 이학봉을 만나 8가지 사과를 하는 것이 좋겠다 하였더니 전두환 전 대통령이 사과를 하겠는데 2013년 새해에 세배를 오면 그때 하겠다고 하였다. 그런데 박 대표가 세배를 가지 않았고, 그 후 사과를 하지 않았다. 박 대표가 대통령에 당선된 후 추징금을 내도록 조치했다.

참고로 박근혜가 전두환에게 섭섭했던 8가지 일들은 다음과 같다.

1) 5·17 후 박 대통령을 부정축재자 조사 대상을 지목한 일
2) 최태민 목사 조사 및 6개월간 전방 군부대에 강금한 일
3) 박 대통령 제사 때 묘소 참배 금지한 일
4) 육영재단 운영 방해한 일
5) 박지만에 대한 의리 배반
6) 2007년 당내 경선 시 아이가 있다는 이명박 언동에 대한 최태민

조사결과 진실을 밝히지 않고 침묵으로 이명박 지지한 일
7) 전두환 정권 이래 18년 동안 유폐 생활을 한 일
8) 박 대통령 집무실 수색 후 현금을 임의 집행한 일 등이 있다.

제11부

1979년 12·12 쿠데타로 대통령 반열에 진입한 전두환

제1화 | 1963년 7·6 쿠데타 모의 후, 쿠데타에 의한 집권 준비를 해 온 전두환과 허화평

■ 1963년 쿠데타 음모 전과자, 16년 후 쿠데타로 정권 창출

전두환 대위는 1961년 5·16이 나자 지지행진을 주도한 이후 국가재건최고회의에 근무하다가 1963년 중앙정보부 인사과장으로 근무 당시 김재규 중앙정보부장으로 근무 중이던 노태우 대위 등 육사 11기 출신 9명과 쿠데타를 음모하였고, 이때 육군 중위이던 허화평과 장석규가 혁명 동지로 가담한 전과가 있고 16년 후 12·12 쿠데타를 주도하였다.

■ 쿠데타 주 세력인 '하나회' 보강

당시 방첩부대장 정승화 준장에게 적발되어 구속 조사 중 대통령에게 보고 과정에서 전속부관이던 동기생인 손영길 소령(증인)의 도움으로 전역을 면하고 군에 근무할 수 있도록 방면된 후, 지속적으로 인재를 발탁하여 군내 비밀 정치 조직인 '하나회' 조직을 약 200여 명으로 강화한 후 12·12 쿠데타를 일으켰다.

■ 윤필용 장군과 동기생 손영길 장군 제거 시, 쿠데타 음모로 모함한 전두환

1973. 1. 1 준장으로 진급한 후 전두환과 노태우는 박종규 등과 모함하여 후원자이던 선배 윤필용 장군과 육사 11기 동기생 손영길 장군 제거 공작에 가담하였다. 이유는 윤필용 장군과 손영길이 존재하는 경우 자신의 대권 계획이 이루어질 수 없다는 판단을 하고 위 두 명의 방해자와 경쟁자를 제거하는 데 적극 동참하였다.

이 사건으로 윤 장군과 손 장군을 제거한 후 1974년 이후 대권 경쟁자 없이 정권을 잡을 수 있는 탄탄대로가 열렸다. 12·12 쿠데타를 성공시킨 노태우는 전두환을 보고 "각하!" 하면서 거수경례를 했다. 군부에서는 정권을 잡은 것으로 간주했다. 즉 대통령 반열에 올라섰다는 것을 부정하는 사람이 없었을 정도였다.

제2화 | 차지철에게 아부하여 보안사령관에 등극한 전두환의 처세술

■ **전두환과 차지철 인간관계, 인생 역전 드라마**

차지철과 전두환 인연은 1952년에 시작되었다. 차지철은 용산고등학교 졸업 후 육사 12기로 응시하여 낙방한 후 일반 장교로 2년 먼저 임관하여 군으로는 전두환의 2년 선배이지만 나이로는 전두환(31년생)이 차지철(34년생)의 3년 선배였다. 공수부대 근무 시 미국에 교육을 다녀올 당시 전두환을 보고 차지철보다 나이가 많으니 "형님, 형님" 하였다. 허화평이 전두환보고 형님이라고 불렀다는 것은 이때 이야기였다.

■ **전두환이 차지철을 형님이라고 부르게 된 경위**

1961년 5·16 혁명 당시 차지철은 혁명 주체 세력인 데다 군으로 2년 선배이기 때문에 전두환이 차지철보고 "형님"이라고 불렀다. 그런데 1963년 민정 이양 후 차지철은 국회의원 3선을 하였고 국방위원장을 역임하였기 때문에 전두환은 연장자였지만 공식적으로 장관급 상관으로 예우를 하고 개인적으로 형님으로 예우를 하지 않을 수밖에 없었다. 앞으로 출세를 하려면 차지철에게 아부를 하지 않을 수 없었으니 인간관계가 역전되었다. 전두환은 장관급 경호실장이고, 차관급인 중장인 경호실 차장 밑에 작전차장보가 되었다.

1976년 차지철 심복이 된 전두환과 노태우

■ 1973년 윤 장군 사건 관련 이후락 부장마저 떠난 외롭고 쓸쓸한 청와대

이후락은 박 대통령의 오랜 측근인 박종규와 같이 박 대통령의 최측근 인물이었다. 5·16 혁명 당시 홍보수석이었고 윤 장군 후임 비서실장을 1963~1969년까지 6년 역임하고 주일 대사를 거쳐 1970. 12월부터 1973. 12월까지 중앙정보부장을 역임했다. 1972년 북한을 다녀온 후 7·4 공동성명을 발표한 거물이었다.

그런데 1973년 초 윤 장군이 이후락 부장에게 박 대통령 후계자가 되어야 한다는 언동을 한 것을 박종규, 신범식, 전두환, 노태우가 모함하여 1973. 3. 윤 장군과 손 장군이 구속되는 사건에 연루되었다. 이를 만회하기 위하여 1972년 유신 혁명 이래 일본에 거주하던 김대중을 국내로 납치한 사건의 책임을 물어 중정부장을 사임하였고, 그 후임에 김재규를 재등장시켰다.

이로써 박 대통령은 자신의 최측근으로 20년 가까이 보필해온 윤필용, 손영길, 이후락을 떠나보내고 1974년 육 여사가 서거하고 박종규마저 떠나자 청와대에는 비서실장 김정렴과 차지철만 남았다. 측근 모두를 잃어버린 청와대는 지켜줄 인재가 없는 삭막한 곳으로 변하고 못난 인간 차지철이 부통령 대우를 외치는 전두환의 "경호실장을 향하여 받들어 총!" 하는 목소리만 우렁차게 울려 퍼졌다.

■ 문세광의 총탄에 희생된 영부인 육 여사 서거

1974. 8. 15. 당시 문세광이 일본에서 입국하여 광복절 기념식에 권총을 차고 입장, 총을 난사하여 육 여사가 서거한 사건이 일어난 배경에는 73년 3월 소위 말하는 윤, 손 장군 쿠데타 음모 사건이 그 원인이었다. 위 두 사람이 제거된 대한민국의 경호, 경비가 무너졌고 국기가 흔들리기 시작한 신호탄이었다. 이 사건으로 중앙정보부, 보안사령부까지 모두 제정신이 아니었다.

육 여사가 서거한 후 박종규 경호실장이 사임하고 차지철이 경호실장이 되었다. 73년도 윤 장군 사건이 없었더라면 경호실장 1번 후보는 윤필용 장군이었고 2번 순위는 손영길 장군이었지만 그들은 형을 살고 있어 경쟁자가 되지 못하였고 차지철이 단독 후보로 경호실장이 되었다.

■ 차지철의 독주, 장관급으로 격상된 경호실장 차지철

차지철은 차관급 경호실장 서열을 장관급으로 격상시키고 경호실 차장에 차장급인 육군 중장(육사 9기 정병주 소장, 육사 8기 이재전 중장)을 보직시키고 1976년 1공수 여단장 전두환 준장을 경호실 작전차장보에 기용하였고, 다음 해는 노태우 준장 연이어 김복동 준장을 보직시켰다.

단독으로 제2인자(부통령)가 된 차지철에게 전두환은 아부하지 않을 수 없었다. 반면에 차지철은 육사 11기 출신 장교들을 육사 8기 차장 밑에 작전차장보로 기용하고 철저한 상하 관계를 유지하려 하였다. 자신의 심복으로 만들고 권력을 휘두르며 권력을 만끽하였다.

제3화 경호실 작전차장보에 기용된 전두환의 초라한 변신

1976년 경호실 작전차장보에 기용된 전두환은 차지철에게 충성을 다하였다. 매주 토요일마다 경호실 국기 하기식 행사로 열병식을 거행하면서 제병지휘관이 되어 차지철을 대통령 모시듯 하였으며 사열 행사를 하였다. 이렇게 차지철 사단의 총애를 받은 결과 1978년 제1사단장으로 기용되었다. 이 당시 차지철은 경호실장보다 높은 부통령의 권좌에 오른 것처럼 행세를 하고 있을 때였다.

■ 부통령 행세를 한 차지철

차지철은 1976. 12. 김재규가 중앙정보부장에 취임한 지, 1년 후 1978년부터 김재규 부장과 보안사령관은 박 대통령 독대 시 경호실장인 자신의 허가를 먼저 받으라고 요구하였다. 이유는 자신은 육체적 경호뿐만 아니라 정신적 경호도 해야 한다는 이유를 달았다.

뿐만 아니라, 심지어 나이가 8살이 많은 김재규(26년생) 부장과 11살이 많은 보안사령관(23년생) 진종채 장군, 김계원 (23년생) 비서실장에게도 존댓말을 쓰지 않고 하대를 하는 등 오만방자하였고 자신이 부통령이나 된 듯 행패를 부렸다.

■ 진종채 보안사령관 구속 지시를 한 차지철

 1979.2. 차지철 경호실장은 나이 많은 진종채 보안사령관을 해임시키고 자신의 심복인 전두환을 보안사령관으로 기용하기 위하여 진종채 장군을 구속시킬 준비를 하고 있었다.

 구속 지시를 한 이유는 1977. 10 제20사단 대대장 월북 사고가 났을 때 진종채 보안사령관이 대통령에게 최초 보고 시, 월북한 것이 아니고 납치된 것 같다고 보고한 것을 빌미로 구속시키려 하였다.

 다행히 이날 경호실 근무 친구 덕분에 차지철의 의중이 진 장군에게 보고되자 진 장군은 사전에 각하에게 자진 사직서를 제출하여 2군 사령관으로 영전하고 그 후임에 전두환 장군을 보안사령관으로 기용하였다.

제4화   10 · 26 사건으로 김재규의 총탄에 쓰러진 박 대통령과 차지철

 1971년 김재규가 윤필용 장군 제거를 위한 감청 사건을 일으켰을 당시 박 대통령에 의해 좌천된 김재규는 언젠가 박 대통령에 대한 보복을 할 것을 근 10년간 다짐하고 있던 중, 차지철의 인격 모독에 격분한 김재규가 10 · 26 사건을 일으키고 말았다. 박 대통령은 친구이자 부하의 총탄에 희생되었고 차지철은 비명에 갈 처신을 했다고 봐야 한다.

지금까지 1973년 윤 장군 사건 이후 청와대 박정희 대통령이 당한 비극 그리고 앞으로 다룰 10 · 26 사건, 12 · 12 사건, 5 · 18 사건의 중심, 발단과 책임에는 박종규 경호실장과 전두환이 있었다는 사실과 1996년 전두환에게 사형이 구형되었던 이유가 있었다는 것을 대한민국 역사는 기억할 것이라고 생각한다.

제5화 10 · 26 사건은 〈우발적 단순, 단독살인사건〉 이라는 백동림 수사국장 조사 결과

■ 박종규 후임 경호실장에 상대적으로 나이가 적었던 차지철 임용

김재규 사건을 언급할 필요가 없지만, 악의적으로 국론을 분열시키는 쓸데없는 이야기가 회자되는 것을 막기 위하여 필자의 견해를 밝히고자 한다. 윤필용 장군과 손영길 장군이 제거되자 박정희 대통령의 주변에 한때 밀려났던 김재규가 더 중요한 자리에 중용이 되고 박종규 경호실장 자리에는 차지철이 보직되었다.

청와대 주변 권력자들보다 10년~12년 연하(34년생)로 나이가 젊지만, 자신의 파워가 제2인자라고 자처하는 차지철과 질투심이 강한 노련한 김재규(26년생) 사이에 벌어지는 파워 게임은 눈에 보이지 않는 혈투를 하는 가운데 수개월이 흘렀다.

들리는 이야기는 차 실장이 나이가 8년이나 더 많은 김재규 부장과 11살이나 연장자인 진종채(23년생) 보안사령관에게 반말을 한다는 이야기가 나올 정도로 안하무인이었고 도도한 가운데 불화가 심했다. 어

쨌든 두 사람은 서로 간에 성격 차이가 심했고 업무상 충돌이 잦았으며 불편한 관계였던 것은 확실했다.

10·26 사건 1주일 전, 김재규 부장과 차지철 경호실장과의 불화

10·26 사건이 나기 1주일 전 부마사태가 격렬하게 일어나고 있을 때 일이다. 김재규 중앙정보부장이 밤 12시가 넘은 야밤에 성남비행장에 나타났다. 부마사태를 두고 청와대에서 격한 감정대립이 있었고 현장에 가 보라는 지시가 있었던 모양이다. 중앙정보부장이 총리용 비행기로 부산 현지로 급히 가야 한다는 것은 처음 있는 일이고 그야말로 이례적이었다.

그날 필자는 성남비행장 관할 보안부대 일직사령이었기 때문에 현장에 나가 보았다. 김 부장이 술을 마신 것 같고 몹시 화가 난 모습이었으며 분위기가 살벌했다. 평소 친분이 있던 중앙정보부장 수행보좌관 박흥주 대령도 그날은 몹시 무거운 분위기였다. 무언가 심각한 청와대 분위기가 감지되었다.

필자의 판단으로는 이날 청와대에서 부마사태 보고 및 처리 과정에서 김재규 부장과 경호실장 차지철 간에 충돌이 있었던 것 같고, 각하께서 김 부장에게 현장인 부산으로 가 보라고 지시한 것 같았다. 그렇지 않으면 야밤에 총리 비행기로 부산에 출동할 리가 없었기 때문이다. 이날 김재규 부장이 독한 마음을 먹었고, 1주일 뒤 10·26 사건을 저지른 것이 아닌가 생각했다.

다음 날 특전사령부(필자 포함) 전 병력이 부산으로 출동하였다. 그로부터 1주일 후 부마 사태가 진정될 즈음인 10월 26일 박정희 대통령은 김재규의 총에 의해 차지철과 같이 희생을 당하는 비운을 맞았다.

제6화 조국의 민주화를 위한 〈민주 투사〉라고 허황된 주장을 한 김재규

10·26사건 이후 법정과 야당 인사들이 김재규의 행위에 여러 의미를 부여하는 이야기가 강신욱 변호사를 통하여 언론에 흘러나오기 시작하였다. 육군 교도소에 수감되어 자살을 하지 않을까 걱정이 되었던 김재규 태도가 돌변했다.

김재규는 전과는 180도 다른 태도를 보이면서 '자신이 대한민국의 민주화를 위하여 거사를 한 것'이라고 거창하게 변명을 하면서 자기는 '민주 투사'라고 호언장담을 하기 시작했다. 이에 대하여 필자는 두 가지 이유로 이들의 주장이 전혀 사실과 다른 잘못된 주장임을 밝히고자 한다.

1979년 10·26 거사를 저지른 김재규와 1971년 이후 비서로 근무한 박흥주 대령

첫째 이유는 1972년 수도경비사령부 윤필용 장군 감청 사건 당시 경

험한 바에 의하면 김재규는 시기와 질투심이 강하고, 상황을 분석하는 사고력과 판단력이 부족하여, 사전 준비나 사전 답사없이 즉흥적으로 무리한 일을 저지르고 난 후, 수습도 못하고 궁지에 몰려 좌천당하는 수모를 겪은 자이기 때문에 이 사건 또한 사전에 준비없이 우발적으로 일으킨 사건이라고 봐야 한다.

둘째 이유는 10·26사건 당일 아침 또는 몇 시간 전에 수행비서 박흥주 대령에게 거사를 이야기했으면 거사는 성공하였을 가능성이 있다고 보여졌기 때문이다. 박흥주 대령은 거사를 성공시킬 수 있는 충분한 능력과 인맥을 가지고 있는 자이고, 국가 통치 및 권력 기관 활용에 탁월한 실력을 갖춘 인물이었기 때문이다. 그런데 김재규는 사전에 박흥주 대령과 교감조차 하지 않았다.

박흥주 대령은 당일 현장에서 일을 저지른다는 이야기를 들었고 정승화 육군참모총장이 현장에 와 있었기 때문에 각본대로 준비가 다 된 것으로 판단하고 거사 후 남산 소재 중앙정보부로 가지 않고 육본으로 갔다고 진술을 한 사실이 있다. 만약 박흥주 대령이 한 두 시간 전에 알았다면 그날 밤 국방부로 가지 않고 남산에 위치한 중앙정보부로 가서 그곳에 필요한 중요인사를 불러 모아 사태 수습을 하였더라면 거사를 성공시킬 가능성을 예상해 볼 수도 있지만, 이 사건은 김재규가 우발적으로 살인 사건을 저지른 것으로 생각한다.

이렇게 평가하는 이유는 박흥주 대령이 김재규 전속부관을 하다가 506보안부대에서 필자와 같이 근무한 적이 있다. 당시 박 소령은 영등포팀장이었고 필자는 마포팀장이었기 때문에 서로 밀접한 관계를 유지하고 있었다. 따라서 필자는 박흥주 대령이 어떤 인물이며, 일을 신중히 처리하는 성격의 소유자이고, 인품과 능력이 탁월한 자였다는 것을 알고 있었다.

 이런 이유로 김재규가 즉흥적 · 우발적으로 일으킨 살인 사건일 뿐, 그들이 말하는 민주주의 국가건설을 위한 민주투사라는 말은 목숨을 건지기 위한 구실을 만든 것이고 전혀 근거가 없는 이야기로 변호사들이 꾸며낸 구명운동이었을 뿐이라는 것을 밝힌다. 이를 밝히는 이유는 항간에 김재규의 법정 진술과 사건담당 변호사들의 변론이 사실인 것 같이 김재규를 미화하는 이야기들이 오가면서 국론을 분열시키고 있기 때문에 더 이상 불필요한 이야기가 계속되지 않기를 바라는 마음으로 다시 거론하였다.

 1979년 12 · 12사건은 10 · 26사건 당시 김재규에 동조한 정승화에 대하여 조사를 하려는 것이었고, 정승화 총장 외 김재규 측근 인사들이 김재규 재판과정에서 김재규를 살리려는 움직임이 있었기 때문에 정승화 장군 조사가 불가피하게 이루어질 수밖에 없었다는 것을 밝힌다.

제7화 전두환 합동수사본부장 임명과 중앙정보부 접수

■ 중앙정보부 접수

 1979. 10. 26. 밤늦게 보안사 요원 379명과 경찰, 검찰 등 430명으로 구성된 계엄합동수사본부가 설치되고 전두환 보안사령관이 수사본부장으로 임명되었고 27일 02시 궁정동 안가 중정 경비원 무장을 해제하고 현장을 접수하였다.

 27일 06:30, 수사2국장 우경윤 범죄수사단장이 정보부 2차장실에 가서 사건 당시 안가에 가 있던 김정섭 차장보를 연행하고 07:35에 정보부 기능을 정지시키고 국장급 이상 간부들을 합수부로 연행하여 조사를 하였다.

27일 08:30, 정보부의 예산 일체 집행을 금지시키고 합동수사본부의 허가를 받도록 하였고, 정보부 통제관에 보안사 기조실장 최예섭 장군, 서울 분실장에 이상연 대령을 임명하고 모든 정보 보고는 합동수사본부에 오후 5시, 오전 8시 두 차례 보고토록 하였다.

27일 09:00 보안사 전국 부대에 그 지역 정보부 지부를 접수하라고 지시하고 27일 10:00시 김포공항 상주 정보기관과 법무부 출입국관리소를 접수하였다. 27일 14:00 김계원 비서실장과 만찬에 참석한 두 여인을 조사하기로 결정하고 28일 김계원 비서실장을 구속하였다.

28일 정보부가 관리하던 대 정부기관 정보 관리를 합수본부(보안사)로 일원화하여 보안사가 정보기관의 실질적인 중추 역할 담당토록 하였다. 정보부 예산 5억4,000만 원(2억 계엄사, 5,000만 원 국방부, 2억 9,000만 원 합수부 사용)과 정보부장 판공비를 계엄사 격려비로 전환하였다.

10·26 후 보안사의 방산 보안처를 정보처로 부활시키고 대민간 사찰을 시작하고 정치에 개입할 수 있게 하였다. 11월 초 경호실 차장 이재전 중장을 구속하였다.

11월 하순 전두환 장군은 법무참모(박준광 소령)에게 계엄 해제 후에도 보안사령부가 중앙정보부를 견제할 수 있는 방안 연구 지시를 하였다. (불가하다는 보고를 받고 매우 실망함)

10·26 후 이희성 참모차장을 중앙정보부장 서리로 임명하였으나 12·12. 사건 후인 1979. 12. 13. 이희성 참모총장 취임 후 합동수사본부 총무국장 허삼수 대령을 감독관으로 임명하였다.

제8화 〈우발적 단독 단순 살인 사건〉이 아니라는 이학봉 후임 수사국장과 5공 실세들

■ 김재규가 정승화 총장과 사전 모의 여부 조사 결과

10·26 사건이 터지자 보안사 최고의 수사관이던 마산 보안부대장은 10·26 즉시 계엄사령부 합동수사국장 임명을 받고 상경하여 김재규 조사를 시작하였다.

김재규가 정승화 총장에게 궁정동 안가에서 저녁 식사를 하자고 전화를 걸어 약속을 한 시간이 차지철 경호실장이 김재규 부장으로부터 만찬 준비를 하라는 통보를 받기 전에 약속을 하였는가 부터 조사가 시작되었다. 초점은 김재규가 정 총장과 사전에 모의를 한 사실이 있는 가였다.

궁정동 만찬도 갑자기 이루어진 것이었다. 우연히 정 총장이 궁정동에 저녁 식사를 하러 갔다가 김재규가 살인 사고를 낸 이후 동행을 하게 되었다. 경호실장 연락을 받기 전에 정 총장과 저녁 약속이 되었기 때문에 김재규 단독 살인범이라고 판단했다.

〈우발적 단순, 단독 살인〉사건이라고 밝힌 백동림 계엄사 수사국장의 저서 〈멍청한군상들〉

김재규 자신도 당일 살인을 하려고 계획하고 준비한 것이 아니라 현지에 도착하여 오늘 결행하겠다고 결심하고 난 후 박흥주 대령과 김선호 과장에게 "오늘 거사를 치른다."고 통보를 했다.

이때 박선호 과장이 "30분 여유를 달라."고 요구하였다. 즉, 오래전부터 거사를 할 생각은 있었지만 10. 26 당일 살인을 한 것은 우발적이라고 봐야 한

다. 이것을 봐도 정승화와 사전에 모의한 것이 아니라는 판단을 했다.

다른 중요한 증거는 당일 궁정동에 올 때 본인의 권총을 준비하지 않고 궁정동 사무실에 보관 중이던 권총을 사용하였다.

김재규가 궁정동을 나와서 어디로 갈 것인가에 대한 준비가 되어있지 않고 남산으로 갈 것이냐? 육군본부로 갈 것인가? 에 대하여 갈팡질팡했다. 박흥주 대령과 사전에 모의를 했다면 우왕좌왕하지 않고 바로 남산으로 가서 필요한 인사들을 모았을 것이고 상황 전개가 달라질 수도 있었다.

이상과 같은 조사 결과 백동림 수사과장은 이런 상황을 조사한 후 김재규가 단순한 우발적 살인 사건을 저지른 것이고 사전에 준비되거나 정승화 총장과 모의를 한 사건이 아니라는 수사 결과를 보고하였다. 그러나 이 보고는 전두환, 허화평, 허삼수, 이학봉에 의하여 전면 부인당하고 정승화 총장은 김재규와 모의했다는 구실로 구속되고 희생되었다.

제9화 우국일 참모장과 백동림 수사국장의 전두환 정치참여 반대 조언

백동림 수사국장은 김재규 조사 기간 중 전두환 사령관에게 정치를 하지 말라는 조언을 수차례 하였고 전두환으로부터 정치를 하지 않는다는 확답을 받았지만, 전두환은 거짓말을 하였다. 그리고 전두환 사령관에게 정치를 해서 정권을 잡아야 한다고 충동질하는 허화평, 허삼수, 이학봉을 불러 사령관으로 하여금 정치를 하도록 권유해서는 안 된다는 주의를 주기도 하였다.

■ 정보처 조직 개편 및 권정달 대령 사령부 정보처장 임명

전두환 사령관이 10·26 사건이 난 후 최규하 대통령에게 보안사에서 일반정보를 할 수 있도록 건의하여 재가를 받은 후 1978년 폐지되었던 정보처를 살려서 일반정보를 할 수 있도록 하고 부산 대장이던 권정달 대령을 정보처장으로 기용하고 수사국장이던 백동림 대령을 부산 대장으로 좌천시켰다.

권정달 대령은 육사 15기 출신으로 하나회 회원이 아니고 보안사에서 보안업무 전문가였다. 12·12 쿠데타 당시는 보안사 내 우국일 참모장, 보안처장 정도영, 대공처장 남웅종 장군 외 다른 대령급 처장들과 마찬가지로 보안사 3인방(허화평, 허삼수, 이학봉)과 전두환 사령관으로부터 완전히 소외되어 돌아가는 상황도 파악하지 못했고 12·12 쿠데타가 진행되는 것조차 새벽 2시 정도 되어서 반대 세력의 병력 출동 저지에 가담하였다.

보안처장 정도영 역시 육사 14기 통신병과 출신으로 하나회 회원이 아니었지만, 참모장 우국일 장군 후임으로 참모장이 된 후부터 보안사 3인방에 추가되어 핵심인물로 등장하였다. 보안사 내에서 12·12 쿠데타에 참여한 자는 허화평, 허삼수, 이학봉 대령과 전두환이었고 정도영, 권정달 외에 여러 명의 보안부대원들이 12·12 쿠데타 지원 내지는 출동 저지 업무에 적극 가담하였다. 정승화 체포 이후 저녁 7시 30분 이후 보안사와 합수부는 같이 움직였다.

■ 보안사 우국일 참모장의 정치 참여 반대 건의

참모장 우국일 준장은 정통 보안부대원이었다. 10·26 사건 후, 수차에 걸쳐 전두환 사령관에게 정치에 개입하지 말라고 충심어린 조언

을 하였다.

그리고 12·12 당일 전두환 장군의 지시로 사령관을 대신하여 연희동 만찬장에 나가서 장태완, 정병주 장군을 접대하며 정 총장 연행시간에 지휘권을 행사하지 못하도록 2~3시간 발을 묶어 놓는 일에 가담하였으나 정작 12·12 쿠데타 계획은 모르고 있었다가 12·12 쿠데타 후 전역당하였다.

10·26 당시 보안사에는 군인정신이 투철한 애국자들이 있었다. 참모장 우국일 장군, 대공처장 남웅종 장군, 변규수 장군 김병두 장군, 권정달 대령, 보안사의 대공 수사 전문장교인 백동림 대령 등은 오직 군인으로 특무대 시절부터 보안사에 근무한 장교들로서 군인이 정치에 관여하는 것을 좋지 않게 생각하였다. 이들의 주장은 한결같이 군인은 순수하게 군인의 길을 가야 한다는 것이었고 혼란한 시기에 사리사욕에 빠져 정치 개입을 해서는 안 된다는 조언을 했다.

하지만 하나회 출신 보안사 3인방 허화평, 허삼수, 이학봉과 전두환은 참모장 우국일 장군과 백동림 수사국장의 조언을 마다하고 정치적 욕망을 채우기 위하여 정승화 총장 제거에 혈안이 되었다. 이들은 근본적으로 군권을 장악한 후 대권의 야욕을 가지고 있었기 때문에 정승화, 장태완, 정병주 등 반대 세력을 제거하고 '하나회' 소속 장교들을 동원하여 군권 장악을 위한 12·12 쿠데타를 결행하였다. 그것은 결국 국가의 비운이 싹트는 계기가 되고 말았다.

제12부

12·12 군사 반란 시 발포, 살인으로 군권을 장악한 전두환과 5인방

| 제1화 | 정승화 참모총장과 김재규가 사전 모의한 것으로 몰고 간 전두환 |

1963. 방첩부대장, 1977. 1군사령관, 1979. 참모총장이 12 · 12 당시 구속되는 모습

■ 쿠데타를 결행한 이유

 가장 큰 이유는 전두환이 정권 창출을 위하여 군권을 잡아야 하기 때문이었고 기회를 놓치면 정승화로부터 군권을 장악할 수 없고 좌천될 경우 모든 것을 포기해야 할 것으로 판단했다.

 김재규 재판 진행 중 변호사의 사주를 받은 김재규가 자신이 박 대통령을 사살한 것은 유신 혁명을 종식시키고 자유와 민주화를 위하여 거사를 치른 것이라는 터무니없는 변명을 하면서 자신을 민주화 투사라고 주장하였고 군 일부에서 김재규 구명 여론이 일어나고 있었다.

강신욱 변호사 등이 김재규 구명 운동을 전개하였는데 일부, 측근 장성들이 이에 동조하는 모습을 보이는 것이 가장 큰 문제였다. 그 중심에 참모총장과 장태완 수경사령관과 정병주 특전사령관, 3군사령관 이건영 장군 등이 동조하면 큰일이라는 걱정을 하였다.

12월 6일 취임한 최규하 대통령의 조각을 마치는 날이 12월 12일이었는데 조각이 발표되면 정국이 새로운 분위기가 형성되기 때문에 조각 발표 이전에 쿠데타를 종결시키려는 의도가 있었다.

■ 전두환이 정승화 총장을 구속시키려는 이유

전두환이 최 대통령에게 정승화를 구속해야 하는 이유로 정 총장이 김재규로부터 자금 지원을 받은 것을 추가로 발견했다고 한 것은 거짓이었다. 정승화 총장은 다음과 같은 죄목으로 재판을 받았지만, 모두 얽어 만든 죄목일 뿐 실제 죄는 불분명하였지만 구속되어 처벌을 받았고 후일에 전부 무죄 판결을 받았다. 전두환이 거론한 구속이유는 다음과 같다.

김재규가 살해범임을 짐작하고도 협력하다가 김계원 비서실장의 제보로 상황이 불리해지자 김재규를 체포한 죄, 김재규와 동승하여 육본 벙커로 이동 중 김재규가 주는 껌을 그가 살인범으로 짐작하고 먹지 않은 점, 수도경비사령관 전성각 장군에게 청와대 주변을 포위케 하여 김재규의 거사를 도울 목적으로 경호실 병력을 견제한 죄, 체포 시간을 끌어 계엄부대 이동 불가 시간(통금 시간)을 늘인 죄 등으로 구속하여 재판받은 결과 1980. 3. 13. 징역 10년 형을 선고받은 후 1980. 6. 12.

형 정지 처분을 받고 자유의 몸이 되었다.

■ 1979년 12월 12일에 12·12쿠데타를 결행한 전두환과 5인방

보안사령관 전두환과 3인방은 정승화 총장을 제거할 목적을 가지고 김재규와 모의한 것으로 간주하고 육군 참모총장 겸 계엄사령관의 동향을 감시, 감독하며 일반 및 군용 전화를 감청, 도청을 하였고, 심지어 가족과의 통화 내용도 감청, 도청을 하면서 정승화 체포 계획을 구체화 시키고 있었다.

반면에 정승화 참모총장의 입장에서는 직속 부하인 전두환의 직권남용, 월권 등 업무 수행에 문제가 있고 자신을 제거하려는 움직임이 있음을 감지하고 있었기 때문에 보직 해임을 시키려고 하였다.

보안사령관은 직제상 대통령, 총리, 국방부 장관, 참모총장의 직속 부하이고 합동수사본부장은 계엄사령관의 부하이기 때문에 특별한 범죄에 연루되어 조사를 해야 할 경우 대통령의 재가를 받아야 했다. 사전 재가가 어려울 것을 예상하고 총장 연행시간에 맞추어 최규하 대통령에게 연행조사 계획을 보고하고 결재를 받으려고 계획을 세웠으나 최규하 대통령은 국방부 장관의 보고가 없는 한 결재를 못 하겠다며 거절하였다.

1963년 정승화 준장이 방첩부대장이었을 시 중앙정보부장을 지낸 동기생 김재춘(육사 5기) 장군이 12월 초 정승화 참모총장을 방문하여 전두환, 노태우의 반격이 있을 것을 주의하고 대책을 강구하라는 매우 민감한 조언을 한 것이 보안사에 포착된 것 등이 12월 12일 쿠데타를 결행한 원인이 되었다.

전두환과 측근 3인방은 우물쭈물하다가 기회를 놓치면 역습을 당하여 동해안 경비사령관으로 밀려날 우려가 있다는 위기감을 느끼고 거사를 앞당기기로 작정하고 병력 동원 계획을 확정한 후 최종적으로 노태우와 합의한 후 노태우로 하여금 1군단장 황영시 장군에게 거사 계획을 통보하고 당일 출동할 부대를 대기시켰다.

그리고 정 총장 연행시간에 맞추어 수경사령관 장태완 장군과 특전사령관 정병주, 헌병감 김진기 장군 등을 연희동 식당으로 유인하여 헌병단장 조홍의 대령 진급 축하연을 열고 총장 연행시간에 부대 지휘를 못하도록 하는 계략을 수립한 후 거사 일정을 12월 12일 저녁 7시로 확정지었다.

군부에 알려진 바로는 정승화 계엄사령관이 1979년 12월 9일 노재현 장관과 협의하여 전두환 장군을 동방사로 보내기로 하고 김재규 1심 판결 후인 15일 이후로 하자는 협의가 있었으나 이런 상황이 보안부대에 구체적으로 알려진 것이 12·12 쿠데타를 결행하는 요인이 되었다.

제2화 12·12 당일 전두환이 허삼수에게 참모총장 정승화 장군 체포를 지시한 거짓 이유

■ 12·12 당일 결행하려고 한, 네 가지 계획

전두환은 군권을 장악하기 위하여 12·12 쿠데타 결행 당일 네 가지 계획을 준비 하였다. 첫째, 하나회를 중심으로 동조 세력을 규합하여 장세동 대령이 지휘하는 30경비단에 지휘소를 설치하고 상황실을 운영할 것. 둘째, 참모장 우국일 장군으로 하여금 장태완, 정병주를 작전을 할 수 없도록 무력화 시킬 것. 셋째, 허삼수 대령으로 하여금 서빙고 수사관들을 동원하여 정승화 총장을 서빙고로 연행할 것. 넷째, 본인이 정승화 연행시간에 맞추어 최규하 대통령의 재가를 받을 것

이상 네 가지 계획 중 세 가지는 2주 전부터 5인방(장세동, 허화평, 허삼수, 이학봉, 김진영)과 준비해 왔기 때문에 문제가 없었지만, 사실상 가장 어려운 일은 정승화 참모총장을 연행하는 시간 전에 대통령 재가를 받는 일이었다. 이를 위하여 전두환은 12·12 당일 오후 4시 부관 황진하 소령에게 중앙청 대통령 비서실에 면담 요청을 하라는 지시를 하고 대통령과 독대 시간을 오후 6시 30분으로 배정받았다.

전두환은 최규하 대통령에게 거짓 보고를 하였다. 즉 정승화 총장이 김재규로부터 돈을 받은 새로운 사실이 발견되는 등 10·26 사건과 관련하여 정 총장을 연행조사 해야 하니 재가를 해 달라고 하였다. 허삼수도 정 총장에게 김재규로부터 금전을 받은 것에 대한 조사가 더 필요하니 녹음 시설이 되어있는 곳으로 가자고 하였다. 실제로 김재규로부터 전두환은 500만 원, 정승화는 300만 원을 받았는데 이런 거짓말을 전두환은 최 대통령에게 허삼수는 총장에게 사기를 쳤다.

전두환이 더 파렴치한 행위를 한 것은 박정희 대통령 집무실을 뒤진 후, 얼마의 돈이 나왔는지는 전두환 외 아무도 모른다. 전두환이 불법 사취하였다. 전두환 스스로 밝히기를 9억 원이 나왔는데, 6억 원은 박근혜에게 주고 3억 원은 자기 마음대로 썼다고 했다.

뿐만 아니라, 전두환은 1979. 11. 6. 10·26 수사결과를 발표하면서 정 총장은 혐의가 없다고 하였다. 그리고 돈 문제에 대하여 본인 스스로 시비할 수 없게 되었다고 백동림 대령 보고 시 언급했었다. 이런 걸 보면 정 총장에겐 아무런 잘못이 없다는 것을 공개하였음에도 재차 정 장군을 연행 구속시키려는 전 장군이 어떤 인간인가를 알 수 있다. 다

시 본론으로 돌아가면 전두환은 오후 6시 20분 이학봉 수사국장을 대동하고 총리 공관에 도착하였고 전두환 혼자 1층 접견실에서 대통령에게 보고하였다. 이때 최 대통령은 국방부 장관이 보고토록 하라며 재가를 하지 않았다. 전두환은 전례를 들면서 재가 요청을 하던 중 7시 50분경 이학봉으로부터 정 총장을 연행했다는 보고를 듣고 최 대통령에게 이미 정 총장을 연행하였다는 보고를 하였다.

하지만 최 대통령은 재가를 하지 않았고 전두환은 8시 30분 30대대로 돌아왔다가 10시 30분 유학성, 황영시, 차규헌, 백운택, 박희도 등 6명이 집단으로 총리 공관을 방문하고 협박조로 재가해 줄 것을 강요하였다. 그러나 최 대통령은 장관과 같이 오라고 하며 재가를 하지 않았다. 새벽 4시 노 장관이 나타나 04시 10분 전두환 사무실에서 만난 후 05시 7분 장관과 보안사령관 과 함께 총리 공관으로 출발 05시 10분 최 대통령이 재가한 후 05시 10분이라 명시하였다.

■ 허삼수 대령에게 참모총장 정승화 연행 지시를 한 전두환

전두환은 1979년 12월 12일 오전 10시 합수부장 사무실에서 허삼수, 이학봉, 우경윤 대령에게 정 총장을 연행하여 서빙고에 구속시키라는 지시를 하였다. 이 자리에서 협의 끝에 전두환이 부관 황진하에게 정 총장 수행부관 이재천 소령에게 전화를 걸게 하여 "오늘 권정달 보안사 정보처장이 퇴근길에 정 총장에게 전달할 급한 보고서를 가지고 가겠다"고 하면서 서빙고 분실 차량 번호를 알려주었다.

전두환의 이 지시는 불법이고 군기를 파괴하고 군 지휘체제를 무너뜨리는 군사 반란을 일으키는 것이고 체포과정에서 반기를 들 경우 발포를 하여 사살하라는 지시를 한 것은 살인죄에 해당하는 지시를 한 것이었다.

필자가 전두환과 거리가 멀어진 것은 1973. 3. 윤 장군 사건 당시 박종규와 같이 윤 장군과 손 장군을 모함하여 구속시키는 것을 보았을 때였고, 1980. 1. 전두환에게 대통령 하려고 하지 말고 군으로 돌아가라 한 것은 12·12 당시 전두환이 허삼수에게 정 총장을 연행하면서 발포를 하게 하였고, 특전사에서 김오랑 소령을 희생시킨 잘못이 있기 때문이었다.

■ 허삼수가 정 총장을 연행할 당시 저지른 범죄 행위

1979. 12·12. 오전 10시 허삼수는 전두환으로부터 정 총장을 연행하여 서빙고에 구속시키라는 지시를 받고 오후 3시경 최석립 33헌병대장을 대동하고 한남동 공관촌 현장 답사를 마쳤다. 동일 오후 6시 서빙고 분실에 헌병 성환옥 대령, 최석립, 이종민 중령과 서빙고 수사관 7명(김대균, 한길성 소령, 김덕수, 신동기, 이장석 양일근 준위, 박원철 상사 등)과 서빙고 분실에 집결하여 연행 임무 분담을 시키고 무장을 하였다.

권총과 실탄을 배부하고 M16 소총 6정은 보안사령관 승용차 트렁크에 싣고 5대의 승용차(마이크로버스 2대, 지프 2대, 세단 1대)에 분승하여 18시 50분에 총장 공관으로 출발하였다. 18시 55분 검문 절차를 마치고 총장 공관에 도착하였다.

허삼수와 우경윤 대령은 총장 수행부관 이재천 소령 안내로 응접실로 들어가고 보안사 조사관 3명은 부관실로 가서 수행부관 이재천 소령과 경호 장교 김인선 대위 동태를 감시하고 있었다. 이 시간에 정 총장은 저녁 식사를 마치고 외출 준비를 하며 TV를 시청하고 있는데 수행부관 이재천 소령이 보안사 정보처장이 방문하였다는 보고를 하자 의아해하였다. 이유는 2시간 전 전두환 합수부장을 만났는데 아무런 말이 없었기 때문이었다.

잠시 후 정 총장이 2층 거실에서 내려오자 허삼수 대령이 "대통령의 결재를 받았다."고 거짓말을 하면서 "김재규로부터 돈을 받은 사실에 대하여 진술을 받아야 하겠으니 녹음 시설이 되어있는 곳으로 가 주셔야 하겠습니다."라고 하였다. 이때 정 총장이 "대통령 재가 여부를 확인해야겠다"며 이재천 부관을 불러 "대통령이나 장관을 바꾸라는 지시를 하겠다"며 요구에 불응하자 둘이서 양팔을 끼고 밖으로 나가려 하였다.

이재천 부관이 전화를 하려는 순간 합수부 조사관 김대균, 한길성, 박원철 상사 등 세 명이 상급자인 이재천 소령과 김인선 대위를 살해하려고 권총을 난사하여 머리와 복부에 총상을 입혔다. 이 무렵 우경윤 대령은 자파 수사관의 오인사격으로 쓰러지자 수사관 한길성 소령이 정 장관의 팔을 끼고 연행하였다.

이때 부관실에서 나온 박원철 상사가 밖으로 나가 M16 소총을 가지고 들어오면서 개머리판으로 응접실 대형 유리를 깨고 M16 소총으로 정 총장을 위협하면서 끌고 나와 보안사령관 승용차 슈퍼살롱에 태워 서빙고 분실로 강제 연행하였다.

서빙고 수사관은 머리와 복부에 총상을 입고 기절했지만 살아났다. 이재천 소령은 한길성 소령으로부터 권총 손잡이로 두부 가격과 사격을 받고 기절했다. 김인선 대위는 박원철 상사로부터 권총 손잡이로 두부 가격을 받았고 김대균 소령으로부터 5발의 총탄을 맞고 기절하였다. 3발은 관통상 한 발은 척추, 나머지 한 발은 얼굴에 박힌채 수술도 하지 않고 퇴원하는 기적을 남겼다.

척추와 얼굴 총상은 치명적이었지만 부작용없이 완치되었다. 이 기적에 대하여 김인선 대위는 "내가 믿는 하나님이 살려주었다."고 신앙고백을 하였다. 참으로 가슴 아픈 이야기가 아닐 수 없다. 전두환과 허삼수 그리고 총격을 가한 자들의 반성과 참회가 있어야 한다고 생각한다. 슬픈 이야기다. 모든 것 잊고 건강하고 행복한 삶을 영위하기를 기원한다.

제3화   정병주 사령관 체포와 김오랑 소령 전사(戰死) 사건의 진실

■ 정병주 특전사령관의 경력

육사 9기 출신으로 정통 특전사 출신 장군이었다. 1967년 제1공수 여단장을 지내고 1974년 차지철 밑에서 경호실 차장으로 근무한 후 1975년 특전사령관으로 근무 중이었다. 경북 영주 태생으로 세련되지 못한 언행으로 전두환의 하나회와 거리가 있었다. 따라서 예하 여단장들이 정 장군의 혜택을 입은 자들이고 심복처럼 보였지만 실제로 9여단장 윤흥기 장군 외 1, 3, 5, 7, 11, 13여단장 모두 하나회 회원으로 전두환의 심복이었다.

1970. 4. 필자는 안동 35예비사단 부대장으로 가라는 인사명령이 났었다. 그런데 사령관이 필자를 불러 특전사 반장으로 가라는 명령을 하면서 정병주 사령관이 '실력이 없고 군인정신이 투철치 못하니 잘 관찰해보고 군에서 퇴출시켜야 할 장군'이라는 이야기를 들었던바, 전두환 보안사령관이 정병주 장군을 퇴출시키려는 의사를 가지고 있었다. 그로부터 7개월이 지난 12월이 되었다.

1979. 12. 12 저녁 7시 정병주 장군은 전두환 초청 연희동 연회에 장태완 장군과 참석하던 중 전두환이 일으킨 12·12 군사 반란에 동조하지 않고 최세창 3여단장에 의해 총상을 입고 연행되었다. 당일 9여단장 윤흥기 장군만 진압군 대열에 가담했을 뿐, 이외 모든 여단장은 전두환의 12·12 쿠데타에 열렬히 가담하였고 특히 3여단장 최세창 부하의 사격을 받아 정 장군은 부상을 당하였고, 1980년 전역당한 후 1989년 자살한 것으로 알려졌지만 자살 여부에 대한 논란이 있었으나 밝혀지지 않았다. 12·12로 인하여 불운의 군인으로 억울한 생애를 마쳤다.

■ 김오랑을 사살하고 사령관에게 총상을 입힌 상관 살인미수죄를 저지른 최세창

　1979. 12. 12. 초저녁부터 30대대장실에 가 있으면서 쿠데타에 가담한 후 의도적으로 사령관 전화를 기피하여 연락이 두절되었던 3여단장 최세창 장군이 자정이 막 지난 시간에 정병주 사령관실에 나타났다. 정 사령관이 '부대 지휘를 하지 않고 근무지를 이탈'한 것에 대하여 책망하였고 최세창 장군은 "전두환 장군을 지지한다. 전두환 장군에게 가자."는 제안을 했으나 정 장군이 이를 거절하자 대화 5분 만에 사령관실을 나왔다.
　대화가 잘 안 된 상태에서 사령관실을 나오는 최세창 장군의 모습에 분노가 차 있었다. 필자가 현관에서 최세창 장군에게 "설득이 잘 안 되느냐?"고 물었더니 고개를 저으며 매우 경직된 표정으로 3여단으로 돌아갔다. 무언가 심상치 않은 사건이 일어날 것 같았다.

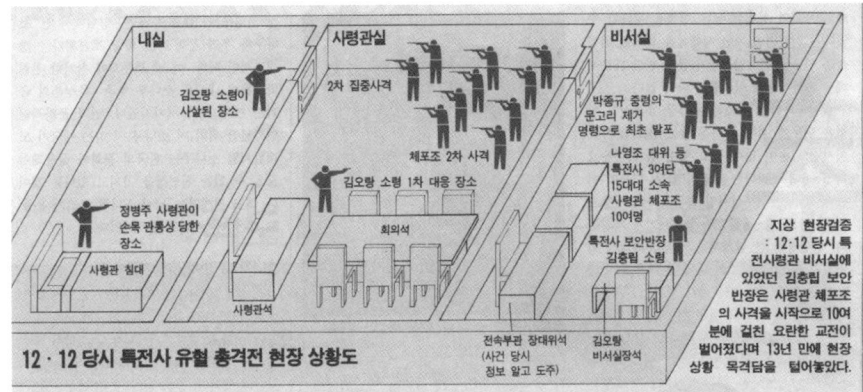

1993년 시사저널에 기고했던 12·12 당시 발포 상황

"특전사 군인들이 먼저 발포했다"

김충립 당시 보안반장 증언 / "김오랑 소령은 상관 체포 막다 사살당해"

그날 밤 서울 송파구 거여동에 있는 특전사령부 건물은 유난히 고요했다. 2층 사령관 침무실에서 이따금씩 터져 나오는 정병주 사령관의 고함만이 보이지 않는 긴장을 대변하고 있었다. 이윽고 새벽 3시께, 중무장한 군인 10여명이 사령관실로 통하는 계단을 살금살금 올라왔다. 맨앞에 선 인솔자는 특전사 3여단 15대대장 박종규 중령이었다. 계단을 다 오르자 이들은 사령관실(비서실)로 밀려들어왔다. 그로부터 10여 분간 요란한 M16소총 소리가 사령부 건물을 뒤흔들었다. 일곱 시간 전인 12월12일 오후 6시30분께 한남동 정승화 총장공관에서 울린 총성이 12·12 쿠데타의 시작을 알리는 총성이었다면, 이 시각 특전사령부에서 울린 총소리는 그 마지막을 고하는 것이었다.

총성이 멈추자 특전사 소속 군인들은 원쪽 팔에서 피가 줄줄 흘러내리는 정병주 특전사령관을 강제로 끌어내 건물 옆에 미리 대기시켜 둔 지프에 실었다. 잠시후 사령관실로부터 처참하게 일그러진 시신 한구가 들것에 실려나왔다. 사령관 비서실장 김오랑 소령이었다. 그는 12·12 주모 세력이 상관 정병주

보는 앞에서 사살당한 것이다.

12·12 쿠데타를 성공시킨 직후 합동수사본부(본부장 전두환 보안사령관)는 기자회견을 통해 그날 밤 총 23명의 사상자가 발생했다고 발표했다. 이 중 사망자는 3명으로, 김오랑 소령 외에 국방부를 지키다 쿠데타에 동원된 1공수여단 병력에게 사살당한 정선엽 병장과 함수부 헌병 박○○ 상병이다.

체포조 "먼저 쏘기에 반격했다"

사망자 중 운명적으로 쿠데타 저지 편에 서야 했던 김소령 및 정병장의 죽음에 관해서는 5·6공화국을 통틀어 공식적인 언급이나 평가가 일절 허용되지 않았다. 특히 김오랑 소령의 경우 쿠데타를 진압하기 위해 최후까지 병력 동원 노력에 분주했던 정병주 사령관을 몸으로 사수했다는 점 때문에 신군부 핵심들에게는 사후에도 '미운털'이 박혀있었다. 사살된 후 특전사 뒤 야산에서 서둘러 초라한 장례 절차를 밟았다가 김소령의 동기인 육사 25기생들의 강한 반발 등 우여곡절을 겪은 끝에 80년 2월29일 국립묘지에 안장된 것도 그때문이었다.

12·12 쿠데타는 총체적으로 역사의 심판대에 올랐다. 김대통령까지 '하극상에 의한 쿠데타적 사건'으로 12·12의 성격을 규정한 마당에 그날의 상황과 현장을 검증하는 일은 필수 과제로 대두된다. 그 중에서 빠질 수 없는 부분이 바로 김오랑 소령이 사살된 현장이다.

12·12가 쿠데타라고 결론이 모아지는 상황에서 누가 먼저 총을 쏘았느냐 하는 것은 중요한 문제가 아닐지도 모른다. 그러나 왜곡된 내용이 사건 당사자들에 대한 평가에 영향을 주거나 살아남은 자들에게 변명의 구실을 준다면 이 또한 역사의 과오를 되풀이하는 것이리라. 김오랑 소령 사살과 관련해 일반에게 알려진 내용이 바로 그런 사례일 수도 있다.

지금까지 알려진 김소령 사망 경위는, 박종규 중령이 이끄는 사령관 체포조에게 김소령이 먼저 사격을 가해서 부득이 대응사살할 수밖에 없었다는 내용이었다. 그날 밤 쿠데타를 총지휘하던 전두환 보안사령관은 쿠데타를 진압하려고 병력 동원 노력을 벌이고 있던 정병주 특전사령관과 장태완 수경사령관을 휘하 부대장들을 시켜 체포토록 명령했다. 정사령관은 특전사 3여단장 최세창 준장을,

비서실에 들어가니 김오랑 소령 혼자 앉아서 권총에 실탄 7발을 장전하고 있었다. 이때 필자가 "이럴 때 총을 가지고 있으면 안 되고 실

탄을 장전하는 건 위험해. 나 봐! 나는 총 안 차고 다니잖아."라며 실탄을 장전하지 말 것을 권유했다. 이때 김 소령은 "지금 보안사에서 쳐들어옵니다. 그래서 5분 대기조를 출동시켰습니다." 하고는 사령관 집무실로 들어간 후 안쪽에서 "딸각"하고 문을 잠그는 소리를 들었다.

 필자가 비서실을 나오려는 순간 3여단 15대대장 박종규 중령과 10여 명의 병사(김홍열, 나영조 대위, 신현수 중사 등)들이 비서실로 들이닥쳤다. 박 중령은 비서실에 아무도 없는 것을 확인한 후 사령관 문을 열려고 했으나 안에서 잠근 것을 확인하고는 문고리를 향해 "사격하라."는 지시를 내렸다. 나영조 대위와 하사관 2명 등 세 명이 M16 소총으로 무차별 난사를 하였다.

 잠시 후, 문밖에서 사격을 하고 있던 나 대위가 안쪽에서 김오랑 소령이 쏜 권총에 맞아 문 앞에 쓰러졌고 안에서 김오랑 소령이 쏜 총알이 필자 옆을 지나 벽에 부딪쳤다. 잠시 사격은 계속되었고 외부 문고리가 부서졌고 내실 문을 향한 사격이 계속되었다.

 그런데 잠시 후 5분 대기조가 출동하면 사령관을 보안부대에서 체포해갔다는 이유로 필자 등 보안반원에 대한 사격이 있을 것 같은 예감이 들어 긴급히 보안반에 달려가서 부대원들과 같이 전원 건물 밖으로 피신하였다. 그리고 필자는 건물 옆 나무에 올라 2층을 들여다보고 있었다.

 잠시 후 사격은 중지되고 정병주 사령관과 김오랑 소령은 총상을 입고 의무실로 끌려간 후 5분대기 소대가 사령부 건물을 포위하였다. 필자는 5분대기 소대장에게 작전참모 신우식 대령에게 보고하여 출입허가를 받은 후 사령관 집무실로 가서 실태를 파악했다.

 사령관 집무실은 수십 발의 총탄을 맞은 결과 벌집같이 엉망이 되었고, M16 소총과 집기들이 흩어져 있고 피비린내가 났다. 사령관 내실 문 앞에는 김오랑 소령의 피가 가득했다. 의무실에 전화했더니 김오랑 소령은 여섯 발의 총탄을 맞아 사망했고 사령관은 왼쪽 팔에 두 발의 총탄을 맞았는데 응급조치 후 서빙고로 연행되었다. 허삼수로부터 현장을 보존하라는 지시를 받았다. 이렇게 특전사령부 12·12 반란은 종결되었다.

1981년 출국 전 김오랑 묘소 참배

금실이 좋았던 김오랑과 부인 배영옥 여사

1979. 12. 12. 밤 8시경 특전사 보안반에 하달된 지시는 특전사령관을 설득하여 보안사령관에게 모셔 오라는 지시였다. 그런데 최세창 장군은 밤 11시경 "전두환 장군으로부터 정병주 사령관을 체포, 연행하라."는 지시를 받은 최세창 장군은 15대대장 박종규 중령에게 연행에

저항하면 누구든 사살하라는 지시를 내렸다.

이렇게 판단한 이유는 박 중령이 김오랑 소령에게 문을 열라고 하지 않고 문이 잠긴 것을 보고 내실을 향하여 무차별로 수백 발의 총격을 가한 것은 안에 있는 사람 모두를 살해하려는 의도가 있었기 때문이다. 김오랑 소령은 박종규 대대장 밑에서 부대대장으로 근무한 자이고 가족 간에도 절친한 사이였는데 무차별 사격을 한 것을 보면 사살 명령 즉 상관 살해 명령을 받은 것으로 보였다. 정상적이 아닌 일을 저질렀다.

■ **정당방위로 김오랑 소령을 사살한 것으로 하라는 허삼수 대령과 필자의 갈등.**

새벽 5시 KBS 뉴스에 〈어젯밤 특전사령부에서 정당방위에 의해 김오랑 소령이 사살되었다.〉는 보도가 나왔다. 이 뉴스를 보고 허삼수 대령에게 전화를 걸고 사실이 아닌 허위보도이니 시정을 해야 한다는 전화를 했더니 허삼수 대령이 "너 반역자야!" 하고 화를 냈다. 사실대로 보도가 되어야 한다는 주장을 한 것이었다. 이어서 현장 보존을 하고 정호용 사령관이 도착하면 김 소령은 정당방위로 인해 사살된 것으로 보고하고, 김오랑 소령 시신은 가족에게 전달하고 부대장을 치르거나 국립묘지 안장을 해서는 안 된다는 지시를 하였다.

그러나 필자는 정호용 사령관이 부임하자 사실대로 보고를 하고 허삼수 대령 지시 내용까지 사실대로 보고를 하였다. 정 사령관은 12·12 반란에 대하여 전혀 모른 채 전날 밤 대구 50사단장직에 있다가 특전사령관으로 보직을 받고 막 도착하였다. 자초지종을 보고하였더니 허삼수와는 달랐다.

정 장군은 김오랑 소령은 훌륭한 군인으로 모범적이다. 부대장을 치르고 국립묘지에 안장을 해야 한다고 하였다. 그리고 아침 여단장 회의에서 공개적으로 최세창 장군에게 어젯밤 조치는 매우 부적절한 조치로 임무 수행을 잘못한 것이라고 질타했다. 얼마 후 허삼수가 필자에게 전화를 해서 정 장군에게 지시한 대로 보고하지 않았고 김오랑 소령 시신을 가족에게 인계하지 않고 부대장을 치르고 국립묘지에 안장하는 것은 절대로 안 된다고 호통을 쳤다. 이때 정호용 장군은 허화평, 허삼수로부터 많은 비난을 받은 후 견제 대상이 되었고 사사건건 시비를 받는 관계가 되었다.

■ 정호용 장군의 올바른 판단 결과 헛되지 않은 김오랑 소령의 희생

필자는 마지막으로 김 소령과 대화를 나눈 사람인데 실탄 7발을 장전했을 때 말렸더라면 피신하고 살 수도 있었는데 좋은 친구를 잃어버리고 후회를 많이 했다. 그러나 허삼수가 시신을 가족에게 인도하고, 부대에서 장례를 치르지 말고 국립묘지에 안장을 해서는 안 된다는 지시를 무효화시킨 것은 정호용 사령관 덕택이었다. 만약 정 장군이 허삼수 요청을 받아들였다면 김 소령의 희생은 아무런 흔적도 없이 사라질뻔 했다. 정 장군의 조치에 감사한다.

■ 김준철 후배의 노력으로 명예를 회복한 김오랑 중령

김 소령 희생이 있은 후, ROTC 후배인 김준철 씨가 오랜 시간 동안 김 소령을 기리고 그의 명예 회복을 위해 백방으로 노력한 결과 좋은 열매를 맺었다. 중령 진급이 추서되고 훈장을 받았고 그의 흉상이 고향에 세워졌다. 수고 많이 하였고 좋은 일한 후배에게 감사한다. 그리고 필자는 2021년 군사망사고조사위원회 조사에 참여하여 당시 상황을 잘 설명해 준 결과 김 소령은 전사자로 격상되었다.

　가족은 충격에 빠져 헤매다가 세상을 떠났고 자녀를 두지 못해 유족으로는 조카들이 있을 뿐이다. 하지만 그의 투철한 군인정신과 애국심은 후배들에게 모범이 되었다. 육사 교정에 그의 기념비가 세워져서 육사 출신들의 정신 교육에 귀감이 되었으면 좋겠다는 생각을 해본다. 그의 명복을 빈다.

■ 정선엽 병장과 박윤관 일병의 희생에 대한 명예 회복과 보상이 필요한 이유

　정선엽 병장은 국방부 50헌병대대 근무자로 전역을 3개월 앞둔 모범 병사였다. 1979. 12. 12. 국방부 벙커 초병으로 근무 중 반란군 제1공수여단 병력이 국방부와 육군본부를 점령할 시 무장 해제를 하려하자 이에 불응하다가 반란군의 총격을 받고 순직하였다. 군인으로서 국가를 위하여 목숨을 바친 정 병장의 명복을 빌고 가족을 위로하며 명예가 회복되어야 한다.

　박윤관 일병은 수방사 33대대 소속 헌병으로 1979. 12. 12. 반란군이 참모총장 연행시 총장 공관 외곽 지원 임무를 맡고 출동하였다. 참모총장이 연행된 뒤 원래 총장 공관을 경비 중이던 해병대 헌병과 교전 중 희생되었다. 군인으로서 상사의 지시에 따라 임무를 수행하던 중 목숨을 바친 박 일병의 명복을 빌고 가족을 위로하며 명예를 회복하고 보상도 이루어지기를 바란다.

제4화 12·12 쿠데타 진압군 지휘관과 전사한 병사

■ 장태완 장군 평가

장태완 장군은 육군종합학교 11기로 임관 후 6·25한국전쟁에 참여하였다. 나이는 육사 11기보다 한 살 위지만 5년 위 선배였으나 육군소장은 육사 11기들과 같이 진급 후 26사단장을 거쳐 1979년 10·26 이후 10월 16일 군 인사 당시 정승화 총장이 수도경비사 사령관 보직을 주었다. 이유는 '하나회' 소속 장군들을 견제하기 위하여 갑종 출신으로 비정치적인 인물을 수도경비사령관으로 임명하기 위해서였다.

장태완 장군
1973 수경사 참모장
1978. 26사단장
1979. 수도경비사령관

이때, 전두환 보안사령관을 위시한 '하나회' 회원들이 가장 중요한 부대이고 1971년 이후 근 10년 '하나회' 회원들이 장악해왔던 수도경비사령부에 갑종 출신을 보직시키자 불만이 고조되었다. 결국, 보직 한 달 만에 12·12 쿠데타를 통하여 정승화 총장, 정병주 특전사령관과 같이 전두환 세력에 반기를 들어 투쟁해 보았지만 역부족으로 서빙고에 구속된 후 전역을 당하였다.

필자와 장 장군 인연은 1973년 윤 장군 사건 이후 진종채 사령관의 참모장으로 부임하였을 때 같이 근무한 경험이 있다. 일반 장교로 군인 정신이 투철하고 솔직하고 청렴한 장교로 존경받는 인물이었다. 허화평이 〈곧 전역당할 예정인〉 장군으로 비하한 것은 육사 출신 '하나회' 출신과 경쟁 관계였기 때문에 과소평가한 것이었다.

12·12 당일 전두환이 공작한 연희동 만찬에 정병주 장군과 초대되어 식사 중 정 총장 연행 소식을 받고 정 위치에 도착하여 반란군 퇴치 노력을 했으나 뜻을 이루지 못하고 새벽 4시경 부하 신윤희 헌병 대장에 의해 체포되어 서빙고에 수감되었다.

장태완 체포는 전두환이 밤 11시경 수경사 조 홍 헌병 대장에게 수경사에 와있는 육군 수뇌부 장군들과 장태완을 체포하여 보안사로 연행하라는 지시에 따라 11시 30분 부단장 신윤희 중령에게 체포지시를 내렸다. 신윤희 중령은 새벽 3시 부하들에게 체포지시를 한영수 대위 등 10여 명에게 하달하고 반항하면 사살하라는 명령을 하달하였다. 이 당시 장 사령관은 노재현 국방부 장관 지시로 모든 것을 체념한 상태였다.

한영수 대위는 사령관 접견실로 들어오는 하소곤 육본 작전참모부장에게 총격을 가하고 현장에 와 있던 윤성민 참모차장, 문홍구 합참본부장을 무장해제, 체포한 후 서빙고로 압송하여 상황은 종료되었다.

그리고 3군사령관 이건영 장군은 보안부대장 김부년 대령과 조명기 (육사 13기 하나회) 대령에게 체포지시를 하였으나 이들이 체포할 명분이 없다며 체포하지 않았다. 노재현 국방부 장관이 호출하여 다음 날 아침 7시 국방장관실에서 체포되어 구속되었다.

이 사건으로 장 장군 부친은 홧병으로 사망하였고 서울대학을 다니던 아들은 2년 후 할아버지 산소에 가서 자살을 하는 등 전 가족이 어려움을 겪었다. 그러나 전역 후 전두환은 장 장군 직장을 알선해 주기도 하였다.

■ 전두환과 장태완의 해묵은 원한 관계

원래 군 내부적으로 육사 출신과 수적으로 대다수인 1년제 갑종학교 출신 장교들 간에 경쟁이 치열했고 시기와 질투가 있었는데 특히 장태완 장군같이 우수한 장교들과 '하나회' 소속 장교들 간에는 약육강식 원칙으로 경쟁과 갈등이 심했었다. 1973년 6월 수경사 참모장이던 장태완 장군이 포병 진지 구축작업을 하던 포병대대 순시를 나가서 부하인 김상구 중령을 이런 자가 장교가 된 것은 잘못되었다고 비난하자 김 중령이 내가 교육을 더 받았다. 군사학 공부도 잘했고 육사 출신이라고 항변하였다.

장 장군이 귀대하여 김 중령 징계를 건의하자 진종채 사령관이 내일 내가 불러서 혼을 내줄 테니 참으라 하였다. 그러자 장 장군이 저런 놈과는 군 생활을 못 하겠다고 버텼다. 결국, 김 중령은 징계를 받고 구속된 후 전역하였다.

그런데 김상구 중령은 육사 2기 이규동 장군의 둘째 사위로 첫딸 이순자와 결혼한 전두환의 동서이자 육사 5년 후배로, 하나회 창립 당시 육사 15기 대표로 참석한 장교였다. 따라서 전두환은 장 장군이 가족적으로 원수지간이었고 '하나회' 조직의 적대 인물이고 본인이 제거하려는 정승화 총장의 심복이었기 때문이고 12·12 쿠데타에 반기를 든 인물이었기 때문에 정 총장과 같이 제거하게 되었다. 후대에 역사는 어떻게 이 사실을 평가할지 두고 볼 일이다.

제13부

전두환 보안사령관의 1980년 월별
집권 시나리오 진행 경위

제1화 | 1980년 1월, 군으로 복귀하지 않고 대통령이 될 것을 결심한 전두환

■ 전두환 보안사령관의 10·26 기자회견 당시 군 복귀 약속 파기

　보안사령관 전두환 소장은 10·26 사건 이후 처음으로 온 국민 모두가 경청하는 가운데 계엄사령부 합동수사본부장으로서 기자회견을 열었다. 국민들은 사건 보고에 놀랐고 전두환 소장의 기자회견을 보고 처음으로 전두환이라는 인물을 접하고 대단한 인물이라고 생각했다. 전 장군은 당당한 어조로 전 국민 앞에 〈자신은 10·26 사건을 마무리 짓고 군으로 복귀할 것〉이라고 천명하였다. 전 국민은 군인이 공개적으로 국민에게 공언하고 약속한 것을 분명히 기억하고 있으며 약속을 지킬 것이라고 믿고 있었다.

　그런데 10·26이 일어난 지 45일이 지난 12·12 쿠데타를 일으켜 군권을 장악한 후 1980년 1월 군으로 복귀할 약속을 파기하고 군복을 입은 채로 대통령이 되어야겠다는 야심을 가지고 군으로 복귀하겠다는 약속을 파기하고 집권욕을 불태웠다.

■ 1980년 1월, 군으로 복귀하지 않고 대통령이 될 것을 결심한 전두환 장군

　군부는 물론 온 국민의 관심은 혜성같이 나타난 전두환 장군이라는 사람이 "과연 군으로 복귀할 것인가"에 쏠려있는 가운데 한 해가 지나고 1980년 새해가 밝았다. 1월에 접어들면서 온 국민과 군부는 "언제 군으로 돌아갈 것인가"에 대하여 민감해졌다.

　특별히 사면 복권이 된 정치인들 특히 김대중 지지 세력들은 전두환

장군이 군으로 복귀하고 정치를 재개할 봄날이 오기를 기대하면서 〈전두환 보안사령관이 공약한 대로 10·26 사건을 수습하였으니 군으로 돌아갈 것〉을 기대하고 있었다. 이런 와중에 후임 대통령이 될 것이라는 기대를 받아오던 김종필 총재가 김대중, 김영삼과 같이 야당 당수들도 대통령이 되겠다고 선언을 하였다.

정치권의 분위기가 후임 정권에 대한 관심이 쏠리자 12·12 쿠데타로 군권을 장악한 전두환 장군의 측근 5인방(허화평, 허삼수, 이학봉, 장세동, 김진영)과 보안사령부 소속 전 부대원은 전 장군에게 군으로 복귀할 것이 아니라 대통령이 되어 국정을 안정시켜야 한다는 주장을 하면서 앞으로 군인이 정권을 잡아야 한다는 분위기를 조성하였다.

전두환 장군이 정권을 잡지 않으면 안 될 이유는 〈김대중 씨가 대통령이 되면 국가가 적화 통일이 될 것〉이기 때문에 절대로 김대중 씨에게 정권을 맡길 수가 없어 전두환 장군이 정권을 잡고 대통령이 되어야 한다. 그리고 만약에 정권을 잡고 대통령이 되지 않을 경우 재야 세력이 대통령이 되면 엄청난 보복을 당할 수도 있기 때문에 어떻게 하든지 전두환 장군을 대통령으로 만들어야 한다는 분위기가 지배적이었다.

전두환 장군 스스로도 12·12 사건은 "10·26 사건 마무리를 위한 불가피한 조치였다."고 주장하면서 직속 상관인 참모총장을 구속하고, 국방장관을 허수아비로 교체 세운 후 '왕'의 자리에 오른다는 대권 욕심을 가졌다. 그러면서 겉으로는 측근들이 정치적 보복을 당할 우려가 있다는 측근들의 건의를 받아들인 척하면서 스스로 군으로 복귀하는 것을 포기하고 대통령이 될 결심을 하였다. 하지만 12·12 이후, 현재까지 전두환 장군은 "나 자신은 대통령이 되려는 생각을 해본 적이 없다."며 거짓말을 하고 있을 뿐이었다.

제2화   보안사 3인방이 주도한 전두환 대통령 옹립 K-공작

　12·12 쿠데타를 일으켜 김재규를 살리려는 군내 김재규 계열 장군인 정승화, 정병주, 장태환 등을 제거한 후 새해를 맞이하자 군부, 특히 5인방의 관심은 최규하 대통령의 과도정부가 끝난 후 차기 대통령은 누가 할 것인가에 관심이 집중되었다. 공화당의 후보인 김종필 총재가 당연히 대통령이 될 것이라고 예상하는 가운데 김대중 씨가 재야인사들과 같이 정치를 재개하고 김영삼 씨가 치열하게 경쟁하고 있었다.

　그런데 최규하 대통령 취임 후, 김종필 공화당 총재가 김대중 씨 주장인 "유신 헌법을 개정하자"고 동조하면서 "자신은 더 이상 여당이 아니고 야당이다."라는 말을 공공연하게 하자 김종필 총재가 차기 대통령을 할 만한 인물이 못 된다는 비판이 대두되었다.

　하지만 군부는 김종필 총재를 비롯한 이후락, 박종규 등 유신 정권 출신 권력형 부정축재자들이 다시금 정치에 참여해서는 안 된다는 여론이 대두되면서 김대중 씨가 대통령이 되어서는 절대로 안 되고 새로운 인물이 나와야 한다며 전두환 장군이 차기 대통령이 되어야 한다는 여론 조성을 하기 시작하였다.

제3화   보안부대원 전원을 대상으로 한 대통령 취임 여론조사

　1980년 1월 초, 보안사령부 내 전 장교들은 전두환 사령관이 군으로 복귀하지 않고 최규하 대통령 다음으로 대통령이 될 것이라는 여론이 돌더니 며칠 후 전 부대원을 대상으로 전두환 보안사령관이 〈군으로 원대 복귀하는 것과 아니면 전역을 하고 다음 대통령이 되는 것〉에 대한 여론조사를 실시하였다.

이때 필자는 〈전두환 보안사령관은 대통령이 되려 하지 말고 군으로 복귀하여 군인으로서 경륜을 쌓은 후, 전역하여 차 차기에 대통령이 되는 것이 바람직하다〉는 내용의 여론 보고를 하였다. 여론조사 결과 단 한 사람 필자만을 빼고 모든 장교가 전두환 사령관이 차기 대통령이 되어야 한다는 여론이 나왔다. 따라서 필자 한 사람만 반대의 의견을 제출하였다는 결과를 보고 마음이 편치 못했다.

며칠 후 필자는 전두환 보안사령관의 호출에 의해 사령관실로 불려갔다. 사령관께서 "전 보안부대원이 모두 내가 대통령이 되어야 한다는데 오직 김 소령 한 사람만 내가 대통령이 되는 것을 반대하고 군으로 돌아가야 한다는 의견을 제출하였는데, 그 이유가 무엇이냐?"고 물었다.

필자는 오래전부터 전두환 보안사령관의 정치적 욕망이 어떤 것이란 것을 알고 있었기 때문에 듣기 좋게 이야기할 수도 있었지만 미움을 사는 일이 있더라도 전두환 장군을 위하여 본인이 가진 생각을 그대로 말씀드리기로 하였다. "사령관님께서 군으로 복귀하지 아니하고 최규하 대통령의 뒤를 이어 다음 대통령이 된다면

첫째, 국민에게 이 사건을 조사하여 마무리를 지은 후 군으로 복귀하겠다는 대국민 약속을 어기는 것입니다.

둘째, 현 대통령인 최규하 대통령의 자리를 뺏었다 할 것입니다.

셋째, 오래전부터 대권을 꿈꾸어 온 김종필, 김영삼, 김대중 씨 등의 저항이 만만치 않을 것입니다. 제 생각에는 온 국민이 원할 때 대통령이 되는 것이 순리라고 생각합니다. 지금은 때가 아니라고 생각합니

다."라고 말씀을 드렸다.

이어서 "대권은 순리대로 풀어야지 그렇지 않으면 후일에 어려움이 따를 것입니다. 그러니 이번 기회는 포기하시고 군으로 돌아가서 참모총장, 국방부 장관도 하시고 다음 기회를 기다리는 것이 좋겠습니다. 다음 정권이 잘못하게 되면 온 국민이 전두환 장군이 나와야 한다는 여론이 비등할 때 출마해서 대통령이 되는 것이 좋겠습니다."라고 하였다.

10·26사건 조사를 통하여 사령관께서 어떤 인물이라는 것과 강력한 리더십을 가진 분이라는 것을 충분히 부각시켰으니 온 국민이 원할 때 나오셔서 온 국민이 원하는 대통령을 하시는 것이 합당하다고 생각합니다."라고 말씀을 드렸다.

잠시 후 전 사령관이 "정호용 장군도 같은 생각을 하고 있느냐?"라고 물었다. 이에 필자는 "이 여론 조사는 보안부대 내부 여론 조사라서 저 개인의 생각을 보고한 것이기 때문에 정호용 장군은 이번 여론 조사에 대하여 알지 못한다"고 대답하였다. 대화 분위기가 어색한 가운데 12·12사건 이후 특전사령부의 분위기에 대한 이야기와 정호용 장군을 잘 보필하라는 당부의 말씀이 있은 후, 사령관께서 "그래, 잘 알았다. 근무 잘하라"는 전두환 사령관의 표정이 밝지 않았다. 면담을 마치고 돌아오면서 전두환 보안사령관의 대권 욕심이 확고하다는 것을 감지하였다.

필자가 전두환 보안사령관에게 단호하게 군으로 돌아가야 한다는 견해를 밝힌 이유는 국민과의 약속을 지켜야 한다는 명분과 대권을 잡으려는 강력한 경쟁자들이 가만히 있지 않을 것이며 무리한 방법을 동원할 경우 후환이 있을 것이라는 생각을 했기 때문이었다.

이런 생각을 갖게 된 배경에는 1971년 김재규의 윤필용 장군 감청 사건, 1972년 10월 유신, 1973년 윤필용, 손영길 장군 제거를 위한 음모와 암투 사건을 경험하였고 1979년 10·26 사건과 12·12사건을 지켜보면서 전두환 장군이 암투에 관여하여 의리를 배반한 사실과 심지어 인명을 살상하는 등 위법을 하거나 무리수를 둔 사건을 알고 있었기 때문이었다.

특히 동서고금을 통하여 사람의 생명을 희생시키고 권좌에 오른 정치 행보의 말로가 어떻게 된다는 것을 알고 있었고 전두환 장군의 정치적 욕망, 집권욕이 강하고 그의 측근들이 보통 사람들이 아니란 것을 알고 있었기 때문에 설령, 전 장군이 싫어하더라도 올바른 생각을 말씀드린 것이었다. 충신으로서 진정으로 상관을 위한 허심탄회한 순수한 마음으로 충언을 하였다는 자부심을 가지고 돌아섰다.

정치적으로 혼란하고 사회가 혼란한 시점에 전두환 장군과 같은 강력한 카리스마 리더십을 가진 분이 대통령이 되어 국가를 바로 잡는 것도 필요하다. 하지만 중요한 것은 집권을 실현하는 방법이 합법적이어야 하고 국민적 공감대를 이루지 못할 경우 후환이 따를 것이기 때문에 이 시점에서 전두환 보안사령관은 군으로 돌아가 기회를 기다려야 한다는 것이 필자의 소신이었다.

필자는 전두환 장군이 자신을 맹목적으로 추종하는 부하들의 권력욕에 의하여 비합리적 수단으로 대통령이 된다면 본인 자신은 물론 추종자들과 국가적으로 불행한 일이 일어날 가능성이 높다는 확신을 가지고 있었기 때문에 사령관의 의도와 상반되는 소견을 단호하게 말씀을 드렸다. 대화 중 사령관은 매우 기분이 언짢은 모습이 역력했지만 정호용 장군의 뜻이 아니라는 이야기를 듣고 다소 풀렸다.

사령관을 면담하고 돌아서는 필자는 사령관 주변에 목숨을 걸고

12·12사건을 일으켰던 심복들과 '하나회' 회원들 그리고 보안사령부 장교들 간에 전두환 사령관을 다음 대통령으로 만들어야 한다는 묵시적 공감대가 형성되어 있었고 보안사령관 자신이 대통령이 되고자 하는 강력한 의지가 있다는 것을 확인하고 심히 불편했다. 이날 이후 필자는 정국이 돌아가는 정황을 예의 주시할 수밖에 없었다.

'하나회'와 보안사령부가 주도한 군부는 12월 12일 김재규를 살리려는 군 수뇌부를 제거하고 12월 13일을 기하여 대한민국 군부를 100% 장악하였고 남은 일은 새로운 정권을 창출하는 것이었다. 새로운 정권을 창출하기 위한 준비는 1980년 1월부터 시작되었고 2월부터 집권을 위한 정당 창당 준비를 은밀히 시작하였다.

제4화 1980년 2월 전두환 장군을 맹비난한 글라이스틴 대사와 위컴 장군

■ 글라이스틴 미국 대사가 전두환을 평가한 내용

12·12 다음날 글라이스틴 대사와 미군 정보 분석가들은 "12월 13일부터 한국의 최강자는 전두환 장군이 되었다. 하룻밤 사이에 계엄사령관 정승화 총장, 장태완 수경사령관, 정병주 특전사령관을 구속하고 노재현 국방부 장관을 바꿔버리고 대통령을 벌벌떨게 했으니 최강자가 되었다."

전두환 장군은 천하무적이요 〈왕〉의 자리에 올랐다. 〈최규하 대통령은 전두환 장군의 위력에 자신의 목숨이 풍전등화처럼 떨고 있으니 전두환은 왕 중 왕의 자리에 등극하였다.〉고 혹평을 하였으나 이런 평을 한 것이 세상에 알려진 것은 오랜 시간이 흐른 뒤였다.

미국 측에서 5·17 계엄 이후 〈한국인들은 1980. 5. 17.로 전두환 장군이 정권을 잡았다고 생각하는데 우리는 12월 13일이라고 생각한다.〉는 평가를 한 사실도 후일에 알려졌다. 미국이 판단을 잘했다고 생각했다.

〈전두환을 인정 못한다. 왕 같다.〉며 극렬하게 전두환을 비난한 위컴 장군

10·26 이후 전두환 장군과 만남을 기피하던 위컴 연합사 사령관은 1980년 2월 14일 전두환 장군을 대면하였다. 이 자리에서 전두환 장군이 "부정 부패를 일소하고 군으로 복귀할 것이다. 정치에 관심이 없다. 지켜봐 달라. 안심해도 된다."고 보고를 하였다. 이에 대하여 위컴 장군은 "나는 당신의 말을 의심한다."라고 말하였고 "전 장군은 자신이 왕이 된 것 같이 행동했다."고 비난하였다. 그리고 미국 정부에 보고하기를 〈그는 마치 왕으로 태어난 것처럼 행동하였다.〉고 비난 보고를 하였다는 사실이 후일에 밝혀졌다.

제5화 | 정호용 장군에게 정당 창당 자금 200~300억 원 모금 요청을 한 전두환 장군

1980년 2월 초 필자가 정호용 장군에게 일일 정보 보고를 하던 중 "전두환 사령관이 정당을 만들어야 한다는 생각을 가지고 있는데 자금이 필요한 것 같더라. 자금을 마련할 수 있겠느냐?"고 제안을 하였다.

이때 필자는 "전두환 보안사령관이 정치를 하려면 중앙정보부장직을 겸하는 것이 좋고, 정당 창당자금도 중앙정보부 자금을 활용하면 가능한 일"이라고 이야기를 하였더니 "그래요? 그 문제는 전두환 장군과 이야기를 해보겠다"고 하였다. 후원금 모금은 제가 타진하여 확인한 후 그분들이 정 장군과 직접 대화를 나누어야 자금 지원이 성사가 될 것 같으니 이야기 되는대로 자리를 만들어 보겠다."고 하였다.

1980.2 정당자금 50억 원 약정서 전달하는 라이프주택 형 조내벽 사장과 동생 조손벽

며칠 후 필자는 제일 먼저 정호용 사령관에게 세계일보 박보희 총재를 소개했던 허만기 전 의원과 필자와 친분이 있던 라이프주택 조내벽 회장과 친구인 신원 박성철 사장과 대화를 나눈 결과 이분들이 후원금을 낼 의사가 있다는 것을 확인하였다. 박보희 총재는 허만기 전 의원과 필자를 만난 자리에서 100억 원을 후원하겠다는 금액을 확정지었고 조 내벽 회장은 50억 원, 친구인 박성철 사장은 30억 원의 후원금을 내겠다는 의사를 밝혔다. 필자는 이 내용을 정호용 장군에게 보고한 후,

다음 날 아침 정호용 장군이 보안사령부로 전두환 장군을 만나러 갈 때 후원자들의 인적사항과 연락처 그리고 후원 약속 금액을 정리한 메모지를 건네주면서 "이 메모지는 반드시 전두환 보안사령관에게 직접 전달해야 한다."고 강조하였다.

정당자금 30억 원 약정자 왼쪽 두번째 박성철 사장, 세번째 조내벽, 네번째 최세창 부부동반 사진

이유는 "이 자금이 쓰여지지 않을 경우 많은 부작용을 초래하니 비밀로 해야 합니다. 중정부장을 겸하게 될 경우 외부자금이 필요하지 않을 수도 있고, 들리는 정보에 의하면 박재홍 씨가 여의도에 있는 빌딩을 팔아 80억 원 상당의 정치자금을 만들었다는 이야기도 있으니 신경을 써야 한다."는 말씀을 드렸다.

그리고 특별히 주의해야 할 것은 "이 내용을 꼭 전두환 장군에게 전해 주고 허화평 비서실장에게 알려지는 일이 없도록 유의하셔야 합니다."라고 당부를 하였다.

그날 오후, 정호용 장군이 귀대하자 필자가 정호용 장군에게 "메모지를 전두환 사령관에게 직접 전하였느냐?"고 여쭈었더니 정 장군은 "바

빠서 전두환 장군에게 보고 드릴 시간이 없어 허화평 실장에게 전해 주고 왔다."고 하였다. 보안사령부에 가서 여러 일로 바쁘다 보니 필자의 당부를 잊어버리고 후원 모금 메모지를 전두환 보안사령관에게 직접 전달하지 않고 비서실장 허화평 대령에게 주면서 "자금이 필요하면 이분들에게 연락하여 활용하라"고 하면서 메모지를 건네주고 전두환 장군에게는 보고도 못하였다고 하였다.

필자는 순간적으로 "큰일 났구나!"하는 불길한 생각을 하였다. 이유는 허화평이 정호용 장군이 전두환 사령관으로부터 직접 지시를 받거나 직접 보고 하는 것을 싫어하고, 두 사람 관계를 불편하게 한다는 것을 알고 있었기 때문이었다.

아니나 다를까 잠시 후, 박보희 총재로부터 전화가 걸려왔다. "허화평 비서실장이 내일 아침 10시 이전에 한국을 떠나라. 떠나지 않으면 그 시간 이후에는 정치자금법 위반으로 체포하겠다."는 통보를 받았다며 "지금 특전사령부로 갈 테니 정호용 장군을 만나게 해 달라."는 다급한 전화를 해왔다.

필자는 즉각 정호용 장군에게 이 상황을 보고하고 "허화평 비서실장에게 박보희 씨에 대한 조치를 취소시켜야 한다."고 건의를 하였다. "도움을 요청한 후 도움을 주겠다는 분을 범죄자로 몰아 구속하겠다는 것은 있을 수 없는 일"이니 책임을 지고 해결해야 한다고 건의를 하였다.

그러나 정 장군은 황당하다는 표정을 지으면서 "지금 이 상황에서 더 이상 잡음을 막기 위하여 박보희 총재가 허화평 비서실장의 통보대로 출국하는 것이 최선"이라며 "박 총재를 설득하여 출국하도록 하는 것이 좋겠다."고 하였다. 필자가 재차 허화평 비서실장에게 전화를 해서 수습을 해야 한다고 이야기하였지만 정 장군은 허화평에게 겁을 먹고 전화를 못하는 것을 보고 도저히 이해를 할 수 없었고, 쩔쩔매는 정 장군이 오히려 안쓰러워 보였다.

박보희 총재는 필자에게 전화를 해서 "세상에 무슨 이런 일이 있느냐?"며 화를 내면서 다음 날 아침 07시 한남동 소재 국일관에서 정호용 장군을 만나게 해 달라"고 하였다. 다음 날 아침 07시 필자가 국일관에 가서 박보희 총재를 만나서 "미안합니다. 입이 열 개라도 할 말이 없습니다. 제가 알기로 보고하는 과정에 문제가 발생하였고, 심각한 오해가 생겨서 좋은 의도로 시작한 일이 난처하게 되어 죄송합니다. 이 문제를 해결하기 위하여 잠시 출국하는 것이 좋을 것 같습니다." 하고 이해를 시켰다.

그리고 "정호용 장군의 입장도 정치적으로 오해를 받아 매우 어렵게 되어 만나기 어렵게 되었습니다. 지금 이 시점에서 잠시 외유를 하시는 일이 좋을 것 같습니다."라고 설득을 해보았지만, 필자 스스로 전혀 말도 안 되는 이야기를 하다 보니 쥐구멍이라도 들어가고 싶은 심정이었다.

비록 정치적으로 보안 문제가 있고, 종교적으로 문제가 있었다 할지라도 이런 식으로 수습하는 것은 결코 이해가 되지 않았다. 전두환 보안사령관에게 직접 보고했더라면 이런 일이 없었을 것이고, 허화평 비서실장은 정호용 장군의 체면을 봐서라도 이렇게 해서는 안 되다는 생각을 했지만 황당한 사건이 벌어진 일이 있었다.

이 이야기는 5공 군부 세력들 특히 허화평이 1980년 2월에 정당을 창당하려고 준비를 시작한 것은 분명하고 이때부터 전두환 보안사령관을 대통령으로 만들자는 정치공작이 시작되었다는 증거로 남아 있다. 이 사건 이후로 창당자금 모금 건은 잠잠해졌지만, 수개월 후 5공 정권 수립 후 군부 세력의 집권 정치를 위한 창당 작업은 권정달 대령에 의해 계속되었다.

이 사건은 지금으로부터 43년 전 허화평이 횡포를 부린 사건이다.

필자의 소회는 사건을 일으켰던 허화평은 5 · 18 조사 시 이런 일이 없었다고 부인하였고 살아있는 증인(박성철)도 부인하여 공론화되지는 못하였지만, 필자의 일기장 사건 기록에 생생히 살아있고 이분들이 정호용 사령관을 직접 방문했던 사진과 조내벽, 박성철, 최세창 장군과 본인이 같이 부부동반하여 양수리에 야유회를 가서 수상스키를 구경하며 찍은 사진을 증거로 가지고 있다. 이 사진을 공개한다. 허화평과 증인(박성철)은 마음속으로라도 자신들은 역사에 죄인이라는 부끄러움을 느꼈으면 하고, 후진들에게는 이런 일이 다시는 일어나지 않도록 귀감이 되었으면 한다. 부끄러운 역사라고 생각한다.

제6화 1980년 3월 최규하 대통령에게 중앙정보부장 겸임을 압박한 전두환

3월 중순, 신현확 총리가 최규하 대통령에게 〈빨리 중앙정보부 책임자를 임명하되 군인이 아닌 민간인으로 임명〉할 것을 건의하였다. 3월 말, 전두환 장군이 신현확 총리에게 "자신이 중앙정보부장을 겸무해야 정보부를 안정시켜 궤도에 올릴 수 있다."고 건의를 하였으나 신현확 총리는 "겸무를 하지 않는 게 좋다."며 반대 의사를 분명히 표명하였다.

그러나 최 대통령은 전두환의 끈질긴 압박에 굴복하여 1980. 4. 14. 전두환 장군을 중정부장 서리로 임명하였고 중정 감독관이던 허삼수는 부산고교 동기생인 언론인 허문도를 중정부장 비서실장으로 추천, 기용하였다.

최 대통령이 중정부장 서리로 임명한 것은 전두환이 1979. 12. 12. 쿠데타 당시 정승화 체포 재가 과정에서 약 11시간 동안 끈질기게 압박을 한 전력이 있기 때문에 이를 승낙하지 않을 경우 전두환이 대통령인 자기에 대하여도 시비를 걸고 넘어질 인물이라는 무언의 압박을 받았기 때문에 마음에는 없지만 거절할 수 없다는 생각때문이었다. 실제로 전두환은 신현학 총리에게 최 대통령도 조사할 수 있다고 하였다가 주의를 받은 사실도 있었다.

제7화 1980년 4월 중정 비서실장 허문도가 추진한 집권 시나리오와 K - 공작

허문도는 일본에서 조선일보 특파원으로 근무한 경력을 살려 국내 정치에 백분 활용하였다. 제일 먼저 한 일은 일본 외신 기자들을 초청하여 특전사 훈련장을 견학시킨 후 앞으로 한국에는 〈군 출신(전두환)이 대통령이 될 것〉이라는 외신 보도를 하고 이를 국내 신문에 보도케 하는 언론 공작을 주도했다.

다음은 일본 총리 내각 조사실 정치인을 활용하여 〈북한 남침설〉 정보를 조작한 후 국내 중앙정보부로 하여금 전쟁 발발 위기설을 유포하여 불안을 조성하였고 앞으로 전쟁을 대비하여 군부가 지지하는 군 출신의 강력한 지도자가 나와야 한다는 분위기를 조성하였다. (이 정보는 중앙정보부가 밝혔으나 허위인 것으로 밝혀졌다.) 허문도는 언론인 출신으로 언론 개혁과 언론 통폐합 법안을 주도했다. 본인 스스로 독일 나치 정권에서 악질 역할을 해온 궤벨스라고 언급하기도 하였고 언론 통폐합 법을 추진하였으나 정호용 반대로 무산되었으며 1980년 후반에 언론통폐합이 이루어졌던 사실이 있다.

제8화 1980년 4월 허문도가 주도한 언론통폐합법을 무산시킨 정호용 장군

 5공 신군부가 주도한 언론통폐합은 1980년 3월 전두환 보안사령관이 중장으로 진급한 후 4월에 중앙정보부장을 겸직하게 되고, 비서실장에 허삼수의 부산고등학교 동기생인 조선일보 일본 특파원인 언론인 출신 허문도를 등용시키면서 시작되었다. 허삼수와 허화평 씨가 5공 집권 1년 만인 1982년 청와대에서 쫓겨나지만, 허문도는 5공 정권 동안 언론 통폐합을 주도한 후 문공부 장관과 대통령 비서실장을 역임하는 능력을 발휘하여 전두환 전 대통령의 핵심인물이 된 자이다.

 중앙정보부장 비서실장이라는 막강한 자리에 전격 등용된 허문도 씨는 전두환 중앙정보부장과 가장 두터운 친분을 유지하던 정호용 특전사령관에게 자신의 존재를 확실히 부각시킬 필요가 있다는 생각으로 특전사령부 방문을 자주하였다. 4월 초 첫 방문 시 자신의 글이라면서 〈창조적 민주주의〉라는 책자를 정호용 장군에게 전달했다. 첫 방문 시 필자도 허문도 씨와 인사를 나누었다. 그 이유는 필자가 보안반장 겸 정호용 특전사령관 정보보좌관 직을 겸하고 있었기 때문이었다.

 허문도 비서실장이 2차 방문 시 특전사령관에게 〈언론 통폐합법 개정

안)을 보고하려고 하였다. 이때 정호용 사령관이 허문도 씨에게 필자가 보좌관이고 정보통이라는 이야기를 하면서 같이 들었으면 좋겠다고 하였고 허문도 역시 같이 검토하자고 하였다. 보고를 받은 정호용 장군은 퍽 언짢은 표정이 역력했다. "문제가 많은 것 같다. 다시 검토해서 합리적인 것으로 해주길 바란다"고 하면서 필자에게 어떻게 생각하느냐고 말해 보라고 하였다.

이에 필자는 "언론의 적절한 통제는 필요하다. 너무나 부조리가 횡행하기 때문에 기자들에 대한 제재가 필요하다는 것은 누구나 인정한다. 그러나 민주주의 국가에서 언론의 자유와 건전한 발전을 저해하는 과도한 법적 제재는 신중해야 한다. 특히 1도(道) 1개 언론사로 정한다는 것은 고려되어야 한다"는 반대 취지로 필자의 생각을 말하였다.

1980년 특전사령관 정호용과 참모들 세 번째 줄 왼쪽에 두 번째 필자

잠시 후 정호용 장군은 허문도 씨에게 "정보보좌관 직을 겸하고 있는 김 소령(필자)과 같이 의논해서 좋은 안을 만들어 다시 협의하는 것이 어떠하냐?"고 제안을 하였고 허문도 실장 또한 좋은 생각이라고 동의

하였다. 그러자 정호용 장군은 중요한 과제이니 지금 당장 허문도 실장과 같이 가서 작업을 해보라고 지시하였고, 필자는 허 실장의 차에 동승하여 시청 앞 프라자 호텔로 갔다.

1980년 2월, 당시 필자는 특전사령부에 파견된 전두환 보안사령관의 부하였다. 그런데 정호용 장군이 전두환 보안사령관에게 필자로 하여금 자신의 정보보좌관 임무를 할 수 있게 해달라고 요청하였고, 전두환 보안사령관의 허락으로 정보보좌관 임무도 수행하고 있었기 때문에 허문도의 브리핑을 같이 경청하였던 것이다. 프라자 호텔에 도착하자 허문도 실장이 "커피숍에서 좀 기다리면 방을 준비하고 연락을 하겠다"고 하며 헤어졌다. 잠시 동안 기다리고 있는데 허삼수 인사처장이 전화를 걸어 왔다.

허삼수가 "당신 지금 어디 있느냐?"하고 묻기에 "프라자 호텔에 있습니다" 하였더니 "너 근무지를 무단 이탈한 거야. 거긴 왜 왔어?" 하기에 "정호용 장군 지시로 허문도 씨와 같이 '언론통폐합안'을 의논하여 고치려고 왔습니다"라고 답변을 하였더니 "이 자식 헛소리하고 있네. 너는 누구의 부하야? 그리고 정호용 장군이 언론법에 관여할 자격이 없어! 당장 부대로 돌아가! 그렇지 않으면 당장 근무지 이탈로 체포하겠어." 하고 호통을 쳤다. 이때 필자는 이 호텔에서 허삼수와 허문도가 언론관련 업무를 같이 하고 있다는 것을 알게 되었다.

이렇게 독일의 히틀러 당시 언론 담당을 했던 괴벨스와 같다는 평을 받아온 허문도 씨가 이상재 준위와 같이 언론 통폐합을 주도하였으나 정호용 장군의 반대로 11월로 미뤄졌다.

그런데 심각한 문제는 허삼수가 정호용 장군을 비하하는 언동이 마음에 걸렸다. 필자에게는 늘 무례한 언동을 해 왔던 터라 그저 그런가

보다 라는 생각을 하였지만 정호용 장군에 대하여 하는 언동을 보고 많은 생각을 하게 하였다. 어쨌든 기분이 몹시 언짢은 상태로 부대에 복귀한 즉시 사령관에게 자초지종을 보고하였다.

지난 2월에는 창당자금 건으로 허화평 비서실장으로부터 모욕에 가까운 대접을 받았다. 그리고 이번에는 허삼수 대령이 정호용 장군에게 이런 일에 관여해서는 안 되고, 허 씨들이 하는 일에 참여해서는 안 된다는 메시지를 필자를 통하여 정호용 장군에게 강력하게 전달하려는 의도가 있다는 것을 간파하였다. 따라서 이번에는 허 씨들이 정호용 장군에 대하여 어떠한 생각을 하고 있다는 것을 말씀드리는 것이 후일을 위하여 필요하다는 판단을 하고, 정호용 장군에게 우회적으로 부드럽게 허 씨들의 생각을 전달하여 더 이상 불편한 관계가 되지 않도록 조언을 하였다.

핵심은 전두환 장군은 정호용 장군에 대하여 호의적이지만 허 씨들은 정호용 장군이 12 · 12 사건에 참여하지 않았다는 이유로 정호용 장군에 대하여 배타적, 비판적인 반면 노태우 장군에게는 호의적이라는 것이고 다른 한 이유는 정호용 장군이 전두환 장군과 가깝기 때문에 자신들의 잘못을 전두환 사령관에게 직접 이야기를 하여 자신들을 불편하게 하는 존재이고 자신들이 다루기 어렵다는 생각을 하고 있다는 것을 보고하였다.

특별히 중요한 것은 창당 자금 모금 건, 언론통폐합 반대 건, 5 · 18 사건, 보안사령관 후임 결정 과정, 필자에 대한 전역 조치 등 여러 사건에 걸쳐 정호용 장군이 5공 핵심 세력인 허 씨들로부터 견제를 당하고 어려움을 겪고 있었다. 하지만 정 장군은 이를 잘 감지하지 못하고 있었다. 이런 과정에서 허 씨들이 거론하였던 통폐합 안건은 정호용 장군의 반대로 80년 10월로 연기되었지만 특별한 수정 없이 허문도 씨의 주장대로 언론통폐합은 이루어졌고, 민주주의 발전은 20년 정도 후퇴되었다고 보아야 한다.

제9화 1988년 국회 문공위 언론 청문회에 자진출두하여 증언한 필자

그로부터 7년 후인 1988년 11월 국회 문공위 언론통폐합 관련 청문회가 시작되었다. 권정달, 허문도, 이상재 등 수 많은 사람들이 청문회에 불려 나왔으나 언론통폐합법을 누가 주도했는지를 놓고 1주일 정도 갑론을박만 하고 있을 뿐 진전이 없었다. 미국에 거주하던 필자가 김동

1988년 국회청문회 출석 허문도와 대질하는 장면

제13부 전두환 보안사령관의 1980년 월별 집권 시나리오 진행 경위 255

영 의원에게 "필자가 귀국하여 청문회에 나가서 누가 언론통폐합법을 만든 것인가를 밝혀주겠다"고 제의한 후 자원하여 청문회 증인으로 나갔다. (국회 속기록 및 기록물 참조) 〈언론통폐합은 허문도 씨가 주도했고, 정호용 장군이 반대하였던 것〉이라고 증언을 하였다. 필자가 허문도 씨가 주도한 것이라고 밝힌 후 청문회는 종결되었다.

청문회 마지막 날 저녁, 정대철 위원장의 요청으로 필자는 참고인으로 출석하였고 허화평, 허삼수, 허문도, 이학봉 등 소위 〈허 씨〉들이 증인으로 참석하였다. 이들에 대한 질의응답이 종결되고, 정대철 위원장이 필자에게 참고인으로서 한마디 하라고 하였다. 완전히 주객이 뒤바뀐 자리에서 필자는 "국사를 사심을 가지고 해서는 안 된다. 매사에 개인적인 감정을 가지고 사람을 억울하게 만들지 말라. 특히 사상문제로 한 사람에게 상처를 주는 일이 없도록 하는 것이 좋겠다."고 온 국민이 보는 앞에서 주의를 주었다. 잠시 통쾌함을 느낄 수 있었다.

▣ 언론 통폐합과 관련한 정호용 장군 비평 (1996년도 쓴 글에서 인용한 것임)

1988년 11월 23일 언론청문회에서 기자회견하는 장면

정 장군은 주관이 뚜렷한 분으로 정도를 걷는 정의로운 사람이요, 민주주의 정치 발전에 언론의 중요성을 인식하고 있었다. 평소에도 원만한 성격에 인간미가 흘러나오는 것은 학창시절 많은 독서로 얻어진 해박한 지식을 바탕으로 형성된 인격과 성품 때문이라는 생각을 하였다. 정호용 장군의 리더십 특징은 항상 정도를 걷겠다는 소신과 욕심이 없고 겸손하고 늘 타인을 배려하는 분이었기 때문에 소외되고 무시 당하는 경우가 있어도 "그래? 다음에 제대로 밝혀질 날이 있을 거야. 지금 당장 문제를 해결하려고 하면 더 큰 문제를 야기할 수가 있으니 참는 것이 좋아." 하고 담담하게 참는 성격이었다. 한 마디로 대인(大人)이었다.

　정 장군은 1996년 김영삼 대통령에 의하여 구속되어 재판을 받을 당시 필자가 "중형을 받을 가능성이 있으니 사실대로 5·18 책임이 없었다는 것을 밝혀야 한다. 내가 증인으로 나서겠다"고 하였더니 내가 바른 말을 하면 전두환 전 대통령이 중형을 받아 사형으로 희생될 것이 염려된다. 즉 친구의 목숨을 건지기 위하여 형을 분담해서 친구의 목

1988. 11. 국회 문공위에서 허문도와 대질 증언하는 필자

숨을 살려야겠다는 희생정신을 가지고 처벌을 감수한다고 하였던 분이고, 친구인 노태우 장군에게 보안사령관직을 양보하였고, 김복동 장군에 대한 의리를 지킨 분이었다.(15부 참조)

제10화 1991년 9월 10일 월간 '신동아'에 필자가 폭로한 비밀 사조직

1973. 3. 윤필용 장군과 손영길 장군이 구속되는 사건이 발생하고 이 사건을 조사하던 강창성 보안사령관이 쿠데타 음모 배경에 '하나회'라는 조직이 있다는 것을 거론하고 조사를 한 일이 있었다. 그러나 강창성 장군의 '하나회'에 대한 조사는 회장인 전두환 장군에 대한 조사를 해야 하였지만 박종규 경호실장에 의하여 더 이상 확대되지 못하였다.

1991. 9.《신동아》하나회 파워게임 폭로 기사(상)

그러나 1973년 이후 '하나회'는 전두환에 의해 본격적인 정치 지향 군인들에 의한 사조직으로 변질되었고, 1979년 전두환 장군이 보안사령관직에 보직된 후 그 세력을 확장하여 10·26사건 이후 12·12사건과 1980년 5·18 사건을 주도하는 정치 조직으로 큰 역할을 한 후 제5공화국과 제6공화국의 핵심 세력이 되었다.

그로부터 11년이 지난 1991년 9월과 10월, 필자가 〈하나회 파워게임〉을 월간 신동아에 연재하면서 '하나회'라는 조직이 군내에 존재해서는 안 된다는 주장을 하면서 '하나회'가 존재해서는 안 된다는 이유를 다음과 같이 거론한 사실이 있다.

1991. 10 《신동아》 하나회 파워게임 폭로 기사(하)

첫째, 군 내부에 비밀 사조직이 있어서는 안 된다. 군은 국가와 민족을 위하여 존재한다. 특정 보스를 위해 목숨을 걸고 충성하는 조직이 막강한 힘을 가질 경우, 국가를 전복하기 위한 쿠데타를 일으킬 위험이 크기 때문이다. 실제로 '하나회'라는 조직이 뒷받침했기 때문에 12·12

사건과 5·17과 5·18 사건이 가능했다

둘째, 군내에서 기회균등의 법칙, 평등의 원칙이 손상된다. 우수한 장교를 선발하여 회원으로 가입시키긴 했지만, 진급 특혜는 물론 주요 보직을 선후배 간에 주고받으며 독점하였다.

셋째, 전두환 장군과 노태우 장군은 그의 부하들에게 현금으로 격려금을 지급하였다. 황금 보기를 돌같이 하여야 할 군 내부에서 현금이 오가는 것은 여러 가지 부작용을 초래하는 잘못된 관행이었다.

(2) 동아일보 1991.9.3일자 사회면

1991 동아일보 하나회 폭로시 협박 및 횡설수설 기사

실례로 필자는 수경사령관 노태우 장군이 9공수여단에서 같이 근무한 부하들 중, 특전사령부 영관급 장교 조 모 중령(하나회가 아닌 자) 등에게 30만 원이 든 현금 봉투를 돌리고 있는 것을 적발하고 보안사령부에 보고하여 돈 봉투를 즉각 회수하도록 조치한 사례도 있었다.

이때부터 '하나회' 조직은 그 실체를 서서히 드러내고 있었고 일반 장교들로부터 비난을 받기 시작하였다. '하나회' 회원이 아닌 경우 우수한 장교라 할지라도 진급, 보직에서 제외되고 불평불만, 갈등의 요인이 되어 군의 단결과 사기를 저해시키고 있었다.

1991년 필자가 신동아 월간지에 〈하나회 파워게임〉이라는 글을 연재하였을 때 많은 협박과 살해 위협으로 세상이 떠들썩하였다. 언론에 대대적으로 보도되었기 때문에 '하나회'에 대한 인식이 좋지 않게 되었다.

'하나회'를 세상에 알리기로 결심한 필자는 1991년 9월부터 '하나회'의 실체를 월간지 〈신동아〉에 4회에 걸쳐 연재하기로 하고 〈하나회의 파워게임〉이라는 글을 쓰기 시작하였다. 전두환 중령과의 의리를 지키느냐? 개인적 손해를 무릅쓰고라도 폭로할 것인가? 에 대한 갈등도 있었지만, 이 조직을 세상에 알리는 것이 전두환 장군과 의리를 지키는 것보다 군과 국가를 위해 더 중요하다는 판단을 하고 결단을 하였다.

특별히 총애를 받고 중요 직에서 근무하였던 부하로서 상사인 전두환 장군에 대한 의리를 지키느냐 마느냐 하고 고심도 했지만, 필자는 군 내에서 사조직을 만들고 '하나회' 소속 회원들에게 특혜를 주는 것은 잘못된 것이라는 소신이 있었기 때문에 언론에 공포하였다. 개인적으로는 필자의 앞길을 막아버린 '하나회' 허삼수, 허화평에 대한 억울함과 분노로 이를 폭로할 수밖에 없었다.

이상과 같은 이유로 인해 필자는 그간 10여 년에 걸쳐 얻어진 정보를 토대로 '하나회' 실체를 신동아를 통해 서면 공개하였다. 1991년 9월 월간 신동아에 〈하나회 파워게임〉을 쓸 때 원래 제목은 〈손영길, 김복동, 전두환, 노태우, 정호용 장군의 파워게임과 의리〉였다.

신동아 9월호에 '하나회'가 보도되자 당시 육군참모총장과 국방부 장관 등 하나회 출신 고위 장성들이 "그러한 조직이 존재하지 않는다"고 성명 발표를 하였고, 필자에 대한 협박도 무척 심했다. 필자가 '하나회'를 공개하는 결단을 내린 소신에 대하여 동아일보에서 언급한 글이 있기에 참고로 여기에 인용한다.

■ **1991. 9. 6. '하나회' 폭로 동아일보 기사 관련 '횡설수설'란 논평 인용**

1991년. 9월 당시 동아일보 칼럼 '횡설수설'란에 기고된 논평을 그대로 인용하여 전하고자 한다.

> 현재 시판 중인 월간 新東亞 9월호에는 前 수도경비사령부 보안반장이었으며 현재 민주당 봉화–영양 지구당 위원장으로 있는 김충립 씨의 수기 〈하나회〉의 파워게임〉(상)이 실려 있다. 연재 첫 회에서 김 씨는 1973년 윤필용 사건에서부터 시작해 윤 씨와 김재규의 권력을 둘러싼 감투, 육사 8기의 선두인 강창성 前 보안사령관과의 관계, '하나회'의 인맥을 자세하게 기록하고 있다.
>
> 김 씨의 말대로 김 씨가 보고들을 수 있는 것에는 한계가 있어 이 논픽션이 작은 기록에 불과할지 모르지만 70~80년대 정치 장교들의 동태를 이해하는 데 대단히 유익한 자료라 하겠다. 군 내부에서 '요정파' 장교로도 불렸던 권력 핵심장교들의 합종연횡과 반목을 알지 못하고는 1970년대 이 나라의 정치 표면을 이해하기 힘들다. 더욱이 '하나회'를 빼놓고는 최근의 우리 정치사를 설명하기 어렵다.
>
> 12·12 사태 이후 신군부 세력으로 전면에 등장, 80년대 한국 정치를 요리한

것이 바로 이 '하나회' 인맥이기 때문이다. '하나회'는 5·16때, 대위 계급장을 달고 국가재건최고회의 권력의 핵심에서 근무했던 육사 11기 주도로 조직된 군내 유일의 사조직이었다. '하나회'는 윤필용 사건 때 수사대상에 올랐음에도 조직의 핵심인 전두환 준장 등이 수사대상에서 제외되는 등 숱한 의문을 남겼다. 왜 제외되었는가, 이런 의문에 대한 설명 등이 흥미진진하고 박진감 있는 경험담으로 김 씨의 수기는 꾸며져 있다.

김 씨의 이 수기가 나가자 김 씨에게 살해 협박 전화가 잇달아 걸려오고 있다는 것이다. 김 씨는 이러한 협박을 국민의 알 권리를 봉쇄하기 위한 시대착오적 작태라고 질타한다. "진실은 웅변과 미덕의 비결이며 윤리적 근거의 기초이며 미술과 인생의 극치"라는 말이 있다. 진실이 가려질 수는 없다. 진실을 기록하려는 김 씨의 용기에 격려와 박수를 보낸다.

신동아 연재 4회 가운데 2회가 보도된 후, 보안사령부에서 필자를 사법처리하기 위하여 전두환 전 대통령에게 의사를 타진했던 모양이다. 선배이자 절친한 관계였던 임재문 보안사령관이 필자를 찾아왔다.

내용은 전두환 전 대통령이 필자의 사법처리를 원치 않는다는 것과 신동아 기고를 중단해 달라는 요청이었다. "보안사령부 출신으로서의 긍지를 지켜 달라. 전 대통령이 문제를 삼지 말라고 하지 않느냐? 나와의 관계를 생각해서라도 끝을 내 달라"는 것이었다.

필자는 그의 부탁을 거절할 수 없는 인간관계를 가지고 있었기에 심사숙고 끝에 연재를 중단하기로 결단했다. 그 당시 필자는 더 이상 전두환 전 대통령을 어렵게 하는 일은 하지 않는 것이 도리라고 생각했다. 다음 해인 1992년 필자가 미국에 온 이후 대통령에 취임한 김영삼 전 대통령이 "큰일을 해냈구나. 정말 잘했다. 앞으로 군이 혁명을 하거나 정권을 잡는 일은 없을 것이니 잘 되었다"라고 생각했다.

필자가 '하나회'를 신동아에 연재한 결과 이러한 결론이 나올 수 있었다는 자부심도 가졌다. 그리고 다른 한편으로는 우수하고 뛰어난 장군들이 '하나회' 소속이라는 이유로 군에서 예편된 데 대하여 아쉬움을 느끼면서 몇몇 장군들에 대하여는 개인적으로 미안하다는 뜻을 전하기도 했다. 그로부터 얼마 되지 않아 '하나회'는 과거에 저지른 일들로 인하여 끝없이 추락·몰락하였다.

제14부

5공 집권시나리오와 5·17 혁명과 5·18 민주화운동

제1화 1979. 10. 18. 부마사태 후 〈중요보고서〉 존재를 부인하는 허화평

 5공 정권 수립은 군인 전두환이 정권 탐욕을 가지고 1963년부터 '하나회'라는 비밀 정치 조직을 만들고 군을 자신의 지지 세력으로 기반을 조성하고 1973년 정적이 될 거물 윤필용과 손영길을 모함하여 제거하고 권력자인 차지철의 심복이 된 후 처절할 정도로 아부하며 승승장구한 결과 1979. 3. 보안사령관에 등용되었다.
 보안사령관 보직 후, 1963. 7. 6. 쿠데타 음모 시 육군 중위로 가담하였던 허화평 대령을 비서실장으로 등용하고 보안사 출신 허삼수, 이학봉 등을 심복으로 기용한 후 집권시나리오를 계획한 후 치밀한 공작으로 12·12 군사 반란을 통하여 군권을 장악한 후 5·17 쿠데타를 일으킨 후 5·18 광주 시위를 수습하고 3개월 후 5공 정권을 수립하고 대권을 잡았다.
 집권시나리오 실행은 1979년 6월 을지훈련 당시 법무참모 박준광 소령에게 계엄이 선포될 경우 보안사령부가 입법, 사법, 행정 삼권을 장악하고, 보안부대가 정보기관을 총괄하여 정국을 장악하는 방안 연구로부터 시작하여 계엄사 합동수사본부를 설치하는 방안을 연구 보고토록 하였다.

제2화 보안사령부에 군사 혁명 관련 문건 〈중요보고서〉와 〈정국수습 방안〉

 대한민국 현대 정치사 중 1960년대 이후 혁명, 쿠데타 관련 역사는

1960. 4 · 19 혁명 이후 이후 1961. 5 · 16 혁명이 일어났다. 1961년 5 · 16 혁명 직후 장도영 장군 쿠데타 사건, 박임항, 임동하 쿠데타 사건이 있었고 1963년 전두환, 손영길이 주도하였던 7 · 6 쿠데타 음모가 있었으나 훈방되었다. 그로부터 10년 후, 박정희 대통령이 장기 집권을 위하여 1972년 10월 유신 혁명이 있었고, 1973. 3. 윤필용, 손영길 쿠데타 음모 사건이 있었으나 조사결과 쿠데타 모의는 없던 것으로 밝혀졌다. 그리고 1979년 12 · 12 전두환 장군이 주도한 쿠데타가 있었고 1980.5. 17. 계엄확대 조치 즉 5 · 17 혁명이 있었다.

 1979. 10. 18. 부마사태 계엄 당시 부마 지역을 다녀온 전두환 보안사령관이 허화평 비서실장에게 박 대통령 독대를 위한 〈중요보고서〉 작성 지시하였고, 이 보고서 준비는 윤두열 문관이 72년도 10월 유신 혁명 계획을 기초로 재작성된 것이었다. 내용은 김재규와 차지철 제거, 계엄 선포와 동시 일부 정치인 구속, 국회 정치 활동 금지, 혁명위 설치, 헌법 개정, 대통령 선출, 새 정권 수립이 내용이었다. 이 내용은 1961년 5 · 16 혁명 이후 1980년 5 · 17까지 같은 혁명 스케줄이었다.

 1980년 5월 초 전두환 보안사령관이 권정달 정보처장에게 지시하여 만들어진 〈정국수습방안〉 역시 정보처 윤두열 문관이 1972년도 유신 혁명 당시 만들었던 기본 계획을 기본으로 하여 권 대령에게 보고한 것이었다. 이 보고서 집행은 5일 후 5 · 17 군 주요지휘관 회의 의결을 거친 후 대통령에게 보고되었고 5 · 17 계엄확대 조치 즉 5 · 17 혁명을 하게 된 근거였다.

제3화 5·17 군 주요지휘관 회의와 5·17 쿠테타와 5·18 진압 경위

5공 신군부는 5·17 주요지휘관 회의 결과를 대통령에게 보고하고 계엄을 선포하고 혁명을 주도했다. 5·17 계엄확대 조치 후 김대중 지지 세력을 검거하고 지지자들이 광주에 집결하여 시위를 할 것까지 예상하고 특전사 군부대를 투입하여 강경 진압을 통하여 이를 수습할 계획을 세웠다.

그리고 광주 현지에서 전두환을 대리할 총체적인 책임자로 12·12 쿠데타 핵심인물인 특전사령부 작전처장 장세동 대령에게 총체적인 관리 책임자로 광주에 파송하였다. 훗날, 관련자 모두가 부인하는 상황에서 5·18조사위원회 조사 과정에서 사실을 이야기해야 할 사람은 정호용 사령관과 이상한 군수처장 그리고 작전처 작전과장 박중환 대령이었다. 이유는 작전처장 장세동은 죽어도 바른 말을 하지 않을 사람이고 여러 차례 거짓말을 해온 자이기 때문이다.

필자가 미국에서 귀국한 이후 2021년 박 대령은 자신이 광주에 가 있던 동안(15일 정도) 200페이지에 달하는 작전 보고서를 작성한 후 2급 비밀로 분류하여 보안사령관에게 보고하였다고 했다. 즉 장세동이 광주에 가서 200페이지 분량의 작전 책임을 질 일을 했다는 것이 진실이다. 하지만 장세동은 끝까지 이를 부인하고 있다. 거짓말 탐지기 조사를 요청한다.

박 중환 대령은 이 보고서를 파기했다는 이야기를 들었는데 이를 파기한 것은 잘못된 일이라고 이야기 했다. 그런데 2022년 만났더니 나는 당신을 모른다. 더 이상 나에게 연락하지 말라. 광주 간 일도 없다고 하였다. 거짓말 탐지기가 필요하다.

　세월이 흐른 뒤 바른말을 하지 않을까 싶어 기다려 보려고 한다. 이런 경우 장세동과 박중환 대령 그리고 필자 중 누구의 말이 맞는지 분간이 안 된다. 그래서 필자는 5공 실세들과 공개 대질과 거짓말 탐지기에 의한 조사를 공개 제안한다. 거짓말 탐지기가 아니고서는 누가 바른 말을 하는지 알 수가 없기 때문이다.

　세상에 알려지기는 5·17 혁명과 5·18은 별개의 사건인 것처럼 인식되어 있지만 사실은 밤 12시가 지난 것일 뿐 동일 날 연속이었다. 12시 계엄을 선포하고 김대중 지지 국민연합 관련 인사들이 검거되면서 검거 대상자들이 광주로 피신하였다. 5월 18일 아침 시위대는 5·17 계엄 철폐, 전두환 퇴진을 요구하며 대학 철문을 잠그고 공부를 못하도록 대학을 짓밟는데 항거 했다. 다른 지역과 달리 정치적 목적이 있는 압박에 대하여 거칠게 항거한 것은 사실이고 부마사태처럼 일주일 이상 실랑이도 없었고 3일 만에 발포가 있었고 많은 국민이 국군의 발포로 희생되자 분개한 시민들 또한 총기를 들고 대항했다. 그렇다면 5·18에 대한 필자의 견해는 어떤 것일까?

제4화　5·18 광주 시위 진압 사건의 본질

　1980. 5. 17. 밤 10시부터 계엄이 선포되자 보안사령부가 수개월 전부터 준비해왔던 적대 세력인 정치권과 학생 등 검거가 일제히 시작되었다. 혁명을 주도한 보안사령부 지시에 의거 중앙정보부와 경찰이 분담하여 사전 준비해 온 적대 세력 검거는 완벽하였다. 그러나 문제는

지난 수개월 전부터 격렬했던 광주 대학생들의 동정이 18일 이후 더욱 더 강경해 질 것이 우려되었다.

시위를 주도해온 학생들의 등교는 전국적으로 금지되었고 특전사 소속 여단에 의한 탄압은 불가피했다. 격한 시위가 예상되는 광주 진압군은 충정계획에 의거 준비해 온 대로 7여단에 이어 11여단과 3여단 그리고 20사단이 축차적으로 투입되었다.

진압군 투입 초기부터 시위군중 진압은 적군 대하듯 강경 진압을 하였고 투입된 지 2일이 지난 시점부터 발포를 하여 많은 인명을 살상하였다. 누가, 언제, 왜, 어떻게 이런 결과를 가져오게 한 것인가? 당시 특전사령부 보안반장이며 정호용 특전사령관의 정보보좌관(전두환 사령관 지시로 보좌관 임무를 수행하였음)이던 필자는 광주 현지에 간일은 없지만 사태 파악은 거의 완벽했었던 과거를 회상하며 글을 쓴다는 것을 밝힌다.

첫째 이유는 1980년 초 정치적으로 서울의 봄이 왔었다. 그런데 10·26 사건이 터지자 계엄이 선포된 후 시위대들은 〈계엄 철폐와 정치적 자유〉를 위해 시위를 했다. 그러나 5·17 이후에는 〈전두환 퇴진〉이 새로 들고 나온 이유이고 계엄해제를 요구했다.

즉 전두환이 약속한대로 군부로 돌아가지 않고 대통령이 되려는 것에 반발하였다.

둘째 이유, 보안사령관 전두환의 5·18에 대한 생각은 무엇이었을까? 필자는 1979년 10월 18일 부마사태 당시 정병주 특전사령관과 같이 시위진압을 위해 부산에 출동을 했었다. 무엇이 달랐을까?

당시 보안사령관이던 전두환 장군은 두 가지 지시를 하였다. 하나는 급하게 진압하려고 서둘지 말고 강경 진압을 하지 말고 달래야 한다는 것이었고, 다른 하나는 실탄을 병사들에게 배부해서는 안 되니 철저히 감시하라는 지시였다. 따라서 필자는 매일 아침 각 여단을 방문하여 실탄 배부 여부를 확인하였다. 1주일 정도되니 시위가 멎었다. 진압과정에 부상자는 있었지만 큰 문제가 발생하지 않았다.

그렇다면 광주는 무엇이 달랐을까? 보안사의 계획은 5·17 혁명당시 국회 문을 닫고 정치인을 검거한 후 13일 후인 5월 31일 국보위를 설치해야만 했다. 이를 위하여 신현확 총리를 제거하고 새로운 내각을 구성한 후 내각 결의에 의해 국보위 안이 통과되어야 했다. 따라서 광주 시위는 국보위 설치와 내각 개편에 문제가 없도록 2~3일 만에 진압되어야만 했다. 그러니 시간에 쫓기어 강경진압을 할 수밖에 없었고 발포를 못하도록 실탄 배부를 막아야 한다는 지시도 없었다. 하루 빨리 시위 끝을 맺어야 한다는 강박 관념이 작용했다.

이런 이유로 5월 19일 전두환 사령관은 보안사 기조처장 최예섭 장군 외 홍성률, 최경조 대령 등을 축차적으로 투입하고 급히 진압하도록 독려하여 강경진압을 부추겼다. 이렇게 하다 보니 시위 이틀만인 19일부터 발포가 있었다.

셋째, 시위 진압부대로 7, 11, 3공수여단이 투입되었다. 그 중 3여단은 가장 충정 훈련이 많이 된 정예부대이고 12·12 쿠데타 당시 직속 상관 연행 임무를 띄고 사령관실에 대고 무차별 사격을 가하여 김오랑 소령을 사살하고 사령관에게 부상을 입힌 경험이 있는 강력한 부대를 투입하였다.

넷째, 시위 과정에 시위를 부추기는 유언비어가 난무하여 사태 수습이 어려운 점이 있었다.

다섯째, 도청 탈환 4일 만에 국보위를 설치하였고 최규하 대통령은

2주 만에 사임 의사를 밝히고 8월 16일 하야하였다. 5·18 이후 3개월 만에 전두환이 대통령이 되었고 다음 정권을 노태우가 계승하는 동안 전두환은 희생된 분들의 명복을 빌고 가족을 위로한 일도 없고 광주 시민들에게 사과하지 않았다.

여섯째, 1966년 재판에 회부되어 처벌을 받았지만 이에 불복하면서 재심판을 받아야 하고 광주 5·18은 폭동이라며 지만원의 북괴군 투입 주장이 사실인양 주장하는 등 엇박자를 치며 동서화합과 국민통합을 저해하며 오늘에 이르렀다.

이상이 필자가 보는 5·18 견해이다. 따라서 필자는 2013년 박근혜 대통령 조언대로 5공과 5·18 화해를 위해 노력하였음을 밝힌다. 필자의 견해가 완벽하지는 않겠지만 거의 사실과 다름없다고 생각하며 이런 기조에 의거 양쪽 진영에 대하여 서로 사과하고 용서하며 국민 화합을 이루자는 제안을 하고 있다.

5공과 5·18 화합을 위하여 같이 일해 왔던 정호용 장군 관련해서 기억해 둘 가치가 있는 일화를 소개한다. 정호용 장군이 5월 26일 광주로 출발하던 날 있었던 사실을 기록에 남기고자 한다. 1980년 5월 26일 오후 5시에 헬기편으로 광주로 내려갈 계획을 세우고 헬기가 연병장에 대기하고 있었다.

그러나 폭풍우 때문에 헬기가 움직일 수 없어 정 장군과 필자 둘이서 3시간을 같이 앉아 폭풍우가 잦아지기를 기다렸다. 필자가 정호용 장군께 "광주에 가다가 비행기 사고가 날 수 있으니 가는 것을 포기하라"고 건의를 했다. 즉 작전지휘권도 없으며 책임도 없으니 굳이 가지 않아도 된다고 건의한 것이었다.

그러자 정호용 장군은 "내가 가야 양민들의 희생을 줄일 수 있다."

라고 말하면서 "적군이 아닌 양민을 향해 총을 쏜다는 것은 절대로 있을 수 없는 일이고 마음 아픈 슬픈 일이다"라며 오랫동안 눈물을 흘리셨다. 필자도 같이 눈물을 흘렸다. 이때 필자는 정호용 장군의 애국애족 정신과 인간의 생명을 귀하게 여기는 인간미에 감명을 받았다. 폭풍우는 여러 시간 동안 계속되었다. 저녁 8시경 조종사가 "일기가 나빠 헬기가 뜰 수 없다"고 함에도 불구하고 정호용 장군은 가는 데까지 가보자고 하면서 헬기에 올랐다. 정 장군이 마음이 좀 약한 것은 이분이 6·25 당시 학도병으로 종군하였다가 북괴군에게 포로가 되어 6개월 동안 죽을 고생을 하다가 도망쳐 살아난 경험이 있기 때문에 다소 영향을 받은 것으로 생각했다.

제5화 전두환의 분신 장세동 작전참모 출동 경위와 박종한 작전과장의 200장 분량의 작전보고서 향방

장세동 대령 등이 광주로 출발한 이후 1주일 정도 지나고 특전사령부 예하 여단은 전남 광주지역 계엄사령관 예하 부대인 31사단에 작전 배속되었다. 작전 배속과 관련하여 1988년 광주 청문회 결과와 1996년도 법원 판결로 5·18과 관련한 정호용 장군의 역할에 대하여 잘못 처리되거나 사실이 아니지만, 사실인 것처럼 알려진 것들을 좀 더 자세히 밝히고자 한다. 이유는 이것이 사실이고 진실이기 때문이다.

필자의 임무 중 하나는 특전사령부가 대전복부대(전복이 가능한 위험한 부대라는 뜻)이고 정호용 장군이 군내 중요인사이기 때문에 정호용 장군에 대한 관찰보고가 매우 중요한 업무였고 매일 일일 동향보고를 하는 것이 필수 임무였다. 따라서 24시간 관찰하면서 옆에 붙어 있다고 봐야 한다. 부마사태 당시는 특전사령관 옆 사무실에서 근무하였고 광주 사건 당시는 특전사령부 본관 사령관실에 같이 있었다.

부대 출동은 1980년 5월 15일이었고 5월 19일까지 사령관실에 필자와 같이 상주하였는데 광주에 출동하지 않고 사령부 사무실에 앉아 있었던 사람이 어떻게 작전 지휘를 하겠으며, 그 후로 하루에 한 번씩 광주에 다녀왔을 뿐인데 어떻게 5·18사건 최고책임자, 또는 발포명령자가 될 수 있다는 말인가?

처음으로 정호용 장군이 광주 사건의 책임자로 낙인이 찍힌 것은 1988년 광주 사건 청문회였다. 노태우 대통령은 3당 합당 과정에서 김영삼, 김대중과 같이 합의하기를 "정호용 장군을 광주 사건 청문회를 통하여 국회의원직에서 사퇴시키기로 합의 각서까지 작성하였다"는 것이다. 따라서 야당인 정 웅 의원 못지않게 여당 의원들이 더 열렬히 정호용 의원을 광주 사건 책임자로 몰아붙이는 상황이 벌어졌다. 결국,

정호용 장군은 노태우 대통령과 야당 대표들의 음모에 의해 국회의원직을 포기하지 않을 수 없게 되었다.

청문회에서 정호용 장군은 작전 중에 서울에 있었고 광주에 있지 않았으며 자신은 작전 지휘선 상에 있지도 않았고 조언을 할 정도의 입장이었음을 밝혔으나 국회의원이 된 전 31사단장 정 웅 의원은 정호용 장군이 현지에서 작전 지휘를 하는 것을 봤다며 거짓말을 하면서 정호용에게 모든 책임이 있다고 주장하였다.

정호용 의원은 야당 의원들의 주장에 대하여 극구 부인했지만, 노태우 대통령이 "3당 합당을 해야 하겠는데, 김영삼, 김대중이 정 의원을 사직시켜 달라는 조건을 제시하고 있어 부득이 하니 내가(노태우) 남은 대통령 임기를 잘 마칠 수 있도록 도와 달라"고 간곡히 부탁하여 국회의원직을 자진 사퇴를 해준 것이라고 하였다.

그는 자신의 이익을 위하여 진실을 말하기보다는 자신이 희생하여 친구들과 같이 희생을 감수하고 다 같이 사는 길을 택하겠다는 것이었다. 이런 희생이야말로 진정으로 친구와 국가의 평안을 위하여 자신을 희생하는 의리를 지키는 것이라는 점에서 깊은 감명을 받았고 눈시울을 붉혔다.

결론적으로 정호용 특전사령관이 5·18 사건의 발포책임자로 오해를 받게 된 동기는 노태우 대통령이 정치적 목적으로 정호용 장군을 제거하기 위한 광주 청문회에서 국회의원직을 박탈한 것에 기인하고, 정치적 욕망 없이 한 사람의 군인으로 37년간 봉직한 분에게 광주 사건의 주모자 내지는 발포명령자와 같은 불명예를 안겨 준 사실은 억울한 일이기 때문에 시정되어야 마땅하다고 생각한다.

제15부

5·18 후 육사 11기 전두환, 노태우, 정호용, 김복동의 의리와 암투

이 내용을 기술하는 이유는 전두환과 노태우가 어떤 때, 어떤 이유로 의리를 배반하였는가를 밝히려고 한다. 이 내용을 알아야 노태우가 손영길에 대한 1973년도에 의리를 배반한 역사와 대통령이 된 후 1988년 전두환에게 의리 배반, 그리고 1988년 대통령직 수행에 어려움이 생기자 이를 벗어나기 위하여 친구인 정호용을 제거하며 자신의 입지를 풀어나가는 노태우의 의리 배반 역사를 잘 이해할 수 있기 때문이다.

제1화 전두환 이후 대권을 노리는 자(노태우)와 양보하는 자 (정호용)의 엇갈린 운명

■ 전두환 장군과 정호용 장군과의 관계

정호용 장군은 인간미가 있고, 정의롭고, 항상 정도를 걷는 성품의 소유자로 두 장군은 특별히 가까운 관계를 유지해 왔다.

종합적으로 판단해 보면 정호용 장군은 전두환 장군과 각별한 사이였지만 허 씨들과 노태우 장군으로부터는 어려움을 당하는 입장에 있었으나 이를 표출하거나 불쾌하게 생각하지 않고 담담하게 이해하고 수용하는 분이고, 조그만 일에 왈가왈부하지 않는 대인이었다. 장세동 작전참모가 정호용 장군보다 보이지 않는 더 큰 위력을 가진 듯 행동을 해도 모른 척하였다.

1980년 7월 전두환 장군이 대통령이 되어 보안사령관직을 떠나기 약 1개월 전에 정호용 장군에게 후임 보안사령관이 되어줄 것을 제의하였다. 대통령이 되실 분이 자신의 보안사령관 후임으로 수도경비사령관 노태우 장군을 택하지 않고 정호용 장군을 후계자로 삼겠다는 것은 중

대한 사건이었다.

앞으로 대통령의 후계자로 삼겠다는 뜻이 포함되어 있었고 전두환 장군이 노태우 장군을 탐탁하게 생각하지 않는다는 것이 표출된 것이었다. 이 제안을 받고 정호용 장군은 고민하기 시작하였고 필자와 여러 번 대화를 나누었다.

또 다른 이유는 자신은 군인으로서 정도를 가고 싶고 옆길(정보부대)로 나가지 않으려는 생각을 가지고 있다고 하였다. 특히 정치에 개입하지 않는 순수한 군인의 길을 가겠다는 소신을 여러 번 밝혔다. 이에 대하여 필자는 친구의 의리보다는 국가의 장래를 생각해서 더 중요한 보직을 맡는 것이 더 중요하다. 대의(大義)를 위하여 소아(小我)를 버려야 한다.

정보부대 근무를 했다하여 정도(正道)로 못 가는 것이 아니라 더 쉽게 정도를 갈 수 있는 좋은 기회라고 강조했다. 만약 이 자리를 포기할 경우 가까운 친구가 정적이 될 수도 있고, 당신은 친구에 의해 살아나기 힘들 가능성도 있다는 의견을 조심스럽게 밝히기도 하였다. 세월이 흐른 뒤 대통령이 된 노태우는 1988년 자신의 안위를 위해정호용을 제거하고 만다.

제2화 노태우에게 보안사령관직을 양보한 정호용 장군의 몰락

세월이 흐른 후 노태우가 정호용을 제거한 사건은 실제로 일어났다. 일차적으로 노태우는 5·18 광주 진압책임을 정호용에게 뒤집어씌우기 위한 88년 5·18 청문회를 열고 정호용을 광주 살인자로 몰았다.

이차적으로 노태우가 정호용을 제거한 것은 노태우가 대통령 당선 후 2개월 만에 있은 국회의원 선거 결과 총 299석 중 민정당이 125석, 평민당, 통일민주당, 신민주공화당이 164석을 차지하는 여소야대 국회의원 선거 결과가 나오자 노태우는 대선 공약인 중간 평가 대신에 차기 대권 유력 인물인 정호용을 재물로 내놓았다. 평민당 김원기 원내 총무와 민정당 김윤환 총무의 비밀 합의 각서에 의하여 정호용은 국회의원직을 사퇴당하고 정치권에서 제거되었다.

20년의 세월이 지난 2010년 9월, 정호용 장군이 필자에게 "세월이 지나고 보니 그 당시 당신(필자)의 조언을 듣지 않고 노태우를 믿은 것이 잘못이라는 것을 알게 되었소. 당신한테도 미안하오. 전두환 장군도 그때 나의 결정이 잘못된 것이라고 이야기하며 당신 이야기하더라." 며 보안사령관직을 양보한 것을 후회하는 이야기를 한 사실이 있다.

생각해보면 노태우는 1973년 전두환과 같이 윤필용, 손영길 제거 모함 사건에 깊숙이 가담하여 의리를 배반했다. 1979년 7월 김복동 장군을 제거하려 했지만, 정호용 장군이 살려냈다. 이 이야기는 바로 이어진다. 1988년 대통령이 된 후 전두환을 배신했다. 이 당시 이순자 여사는 노태우가 죽이는 줄 알았다고 말한 적이 있을 정도로 의리를 저버렸다.

뿐만 아니라, 1988년 국회의원이었던 정호용은 5·18 청문회를 열어 5·18 책임자로 몰고 살인자로 둔갑시키고 김윤환, 김원기 의원에게 합의 각서를 쓰게 하고 국회의원직을 박탈했다. 결과적으로 손영길, 김복동, 전두환, 정호용 등 동기이자 하나회 회원 모두를 배반했다.

제3화 1980.7. 노태우 배반으로 강제 예편 당하게 된 김복동을 살린 정호용

　1980.7. 노태우 장군이 진급 선배이자 매형인 김복동 장군을 강제 예편시키려 한 사건이 일어났다. 원인은 김복동이 노태우 보안사령관 진급 축하파티에서 술상을 엎은 사건이 있은 후 전두환과 노태우는 3군 부사령관이던 김복동 장군을 예편시키기로 합의했다. 이 이야기는 노태우 부인이자 김복동 동생인 김옥숙이 정호용 장군 부인 꽃님이 엄마에게 전화를 해서 "오빠가 다음 주 강제 전역을 하게 되었다."고 알렸다. 이 전화는 특전사 보안반장(필자)의 감청에 적발되었다. 이 내용을 정호용 장군에게 알리자 정호용 장군은 필자에게 김복동 장군을 살릴 방법을 알려달라고 요청하였다.

　필자의 조언에 따라 정 장군은 다음 날 헬기편으로 3사단장 박세직 장군을 만난 후, 용인 3군사령부 부사령관인 김복동을 만나 내일 전두환을 만나서 구명 운동을 하라고 조언했다. 다음날 김복동은 전두환 사령관을 찾아갔고 그 자리에서 전두환 보안사령관은 김복동 장군을 중장으로 진급시킨 후 육사 교장 보직을 주었다. 노태우가 강제 예편시키려던 김복동 장군은 필자와 정호용 노력으로 전두환에 의하여 구제되었다. 노태우의 의리와 배반을 단적으로 보여준 사건이었다. 김 장군은 육사 교장을 마친 후 1982년 1월 예편하였다.

제4화 노태우 대통령이 김대중에게 정호용의 '생사여탈권'을 양보한 경위

■ 노태우 대통령 당선 후, 여소야대 국회 구성과 중간평가 및 3당 통합 논의 결과

1988년 4월, 노태우 대통령 당선 2개월 후 치러진 제13대 총선에서 민정당은 299석 중 125석이 당선되고 164석은 야 3당(평민당, 민주공화당, 신민주 공화당)이 차지하였다. 노태우 대통령은 5공 청산 문제와 자신이 대선 공약이었던 중간 평가 문제로 속절없이 야당에 끌려다니게 되었다.

3김이 도출한 '선(先)5공 청산, 후(後) 중간평가' 합의안은 불과 일주일 만에 무력화된다.ⓒ뉴시스

1988년 3당 통합을 전제로 차기 대권 후보 정호용 의원 제거를 합의한 3당 지도자

이때 노태우는 앞으로 군사 문화(군 출신 대통령 만들기)를 종식시키고 앞으로 대통령으로 유력한 정호용을 5·18 청문회를 열어 5·18의 책임자로 몰고 정호용을 제거하는 조건으로 노태우 대통령 중간평가

를 없애자는 제안을 극비리에 평민당 김대중에게 제안하고 1989. 3. 10. 노태우, 김대중 회담에 이어 1989.3.31. 합의 각서를 작성하였다.

이 합의 각서에 강력하게 반발하며 의원직 사퇴 불가를 주장했지만, 노태우 대통령이 자신이 대통령직을 원만히 수행할 수 있도록 양보해 달라는 요청과 3당 통합을 위하여 희생해 달라는 요청에 못 이겨 990. 1. 5. 국회의원직을 사직하였고 17일 후인 1990. 1. 22. 노태우, 김영삼, 김종필의 3당 합당을 하였다.

■ 노태우 대통령이 정호용의 정치적 '생사여탈권'을 김대중에게 넘긴 5 · 18 청문회

노태우 대통령은 은밀히 평민당 김대중에게 정호용의 운명을 넘기고 차기 대통령으로 정호용을 내세우지 않는다는 증거로 1988. 11. 2.~ 1989. 12. 31까지 5 · 18 청문회를 열어 백담사에 가 있던 전두환 증언과 정호용을 매장시켜도 좋다는 약속을 하였다. 1988년 후반기 5 · 18 청문회는 노태우 대통령 생각대로 민정당 의원들이 정호용 죽이기 지원사격을 하고 평민당의 주도하에 정호용 장군이 5 · 18 관련 모든 책임을 지고 물러났다.

■ 1988년 청문회, 노태우 대통령이 정호용 장군에게 5 · 18 책임을 씌워 제거하는 경위

1980년 5 · 18 광주민주화운동 사건에 특전사령관 정호용 장군의 역할이 무엇인가에 대한 진실을 아래와 같이 밝히고자 한다.

앞에서 언급하였듯이 5공 핵심 세력인 허 씨들은 정호용 장군에 대하여 비판적이었다. 그 이유는 12 · 12사건 다음 날 특전사령관직에 부임한 후 첫날부터 김오랑 소령 처리 과정에서 허 씨들의 지시를 따르지 않았고 2월 창당자금을 모금한 건, 언론 통폐합 반대건 등으로 허 씨들에게는 정 장군이 무엇이든 정도로 가야 한다는 원칙주의자라는 낙인을 찍어놓고 배타적 인물로 몰고 갔다.

5·17 계엄확대 및 5·18사건 처리 과정에서는 자신들의 계획(음모)이 정도가 아닐 경우, 협조하지 아니하고 비판적인 것이 확실했기 때문에 아예 무시하거나 중요 사항은 알리지 않고 진행하는 경우가 있었다. 군부대의 작전명령 수행은 상급부대가 하급부대에 작전명령이 하달되면 하급부대는 작전 회의를 통하여 작전명령을 수행한다. 특전사령부가 육군 작전명령에 의해 5·17 계엄확대 및 5·18 사건에 직접적으로 행동을 시작한 것은 5월 10일경 즉 사건이 나기 1주일 전이었다.

특전사령부의 상급부대는 육군본부이고 육군본부의 작전명령에 의하여 작전참모 장세동 대령과 작전과장 박중환 중령 등 5명이 전투교육사령부가 있는 광주로 출동명령이 하달되었다. 그런데 이 지시가 육군본부의 작전명령에 의한 행동개시라는 것은 잘 알려지지 않고, 정호용 특전사령관이 5·17 계엄확대 및 5·18 사건을 대비하여 병력 출동 지시를 한 것으로 오해하는 사람들이 의외로 많다.

작전 배속이란 특전사령부의 예하 부대인 각 여단의 작전지휘권이 배속을 받는 부대에 넘어가고 원부대 지휘관 즉 특전사령관은 전혀 작전지휘권에 관여치 못하게 되는 것을 말한다. 다만 후속 군수 지원, 인사, 후생, 복지 지원은 원 소속부대 소관이 된다. 전자의 경우는 특전사령관이 현지에 직접 출동하여 작전 지휘를 하게 되고 후자인 경우 특전사령관의 위치는 서울에 있는 특전사령부에 상주하고 현지에 가지는 않는다.

그리고 작전 배속의 개념을 아는 분들은 정호용 특전사령관이 작전 지휘권이 없음에도 불구하고 현지에 내려와서 직접 작전 지휘를 했다고 믿고 있었다. 그 이유는 1988년도 광주 청문회 당시 노태우 대통령이 정호용 장군을 제거하기 위한 목적을 가지고 여당 국회의원과 일부 광주 사건 당시 현역에 있던 국회의원들의 주장을 근거로 한다는 것까지 확인했다.

1989년 정호용 의원 제거를 위한 합의각서를 쓴 김윤환과 김원기 총무

필자가 2014년 국민대 통합운동을 하면서 이상에 언급한 내용을 국민대 통합운동이 제대로 될 수 있고, 정호용 장군에 대한 오해도 풀 수 있다는 생각을 가지고 이 책을 쓰기로 결심했다는 것을 밝힌다.

제5화   노태우 중간평가 폐기와 3당 합당을 위한 김윤환 총무와 김원기 합작 경위

　노태우 대통령이 3당 합당을 하면서 김영삼, 김대중 등의 요구로 정호용 장군을 5 · 18 광주 사건의 발포책임자 인양 희생양으로 만들었고 이때 주역이 정호용 장군과 고교 동창인 김윤환 의원이었다. 김윤환 의원은 정호용 장군이 전두환 대통령에게 소개하여 중책을 수행하게 하였고 노태우 대통령 당시에는 정호용 장군을 제거하는 핵심 역할을 하였기 때문에 의리가 없는 분이라는 좋지 않은 평을 받고 세상을 떠났다.

　필자는 1988년도 광주 청문회 당시 미국에 있었다. 정호용 장군이 광주 책임자로 몰리는 것을 보고 제가 나가서 그런 것이 아니라는 증언을 하겠다는 내용증명 편지를 보낸 일이 있지만 증인 요청을 하지 않고 노태우 대통령 의도에 따라 5 · 18의 책임자가 되고 말았습니다.

　1996년 정 장군이 구속되기 전날 미국에서 정호용 장군에게 국제전화를 걸었다. 40여분 간 통화하면서 "이번이 마지막입니다. 이번에 광주 사건 책임자라는 누명을 벗지 못하면 영원히 기회가 없으니 저를 증인으로 신청하시지요. 제가 증인이 되어 누명을 벗겨드리지요"라고 하였다.

　그런데 정호용 장군은 "그거 참 고마운 이야기입니다. 그런데 나 혼자 살자고 증인 요청을 할 생각이 없어요. 그렇게 되면 다른 한 친구가 어려움을 당할 수도 있어요. 그러니 벌을 받아도 같이 나누어 받고 한 친구를 살려야지요. 그래서 증인신청을 안 할 것입니다. 어쨌든 고맙소"라며 전화를 끊었다. 필자는 전화를 끊고 한참 동안 눈물을 흘렸다.

친구를 위하여 자신의 이익을 탐하지 않겠다 하니 참 훌륭한 분이라는 생각을 한 일이 기억난다.

1988년도에 노태우 대통령의 음모 때문에 광주 사건 책임을 지고 국회의원직을 박탈당했던 정호용 장군은 그 여파로 실형을 살고 불명예를 안고 살아가고 있지만 인간적으로는 승리자라는 생각을 하게 한다.

제6화 육사 11기 하나회 회원 가족 간의 시기와 질투

〈한마음 한뜻으로 국가에 충성하자〉는 '하나회' 회원들 간에 조선시대 궁궐 내에서 왕권을 두고 다투는 암투 못지않은 시기, 질투, 권모술수, 음모가 있을 수밖에 없었다. 자신보다 앞서가는 자를 치지 않으면 기회가 없고, 한번 밀리면 끝이 난다는 절박감에 단 한 순간도 방심을 할 수 없는 긴장이 흘렀다. 그리고 이런 관계는 가족에게도 그대로 적용이 되어 여러 이야기들이 회자되었다.

가족 간의 경쟁과 시기와 질투는 손영길 장군이 군에서 밀려나기 전까지는 손영길 장군 가족을 제외하고, 전두환, 노태우, 김복동의 부인들 간에 시기, 질투, 경쟁이 심했고 그 이후에는 남편의 계급이 올라가면서 심해졌다. 가족 간에 싸움을 했다는 이야기도 흘러나왔다. 이유는 남편의 서열에 따라 부인들의 서열이 뒤바뀌기 때문에 부인 간에 시기, 질투, 경쟁은 치열해질 수밖에 없었기 때문이었다.

군인 가족들은 남편의 출세를 위하여 헌신과 아부 그리고 모함을 하면서 상관의 가족에게 접근하기도 하였고 중상모략도 하면서 남편을 위해 헌신하였다. 따라서 군인 가족들은 높은 분의 부인 총애를 얻고

자 혈안이 되었고 상관 부인의 환심을 사기 위하여 체면을 불구하고 상관 집에 식모살이를 하는 것을 자랑스럽게 생각하는 경우도 많았다.

    가족들 간에 경쟁과 시기 질투는 남편들보다 더 심하였고 때로는 남편들 간에 불화를 일으키도록 영향을 미치기도 하였다. 남편이 중요 자리에 보직될 경우, 가족 간의 서열 또한 달라지기 때문에 누가 더 중요한 자리에 가는가에 대하여 신경을 쓰지 않을 수 없었다.

제16부

전두환과 김충립의 인연과 악연

필자의 신상에 대한 이야기를 이번 장에서 기술하게 된 이유는 본인에 대한 신원이상을 거론하는 자가 있었고, 군에서 강제 예편을 당한 부당함을 밝히기 위함입니다.

그리고 본인의 목사, 박사 경력을 기술하는 이유로는 몇몇 사람들이 필자의 경력에 대하여 시비를 걸었던 사연이 있어 부득이 해명을 하고, 증거를 제시하고자 필자의 이야기를 기술하게 된 것이니 양해해 주시기 바랍니다.

제1화   부친의 부역과 종군 그리고 필자의 군 경력 및 학력 소개

필자 김충립

    필자가 6살이던 1961년 6·25가 일어나기 전 우리 동네에서 8km 정도 떨어진 깊은 산속, 문수산 깊은 골에 당시 '지방 빨갱이, 공산당'이라고 불리는 자들이 밤이면 마을에 내려와 소, 돼지, 닭 등 가축을 약탈해 가곤 했고 마을에서 보면 멀리 산속에서 소를 잡는 연기가 여러 날 계속 피어올랐다. 이 때 아군 1개 소대가 우리 집에 주둔했었다. 당시 우리 집이 동네에서 제일 컸고 이장을 하고 있었기 때문이었다.

    6·25가 나기 전, 당시 지방 빨갱이들을 토벌할 경찰도 군인도 없었다. 동네 이장이던 부친이 마을 회관 앞 다리 밑에 죽창 100여 개를

1950년대 아군이 주둔했던 필자의 고택

제16부   전두환과 김충립의 인연과 악연   293

만들어 놓고 야밤에 '지방 빨갱이'라고 불리던 공비들이 산에서 내려와 가축을 끌고 가려고 하면 종을 치면 마을 사람들이 죽창을 들고 쫓아 보내곤 했다. 이때, 힘이 있는 경찰과 군대가 있었으면 이런 일이 없었고 국민들이 안전하게 살 수 있었다며 아쉬워하는 이야기를 들었던 기억이 있다.

6·25 한국전쟁이 일어나자 동해안 삼척 지방으로 침투한 북한군 기마부대가 우리 동네에 들어오자 산속에 숨어살던 빨갱이들이 북한군과 한패가 되어 우익 인사를 잡아가서 죽이곤 했다. 이장이던 부친은 아군이 우리집에 주둔하였다는 이야기를 듣고 '총을 내놓으라'고 윽박지르자 산 속으로 숨어 다니다가 북괴군들에게 붙들려 사형장에 끌려갔다.

북한군이 '총알이 아깝다'며 목을 불로 태워 죽이려고 하던 중 누군가가 부친을 죽이지 말고 살려주자는 제안을 하여 죽기 직전에 목숨을 붙이고 살아 돌아왔다. 목에는 불로 지진 화상에 피를 흘렸던 모습으로 집에 돌아왔던 기억이 생생하다. 그로부터 얼마 후 북한군이 북으로 도망간 후, 우리 집에는 다시 HID 라는 국군 부대가 10여 일간 주둔했다. 이때 부친은 동네 청년 2명과 같이 HID부대에 자진 입대하여 종군을 하던 중, 2년 후 오대산 전투에서 부상을 당하고 귀가하였다.

해방 후 장기간 이장을 하다가 6·25 당시 동네 이장을 하면서 부역을 했다는 이유로 경찰서 기본대장에 신원 이상자로 등재되었다. 이렇게 필자의 부친은 부역은 하였지만 종군한 자였다. 필자는 1968년 503 보안부대에서 종군한 사실이 조사된 후, 장교로 임관할 수 있었고 2년 후 보안부대원이 되었다. 그런데 1975년 보안사 감찰실에서 근무할 당시 허삼수가 감찰실 박영익 소령에게 필자가 신원에 이상이 있으니 군에서 전역시켜야 한다는 정보를 제공하였다.

1940년 일제 강점기
금정 광산 사진

1968년 경북대학교 사범대학 졸업식에
참석한 부친

　당시 감찰실장이던 김병두 대령은 필자에게 알리지 않고 조사관 김성구 준위를 1주일 동안 필자 고향, 현지에 보내 사실 확인 조사를 시켰다. 김성구 준위가 부친과 같이 군에 갔던 당사자들을 만나 확인하고, 6·25 당시 부역 여부는 6·25 당시 거주했던 주민들을 만나 확인 조사를 한 후 '신원에 이상이 없는 애국자의 자식'이라는 보고를 했다. 이 조사 결과는 진종채 사령관에게 보고되었다. 지금도 김병두 장군은 생존에 계시고 당시 일을 증언하였다.

1975년 사령부 감찰실 근무 당시 예하부대를 감사하는 필자

1968년 경북대학교 사범대학을 졸업하고 ROTC 장교로 임관한 후 군 복무 중 한양대학교 행정대학원을 졸업하였다. 1981년 워싱톤 DC 근처 죠오지 메이슨대학 수학을 거쳐 한인 장로회 신학대학 졸업 후 목사 안수를 받았고 아주사퍼시픽대학교 하가드신학대학에서 종교학 석사, 신학박사 학위를 받았고, 미주장로회 신학대학 교수로 재직하던 중 2012년 귀국하였다.

1975년 사령부 감찰실장 오정현 대령으로부터 표창패를 받는 필자

제2화 보안사령부 전입 후 강제 예편 경위와 구속을 시도한 허삼수 사정 수석

1966년 경북대학교 사범대학 3학년이 되자 ROTC 입교를 하려 했더니 신원 부적격자로 장교가 될 수 없다 하기에 〈6·25 이후 3년간 종군한 군인의 자녀이니 재조사를 해 달라.〉고 했더니 503대구방첩대에서 최수정 중사로 하여금 현지 조사를 시킨 후 적격 판정을 받고 ROTC 교육을 이수하고 1968년 졸업과 동시 임관하였다.

1980. 8. 보안 반장 당시 보안사령관 노태우 장군 특전사 보안부대 방문 기념 사진(맨윗줄 왼쪽 다섯번째)

임관 후 8사단 16연대 7중대 소대장 근무를 마친 후, 1969년 7월 대대 인사장교로 근무할 당시 30대대장이던 전두환 중령 방문 시, 대대 현황 브리핑을 하였는데, 전 중령이 신재기 대대장에게 필자가 전역하기 전 자신에게 보내 달라는 요청을 하였다.

이 요청에 따라 1970년 2월 필자는 서종철 총장 수석부관이던 전두환 대령을 참모총장 부속실에서 만났다. 이때 전 대령은 필자에게 장기복무를 하라는 권유를 하였다.

이때 전 대령은 전속부관 김진영(17기, 하나회) 소령에게 필자를 옥인동에 있던 보안사령부 인사과장 배명국 중령에게 데려다주라고 지시하였다. 배 중령을 만났더니 바로 보안사령부로 전입 인사 명령을 내준다고 했다. 이런 인연으로 필자는 1970년 10월 보안사령부 요원이 되었다.

1980년 4월 특전사보안반장 당시 장세동과 함께 (중앙에 장세동 오른쪽 김충립 소령)

1970년에서 1973년까지 506보안부대에서 근무한 후 75년 사령부 보안처 대전복 장교, 감찰실 근무를 마치고 76년 소령진급 후 71사단 보안반장, 78년에는 30사단 보안부대 운영과장, 1979년 특전사령부 보안반장을 하던 중 1980. 10. 24.(토) 중령 진급 발표가 있었다. 진급 심사위원이었던 임재문, 김동조 중령이 진급 축하를 해 주었다. 이날 저녁 정 장군은 김윤환, 조내벽(라이프 사장, 창당 자금 후원자) 등과 축하 파티가 있었다.

진급발표가 있었던 날 허삼수 청와대 사정수석이 노태우 보안사령관을 찾아와서 "김 소령을 중령으로 진급시켜서는 안 된다. 즉시 전역시키라"는 전 대통령의 지시를 하달하였다. 이틀 후 1980. 10. 27. 필자는 노태우 사령관에게 불려가서 안병호 비서실장에게 강제전역서를 제출한 후 전역을 당하였다. 이유는 터무니 없는 〈신원 이상〉이라고 하였다.

끝까지 버티려고 하였지만 불응하면 서빙고에 구속시킨다고 하니 더 버틸 수 없었다. 이유는 서빙고에 가면 간첩으로 몰리거나 죽을지도 모르니 전역서를 쓰지 않을 수가 없었다. 13여 년 근무 후 중령 진급이 되었지만 전두환의 명령으로 강제 전역을 당하였으니 전두환과는 처음부터 악연이었던 것 같다.

제3화 필자의 전역 명령을 한 자는 전두환인가? 이순자인가?

1979년 3월 전두환 보안사령관이 부임한 후 이순자 여사가 허삼수 인사처장 가족에게 필자를 보안사에서 내보내란 지시를 하면서 다섯 명의 보안사령관이 바뀌었는데 왜 이렇게 보안사에 오래 근무하느냐? 하고 비난을 한 일이 있었다. 그 현장에 동석했던 신재기 대령 가족이 필자에게 전해주면서 이순자 여사를 찾아가 보라는 이야기를 해준 일이 있었다.

| 1980. 10. 27. 허삼수를 통해 노태우 보안사령관에게 필자를 전역시키고 불응하면 서빙고에 구속시키라고 지시를 한 전두환 사령관 | 1973년 4월 인사처장 허삼수 가족에게 전역시킬 것을 지시한 이순자 |

그런데 바로 이때, 전두환 사령관은 필자가 그날 503보안부대로 인사명령을 받았음에도 불구하고 필자를 특전사 보안반장으로 가라는 특별 지시를 하면서 허삼수 인사처장에게 가서 사령관 지시를 받았다는 이야기를 하라고 하였다.

그런데 필자가 허삼수 처장에게 사령관 지시를 전달하자 허 삼수는 여러 장교들 앞에서 "육군 소령밖에 안 되는 놈이 사령관에게 가서 인사 청탁을 하는 놈"이라고 비방하며 "O랄토시 출신 놈들은 다 저런 놈들"이라는 욕설을 퍼부은 일이 있었다. 그 후 허삼수는 1979년 12.12 쿠데타 당시 김오랑 소령 시신 처리 과정에서 자신의 지시를 따르지 않는다고 "너는 배신자다. 앞으로 지켜보겠다."고 엄포를 놓기도 하였다.

1980.10.24. 오전 사령부 인사처에서 1981년도 중령진급 예정자 발표가 나자 이를 본 청와대 사정보좌관이던 허삼수가 노태우 보안사령

관을 찾아와서 "전두환 대통령이 김충립 소령을 신원이상 자이니, 중령 지급을 시키지 말고 전역시키고 만약 전역을 거부할 시 서빙고에 보내 조사를 하라는 지시를 내렸다"는 뜻을 전하였다. 이 지시에 의거 필자는 1980.10.27. 강제 전역을 당하였다. 그런데 정호용 장군과 노태우 사령관은 전 대통령의 지시가 아니라 허삼수가 전역을 시키는 것이라 판단하고 다음과 같이 필자를 위한 구명 운동을 하였다.

전역지원서를 제출한지 열흘 후인 1980년 11월 초, 정호용 장군이 5공 핵심 7명(허화평, 허삼수, 이학봉, 장세동, 김진영, 허문도, 권정달)을 부부 동반으로 신라호텔에 저녁 식사를 초청한 자리에서 "김충립 소령이 전역을 하게 되었다. 그런데 노태우 장군과 나(정호용)는 김 소령을 새로 창당하는 당에서 근무를 하도록 하였으니 여러분이 협조해 주기를 바라고 김 소령과 잘 지내주기를 바란다."는 당부를 하였다.

이 때, 허삼수가 "그건 안 됩니다. 김 소령은 최성택 장군과 가깝기 때문에 안 됩니다."라고 당돌하게 반대하였다. 이에 정 장군이 "그래 가깝지. 그런데 그게 왜 문제가 된다는 거지?" 한 후 최성택이 아니라 "나(정호용)와 가깝기 때문에 안 된다"는 이야기로 듣고 더 이상 이야기를 하지 않았다고 하면서 "장세동 3여단장을 만나보라" 하였다.

다음 날 아침 장세동 대령을 만났더니 "이 이야기는 무덤에 갈 때까지 묻어 둘려고 했는데 이미 김 소령이 정 장군 이야기를 듣고 알고 있으니 하는 이야기인데, 이번에 김 소령이 참아주기를 바란다. 그렇지 않으면 육사 11기들 간에 분쟁이 일어나니 참아 달라. 그러면 후일에 내가 보상을 하겠다."라고 한 일이 있었다. 이상 이야기를 종합해 보면 전두환 대통령이 필자를 전역시킨 것은 아닌 것 같아 보였다.

40년이 지난 과거사이지만 허삼수에게 공개 질문한다. 필자를 전역시킨 명령자가 이순자인가? 전두환 대통령인가? 아니면 허삼수 당신이 전역시킨 것인가? 현존하신 권정달, 장세동, 김진영, 정호용 장군 그리고 가족분들에게 확인 해 본 후 솔직히 밝혀주기 바란다.

그리고 1981년 1월 중순 허삼수 사정수석은 필자를 청와대 특수수사대에 강제 연행하여 강창성 장군이 구속되었던 조사실에 10여 일간 감금하고 필자를 구속시킨 후 제1호 구속자 강창성에 이어 5공 정부 제2호로 매장하려고 강압 수사를 했으나 구속시킬 수 없자 설날 풀어 준 일이 있었다. 사과할 생각이 없는지 묻는다.

뿐만아니라 1975년 허삼수는 필자가 감찰실 감사관으로 근무할 당시 감찰실 조사장교 박영익 소령(육사 23기)에게 필자의 신원을 조사하여 퇴출시킬 것을 요구한 사실이 있었다. 당시 감찰실장 김병두 대령이 김성구 준위로 하여금 필자의 고향에 가서 1주일 동안 조사를 해 오라는 지시를 내렸다. 현지 조사 결과 부친이 종군자임이 밝혀졌었다. 그럼에도 불구하고 허삼수는 1980년에 10월 노태우 보안사령관에게 신원에 이상이 있는 자이니, 강제 전역을 시키라는 지시를 했고 필자는 강제 전역을 당했다. 허삼수에게 묻는다. 무기징역 형을 받았던 동생을 둔 허화평과 비교해 본 후 필자에게 사과하고 화해 할 생각이 있는지 묻는다. 동서 화해 국민대통합 차원에서 만나 화해를 하자는 제안을 공개적으로 한다.

제4화 1975년 진종채 보안사령관의 군 정화를 위한 〈혹, 딱지 제거 비밀 공작〉과 허화평 대령

11975년 허삼수가 감찰실 박영익 소령에게 필자에 대한 신원 조사를 해서 군에서 제거하려는 시도가 있었다. 감찰실장 김병두 대령이 김성구 준위로 하여금 1주일간 현장 조사를 한 후 신원에 이상이 없다는 결과가 나왔고 이 보고를 받은 진종채 사령관이 군내에 존재하는 신원 특이자를 찾아서 정리하라는 특별 지시가 있었다.

〈혹〉은 가족 중에 북한에서 남파한 간첩이 있는 경우이고 〈딱지〉는 가족 중에 북한으로 월북한 자가 있는 자를 지칭했다. 예를 들면 허화평 대령의 동생 허화남 씨의 경우는 자진 월북한 〈딱지〉임은 물론 밀봉교육을 받고 남파된 〈혹〉에 해당하고 허화평의 큰 형은 동생을 월북시킨 자로 월북했기 때문에 〈딱지〉에 해당되었다. 결국 허화평은 신원 이상자로 연좌제 법에 의하여 군에서 마땅히 제거되어야 할 신원 이상자였다. 그는 1971년 동생 허화남 씨가 간첩으로 검거되었을 당시 제거되어야 했지만, 하나회 보스 전두환의 비호로 살아남았던 자였다.

이 공작으로 인해 군내 영관급 장교 20여 명이 전역 되었다. 문제는 국방부에서 근무중인 허화평 중령이었다. 진종채 사령관이 서종철 국방부 장관에게 〈혹, 딱지 제거 공작〉을 설명드리고 군 정화를 위하여 허화평 중령을 군에서 전역시켜야 한다는 보고를 하였다. 이 보고를 받은 서종철 장관은 고심 끝에 진종채 사령관에게 간첩 사건이 있은 후 4년 이상 군에서 근무해 온 자이고 특히 나의 전속부관을 해온 자이니 구제해 주자는 의견을 제시했다. 진종채 장군이 다시 한번 더 제거해야 한다는 의견을 제시했지만 완강히 거절하여 허 중령을 전역 조치하지 못했다.

허화평의 신원 이상에 대하여 모르는 사람이 없을 정도로 알려져 있었고 특히 육사 17기들은 모두 다 알고 있는 사실이었다. 그럼에도 불구하고 가장 친한 친구인 허삼수는 필자에 대하여 1975년에 시비를 걸었고 1980년 10월 중령 진급 발표가 있자 보안사령관 노태우 장군에게 전역시킬 것을 요구하고 불응하면 서빙고에 구속시키라는 지시를 하였고 이를 집행한자는 노태우 사령관 전속부관 안병호 대령이었다.

이뿐만이 아니다 허화평은 무기징역 형을 받은 간첩 동생을 20년으로 감형시킨 후 10년이 지난 1980년 크리스마스 특사로 출감시키고, 간첩으로 온 자를 방위 산업 업체인 포항제철에 과장으로 근무케 하였고, 7년 후 포항제철 자회사인 포항철강 상무를 시켰다. 이 과정에서 간첩 허화남의 전과가 말소된 것이 발각되어 검찰에서 조사지시가 있었으나 조사는 하지 않았고 슬그머니 전과 기록이 복원된 사건이 있었다. 있을 수 있는 일인가? 이는 허화평만이 할 수 있는 범죄 행위라고 생각한다.

개인적 비리를 공개하는 것에 대하여 미안하다는 생각을 한다. 하지만 허화평은 자신이 5공 기획자이고 주체이며 지금도 잘못이 없다는 주장하며 전두환 전 대통령의 대국민 사과와 화해를 방해하고 있기때문에 온 국민에게 밝히는 바이다.

한 가지 더 국민이 알아야 할 사항이 있다. 허화평은 1988년 현대사회문제소를 운영하다가 현재는 한국미래재단을 운영하고 있다. 이 재단은 1980년도 일해재단 모금시 전두환이 조성한 93억 원과 1988년도 노태우가 지원한 3억 원을 합계 한 96억 원을 투자한 단체이고 지금은 700억 원이 넘는 자산을 보유하고 있다. 이 자산은 국고에 환수해야 한다. 아니면 전두환의 추징금으로 납부해야 마땅하다는 주장이다. 2023년 필자가 청와대에 2차에 걸쳐 청원서를 냈지만 정부 입장은 개인 재산이므로 국가가 관여할 사안이 아니라는 답변을 받았다. 필자는 앞으로 계속하여 이의를 제기하려고 한다.

결론적으로 허화평에게 제안한다. 세월이 흘렀지만, 결자해지 정신으로 사과할 것은 사과하고 정리할 것은 정리하여 과거를 청산하고 국민 대통합에 기여하기를 부탁한다. 5·18 조사위원회에서 잠깐 만났을 때 필자의 대화를 하자는 제안은 지금도 유효하다. 언제든 어디서든 공개적으로 만나 대화로 모든 문제를 풀어가기를 공개 제안한다.

제5화   전역 후 필자의 학·경력 및 정당 활동 소개

1. 1995년 대한예수교 장로회(통합) 미주노회 목사 안수 경위

필자가 1995년 목사 안수를 받은 증거 및 사진
대한예수교 장로회(통합) 한인장로회 신학대학원 안수증서

1995 석사학위 및 목사 안수사진   1995 목사시험 합격증서

2. 1996년 〈미국 아주사퍼시픽대학교 하가드신학대학원〉신학 박사 취득 경위

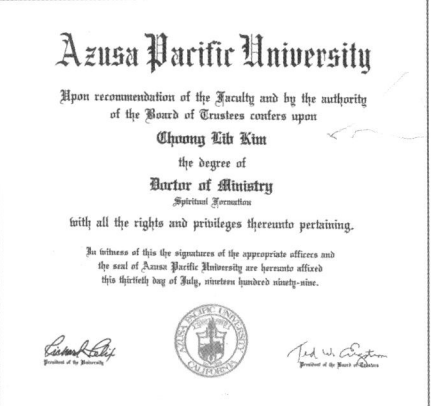

박사학위 수여증

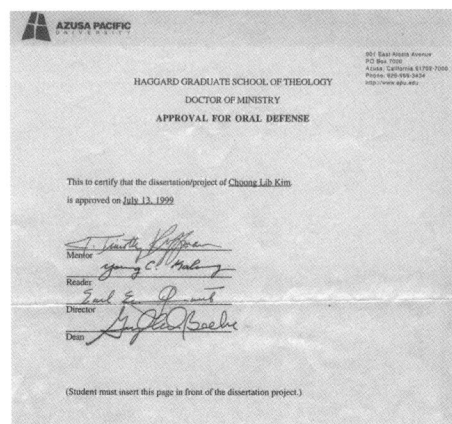

박사학위 논문 오랄 테스트 합격증서

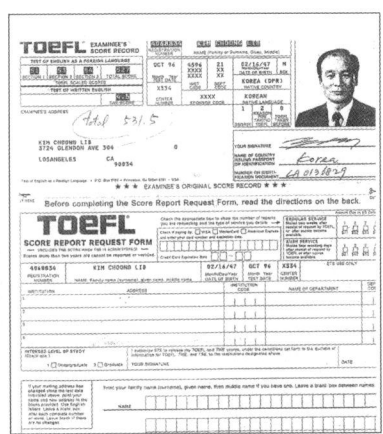

박사과정 입학 토플테스트

제16부 전두환과 김충립의 인연과 악연 307

3. 미주 한인장로회 신학대학 교수 경력

기획처장, 교수

1997년 학위수여식

2021년 (5공과 5·18 화해)

"장로와 평신도들이 적극적으로
목소리를 높여야 한다"

2003년 발행

2005년 발행

2009년 발행

4. 정당 활동 경력

2012년 기독자유민주당 (기독당) 대표

이기택 대표와 지구당 위원장(필자)

1992년 민주당 영양지구당 위원장

1992년 봉화지구당 창당대회

제17부

동서화합과 국민대통합을 위한 제언

| 제1화 | 박근혜 후보의 국민대통합을 위한 제안 3가지 |

2011년 후반에 박근혜 후보자와 김무성 의원이 LA를 방문하여 교포 간담회에 초청을 하였다. 이날 야간 강의가 있어 참석 못 하고 필자가 쓴 책 세 권을 보내 주었다. 연말에 필자가 쓴 책을 읽어 본 박 대표가 동생인 김충환 의원에게 필자를 만나자는 제언을 하였다. 얼마 후 귀국하여 박 대표 의원 사무실에서 면담을 가졌다. 이 자리에서 박 대표가 세 가지 제안을 하면서 귀국하여 자신을 도와달라고 하였다.

〈5공과 5·18 화해〉를 요청한 박근혜 전 대통령

박 대표는 책을 잘 봤다면서 귀국하여 세 가지 일을 해 달라는 요청을 하였다. 첫째, 전두환 장군과 자신과의 화해를 둘째로는 5공과 5·18 화해 추진을 요청하였다. 세 번째는 사회혁신 운동을 해달라는 것이었다. 이때 필자는 처음 두 가지는 할 수 있으나 사회혁신 운동은 미국 목사이기 때문에 불가능하다 하였더니 자신이 대통령이 된 다음 추진을 돕겠다고 하여 그러면 제가 해보겠다고 약속을 하였다.

곧바로 정호용 장군이 전두환 전 대통령을 만나 필자가 건의한 바를 전두환 전 대통령에게 전하였다. 그런데 전두환 전 대통령은 정호용 장군에게 "내가 박근혜 대표에게 사과할 일이 없소. 내가 합수본부장일 때 박정희 대통령 관련 부분은 무엇이든 잘 해드렸다"고 하면서 "내가 어린이대공원 문제, 영남대학 문제 등 박정희 대통령 관련 부분은 신경 써서 잘 처리해 드렸소. 그리고 어린이회관과 관련하여 박근혜가 요청한 것은 국민 여론을 생각하여 거절한 일은 있소" 하면서 "자신은 박근혜에게 사과할 일이 없다. 많이 도와주었다."고 하여 무산되었다.

정 장군 요청으로 이학봉 씨를 만나 사과를 하고 화해할 생각이 있는지 물어보라고 하며 8가지에 대하여 설명을 해주었다. 며칠 후 이학봉 씨가 만나자는 연락이 왔다. 전 전 대통령이 "다음 해(2013년) 새해에 박근혜 후보가 새해 인사를 오면 사과를 하겠다"고 했다는 이야기를 전해주었다. 이때 필자는 사과를 하려면 찾아가서 하는 것이지 오면 하겠다는 것은 성의가 없는 것 같으니 다시 말씀드려 보라는 조언을 했다.

이상 내용은 총무 비서에게 보고되었다. 그런데 2013년 초에 박 대표가 새해 인사를 가지 않아 사과는 없었고 앙금만 남았다. 2013년 대통령 취임식 행사에 전 전 대통령이 축하를 위해 참석은 했지만, 박 대통령은 전 전 대통령에 대하여 싸늘한 모습을 보였다.

얼마 후 추징금 강제징수 조치가 있었을 때 박 대통령이 보복을 하는 것이란 여론이 팽배해지자 필자는 여러 언론에 출연하여 전 전 대통령이 사과의 뜻을 표했고 필자가 보고를 했기 때문에 보복을 하는 것이 아니고 광주와 화해를 하지 않았기 때문에 부득이 추징금을 납부하고 화해를 하라는 조치라고 해명을 다닌 일이 있었다.

제2화 2013년 정호용 장군과 필자의 5공과 5·18 화해 추진 경위

이 운동은 박근혜 대통령의 두 번째 요청으로 시행되었음을 밝힌다. 〈5공과 5·18 화해〉 문제는 국가적 대사이기 때문에 특정한 개인이 이를 추진할 정도의 문제가 아니고 국가적 대사라고 보아야 한다. 필자가 감히 이일을 추진하게 된 것은 박근혜 대통령이 필자는 5공 출신으로 전 대통령 측근이고, 다른 한편으로는 5공의 핍박을 받은 자로 특히 목사 신분이니 광주 분들하고 동병상련의 정을 나누며 5공과 5·18 화해를 추진할 수 있으니 추진해 달라는 대통령의 요청이 있었기 때문에 추진하게 되었다.

추진 단체 이름 〈한반도 프로세스포럼〉이라는 명칭도 박 대통령의 조언으로 박 대통령 앞에서 지어진 이름이다. 서울시에 비영리단체로 등록한 후 2013년 초부터 정호용 장군과 같이 전 전 대통령과 박근혜 대통령 화해 추진을 위하여 정 장군은 5공을 담당하고 필자는 광주를 담당키로 하였다. 2013년 초 필자는 박석무 전 의원 소개로 5·18기념 재단 오재일 위원장과 송선태 상임이사를 만나 추진을 시작했다.

처음 5·18재단을 방문했을 때는 5공 출신이라는 이유로 냉대를 받았다. 그러나 2013년 9월 박효순 씨와 동행하여 장장 6시간 반 동안 눈물을 쏟으며 위로의 설교를 한 결과 "전 전 대통령이 진정으로 사과를 한다면 5·18에서는 이를 받아들일 수 있다."는 응답을 받았다. 이때 필자는 다시 감격과 감사의 눈물을 흘렸다. 지금도 그 당시 기억은 생생하다. 뜻을 이루지 못해 아쉬움이 있지만 계속하여 이 운동은 추진되어야 하는데 정호용 장군의 건강이 나빠 누가 5공쪽을 설득할 수 있을지 난감한 상태다.

지난 과거사이지만 글로 남기려 한다. 2013년 10월, 정호용 장군과 의논한 후 프레스센터에서 〈5공과 5·18 화해 세미나〉를 추진하였다. 어렵게 5·18재단을 방문하여 6시간 30분 동안 설득을 한 결과 대표들이 화해 추진 세미나에 참석하겠고 전두환 전 대통령이 진정으로 사과할 경우 받아들이겠다는 5·18재단의 동의를 얻어냈다. 하지만 세미나 개최는 전두환 전 대통령 반대로 무산되었고 화해 무산의 책임을 느낀 정 장군은 미국으로 떠났다.

그 후 2015. 8. 15. 저녁 청와대 행사에 참여했던 전운덕 스님과 같이 저녁식사 중에 스님과 목사님이 다시 화해를 추진해 보는 것이 어떻겠느냐는 제안을 받았다.

그 후 고명승 장군과 같이 4차에 걸친 협의 끝에 2016. 4. 27. 연희동 전 전 대통령 집에서 장장 4시간 반 동안 화해를 위한 토론이 진행되었다. 처음에는 전혀 성공할 것 같지 않았지만, 시간이 흐르면서 전 전 대통령과 이순자 여사는 필자보다 더 열정적으로 "돌을 맞더라도 광주에 가서 유감의 뜻을 표하고 사과하자."는 결단을 표하였다.

이때 전 전 대통령이 화해 필요성을 밝히는 메시지도 주셨다. 그리고 필자에게 광주에 가서 어떻게 사과하는 것이 좋을지 한번 해 보라고 하였다. 이때 필자는 다음과 같이 사과 시범을 보였다. "본인은 5·18 당시 보안사령관과 중앙정보부장을 지낸 사람이고 5·18 이후 3개월 만에 대통령이 되었던 자로서 이제 와서 돌아보니 5·18 당시 희생된 분들의 명복을 빌고, 가족 여러분께 위로의 말씀을 드리고 광주 시민 여러분께는 유감의 말씀을 드리며 사과의 뜻을 표합니다."라고 사과 시범을 해 보였다. 이때 전 전 대통령은 "좋네, 좋아!" 하시면서 "김충립을 앞세우고 돌을 맞더라도 광주에 가자."고 하였습니다. 이어서 "경호 문제는?" 하기에 "현 대통령께서 추진하라 하셨으니 경호야 걱정하지 않아도 될 것입니다."라고 답변을 했다. 증인으로 이순자 여사, 정호용 장군, 운덕 스님, 고명승 장군, 배수강 기자 등이 증인이 있다.

2016. 4. 27. 전두환의 화해 결단과 이 결단을 무산시킨 5공 측근들의 방해 공작

이날은 전 전 대통령께서 화해를 위해 광주로 가겠다는 결단을 내린 중요한 날이었다. 2012년 박근혜 후보 당시 요청한 화해 운동의 결실을 얻어낸 날이었다. 이날처럼 사과를 했더라면 새로운 역사가 일어날 뻔 했었다.

연일 전 전 대통령이 화해를 위해 광주를 방문한다는 보도가 1주일 정도 계속되었고 필자는 청와대와 경호문제를 보고하려던 시점인 2016년 5월 13일 민정기 비서가 MBN 방송국에 가서 "사과와 광주 방문 계획은 없다. 김충립이라는 사람을 연희동은 모르는 사람"이라고 하면서 "전 전 대통령은 2017년 봄 〈회고록〉에서 화해관련 모든 것을 밝힐 것"이라는 방송을 하였다. 이로서 지난 3년 간 필자와 정호용 장군이 추진했던 화해는 없었던 일로 되어 버렸다.

필자는 2019년 민정기 비서의 화해 방해에 대하여 고소, 고발한 후 2020년 정호용, 고명승, 장세동과 만나 필자의 고소, 고발을 취하하고 민정기 비서와 같이 화해 운동을 하자고 제안하였다. 이 제안에 의거 필자와 민정기 비서가 김영삼 변호사 앞에서 소를 취하하고 정호용,

고명승, 장세동, 민정기 비서와 같이 화해를 추진하자는 합의가 있었으나 민정기 비서가 변호사 앞에서 '우리는 죽어도 사과를 하거나 화해를 못하겠다.'고 단언하여 제2차 시도가 무산되었다. 그리고 2021. 6. 정호용 장군이 한번 더 연희동을 찾아갔으나 건강상 이유로 말을 못하고 돌아온 일이 있었다.

화해를 못하는 이유는 "5·18은 폭동이었다. 국가를 위기에서 구출하였는데 처벌을 받은 것은 부당하다. 처벌이 취소되지 않는 한 절대로 사과를 못한다."고 하였다. 이 주장은 지금까지 허화평이 언론에 나와 주장하는 이유와 똑 같았다. 따라서 필자는 연희동에서 화해를 못하는 것은 허화평 등 측근 때문이라고 생각한다.

전두환 전 대통령이 세상을 떠난 후 2022년 후반에 필자와 5·18민주화운동조사위원회 위원장과 같이 원로목사 김장환 목사님을 상면한 후 목사님께서 화해를 주선해 달라는 마지막 부탁 말씀을 드리고 가족과 자녀를 만나 설득해 달라는 요청을 하였다.

2022년 추석 전에 김장환, 김삼환 목사님 두 분께서 이순자 여사와 둘째 아들을 만나 화해를 종용한 바 있으나 지금까지 응답이 없어 현재로서는 김 목사님께서 노력해 주시기를 바라는 길 이외에는 다른방도가 없는 상태다.

◼ 2016. 4. 27 영상자료를 활용한 필자의 제언

신동아에서 보유하고 미공개된 영상자료를 확보하여 아래와 같은 일들을 해주기를 제언한다.

첫째, 2016. 4. 27. 회담 내용은 '신동아' 2016. 6월호에 실린 배수강 기자 글을 확인하면 더 자세한 내용을 알 수 있으니 확인해 주시기 바랍니다.

둘째, '신동아'에서는 이날 녹화, 녹음된 복사본을 5·18기념재단에 제공하여 〈5공과 5·18 화해〉와 〈국민대통합〉을 위한 자료가 될 수 있도록 해주시기 바랍니다.

셋째, 이순자 여사와 자녀 분은 이 기록을 확보하여 화해의 자료로 활용해 주시기를 제언합니다.

제3화 김장환 목사의 〈5공과 5·18 화해〉 추진을 위한 공개 제언과 필자의 공개 제안

2022년 9월 김장환 목사님과 김삼환 목사님께서 둘째 아들 전재용 전도사를 대동하고 이순자 여사를 방문하여 사과하고 매듭지을 것을 요청하였다. 이에 대하여 공감대가 이루어지면 사과하겠다는 언질은 있었으나 지금까지 사과한 일이 없다. 앞으로 이순자 여사가 공감대를 이룰 경우 김 목사님과 5·18 관계자들과 더불어 정호용 장군과 같이 〈5공과 5·18 화해〉 운동을 계속하여 화해가 이루어지기를 기도드린다.

현 시점에서 필자가 이순자 여사와 자제분과 5·18 관련자 및 광주 시민에게 공개적으로 드리고 싶은 이야기를 하고자 합니다.

첫째, 〈회고록 1권〉 북괴군 침투와 관련한 공개 제언. 북괴군 침투에 대하여 전 전 대통령께서 "무슨 말이야?" 하여 부정하였고 이순자 여사께서 "우리는 지만원과 모르는 사이이고 그 분과 연희동과 섞지 마세요. 본 적도 만난 적도 없는 자입니다."라고 하였고 고명승 장군이 10여분간 열을 올리며 북괴군 침투는 사실이 아니라고 한 사실이 있습니다. 배수강 기자로부터 녹화 사본을 달라하여 이를 공개해 주시면 회고록 때문에 분노한 광주 시민의 생각에 변화가 있을 것입니다.

둘째, 5·18 책임, 발포 책임이 없다는 이야기가 처음에 있었습니다. 그리고 필자가 광주 시민의 생각을 말씀드리자 화해를 하자는 주장과 메모지가 전달되었고 이순자 여사께서 천도제 기도를 드렸다는 증거가 제시되었습니다. 이런 내용이 공개되면 화해에 도움이 될 것이고 광주 시민들도 이해가 되실 것입니다. 이런 내용이 알려져야 합니다. 그러니 그 필름을 찾아서 공개하시기 바랍니다.

셋째, 월간 신동아 회사에서 보관 중인 전두환 전 대통령과 이순자 여사의 마지막 인터뷰 녹화 필름을 찾으셔서 공개하시기 바랍니다. 이 속에 북괴군 침투가 없었다는 것을 전두환 전 대통령과 이순자 여사, 고명승 장군이 역설하는 장면이 있습니다. 이것을 보면 회고록에 지만원 이야기를 쓴 것이 허위임을 밝혀줄 수 있습니다.

넷째, 이 녹화 속에 전 전 대통령과 이순자 여사가 화해를 역설한 내용이 있으며 메모지를 주셨는데 이를 신동아가 공개하지 않고 있습니다. 신동아는 화해에 불리한 부분만을 공개하여 연희동 쪽을 어렵게 하고 있습니다.

다섯째, 전두환 전 대통령 지시로 필자에게 광주에 가서 어떻게 사과할 것인지 연습해 보라 하셨고 필자가 화해 연습을 해 보이자 "좋다. 좋아." 하시면서 "돌을 맞더라도 광주에 가자." 하고 결단한 장면을 알리시기 바랍니다. 그러면 광주 시민들이 "본인은 진심으로 사과를 결단 했었구나. 그런데 측근들이 방해했구나" 하고 이해하면 마음이 풀어 질것이 아닙니까? 이렇게 되면 사과 한마디 없이 돌아가신데 대한

화가 약간 풀릴 수도 있다고 생각합니다.

여섯째, 추징금 납부를 최대한 하시기 바라며 추징금으로 납부하실 수 있는 재원에 대하여 말씀드리겠습니다. 현재 허화평 씨가 600~700억 원 부동산을 개인이름으로 가지고 있는 재원을 말씀드립니다. 처음에 1980년도 일해재단 만들 때 모금한 93억과 노태우 대통령이 지원해 준 3억, 계 96억 원으로 미래한국재단을 운영한 결과 현재 막대한 부동산을 보유하고 있습니다. 이 돈은 전 전 대통령이 모금한 돈으로 시작한 것이고 허화평 개인의 재산이 아닙니다. 이 돈을 추징금으로 납부하시기 제안드립니다. 추징금 납부에 성의를 다 하시기 바랍니다. 국민의식을 전환시키는데 도움이 될 것입니다.

일곱째, 측근들과 공감대를 이루기는 어려울 것입니다. 자녀분들과 의논하시고 김장환, 김삼환 목사님의 도움을 받으시기 바라며 저도 위 두분을 모시고 〈5공과 5·18 화해〉를 계속 추진하여 동서화합과 국민대통합을 이루도록 노력할 것입니다. 제안을 줄입니다.

제4화   남북통일을 위한 시대적 사명인 〈국민대통합〉

우리 민족은 통일이 언제 올지는 모르지만, 분명히 올 것이라고 믿고 있다. 그런데 통일이 되어도 문제라는 생각을 가진 사람들 중 일부는 통일이 시기상조라고도 한다. 그 이유는 우리 남한 사회가 통일을 맞을 준비가 되어있지 않기 때문이라고 본다. 가장 큰 문제는 오늘날 우리 사회가 각종 이유로 인해 분열과 갈등으로 단합하지 못하고 있고 특히 이념 갈등이 심하여 몸살을 앓고 있기 때문이다.

남북통일을 준비하는 과정에서 대한민국 헌법에 의한 통일을 이루기 위하여 가장 심각한 문제는 '남남 이념 갈등'이다. 이 문제는 정치권에서 그리고 정부 차원에서 각별히 신경을 써야 할 문제이고 친북 세력을 순화하도록 하는 노력이 필요하다. 그리고 민간 차원에서는 고질적인 지역갈등을 해소하기 위한 노력으로 동서화합을 이룩하고 국민대 통합 운동을 전개하여 남남갈등을 없애고 아울러 이념 갈등도 해소할 수 있도록 노력해야 한다.

그런데 문제는 많은 국민들이 동서화합은 불가능하다고 단정하며 완전히 포기하거나 화합이 불가능한 것으로 치부하는 분들이 많다는 것이다.

국민대 통합을 위하여 우리가 해야 할 당면 과제는 과거에 문제가 있었던 사건으로 인하여 발생한 악연을 풀고 꼬인 매듭을 풀도록 마음을 풀고 동서화합을 이룩하도록 노력해야 한다. 5공과 5·18 화해가 가장 큰 걸림돌이다. 가해자가 사과하고 피해자가 이해하려고 노력하여 화합을 이루어야 한다. 가해자는 더 이상 자기주장을 하지 말고 일보 양보하여 사과하고 피해자도 일보 너그럽게 받아들이고 용서하며 서로가 치유에 노력하기를 바란다.

우리는 지난 50년 동안 많은 국력을 손실해 왔다는 것을 안타깝게 생각할 필요가 있다. 좀 더 건설적이고 바람직한 일을 위하여 협심 단합할 줄 알기를 바란다. 우선 상대방 홀대를 멈추자. 서로가 서로를 인정하며 더 이상 미워하지 않는다는 노력을 하면 된다. 오늘 날 대한민국의 국력을 세계가 인정하며 우수한 국민인 것을 온 세상이 인정한다. 선진국 대열에 진입하였음을 자타가 인정하는 상황에서 내부적으로 동서로 갈라져서 시기, 질투하며 갈등을 한다는 것은 부끄러운 일이 아닐 수 없지 않는가?

 국민대통합을 이루기 위하여 필자가 추진하고 있는 〈5공과 5·18 화합〉은 2024년을 기하여 종식되기를 희망한다. 다음으로 우리기 생각해 봐야 할 동서화합 과제는 정치적 대립과 논쟁이 현실적으로 화합보다는 갈등으로 비화되고 서로를 강렬하게 비난하는 게 현실이다. 여야 간의 대립 정치전 논쟁은 선거가 있는 동안 극렬해지는 것은 어쩔 수 없는 상황이라고 본다. 문제는 이런 상황을 지역적으로 대립시키거나 동서 갈등으로 비화시키지 말고 단순한 정치적 갈등으로 치부할 필요가 있다. 정치적 논쟁이상으로 더 이상 확대시키거나 장기간 동안 끌고가지 않았으면 좋겠다.

 우리는 통일의 전제 조건으로 동서 화합과 남북 화합을 이루어야 평화로운 국민대통합을 이루고 남북통일을 기약할 수 있다. 앞으로의 〈5공과 5·18 화해〉 운동은 서로를 이해하고 양보하여 더 이상의 불란이 없도록 하자는 운동으로 전개하려고 한다. 필자의 글로 인하여 동서간에 불화를 조성하는 일이 없기를 바라며 화해를 이루기를 바란다. 이유는 동서화합과 국민대통합을 이루어야하기 때문이다.

■ 박근혜 전 대통령께 드리는 지원, 지도 요청의 말씀

 위에서 언급하였듯이 필자가 약 30여 년 미국 생활을 해 오던 중, 2012년 필자가 쓴 책을 보신 박근혜 후보께서 필자와의 만남을 주선하셨고 이 만남에서 박근혜 후보의 요청에 의하여 정호용 장군과 같이 이 과업을 추진했었다. 필자는 박 대통령 재임기간 중 이 과업을 추진하실 줄 믿고 있었지만 현실이 따라주지 않았다.

 따라서 필자는 앞으로 '5공과 5·18 화해' 추진은 물론 '동서화합과 국민

대통합' 과제는 박근혜 전 대통령께서 재임 중에 이루지 못한 사업인 만큼 남은여생에 이 사업을 지원, 지도해 주실 것을 간절히 바란다. 모두들 안된다고 하지만 박근혜 전 대통령께서 추진하면 성과가 있을 것이고 궁극적으로 유종의 미를 거둘 수 있을 것으로 믿는다.

제5화 현존하는 5공 실세(허화평, 허삼수, 장세동, 김진영)와 공개토론 제의

위에서 언급한 민족과 국가를 위하여 해야 할 국민대통합을 위하여 지난 과거사로 근 40년 동안 첨예하게 대립해온 5공 실세(허화평, 허삼수, 장세동, 김진영)들과 국민대통합을 위한 공개 회담을 제의한다. 우리는 지역 감정에 의한 대립은 아니었다.

같은 직업 군인의 길을 가면서 출신이 ROTC 출신이고 '하나회' 회원이 아니면서도 보안사령부에 전입되어 귀하들의 선배인 육사 11기 전두환의 총애를 받았고 5공 정권 수립 과정에서 비판적인 언동으로 미움을 받았다. 필자를 군에서 제거할 당시 이유는 터무니없는 신원이상을 가져다 붙였다. 즉 허화평에 비하면 거론조차 못할 사건으로 생매장을 했다.

귀하들은 백동림 대령 조사결과를 뒤집고 정승화를 체포하며 죄를 뒤집어 씌우고 발포를 했다. 그리고 특전사에서 상관살해 기도 및 김오랑 소령을 사살하였고 필자를 반역자로 몰았다. 그리고 전역시킨 후 구속코자 특수대에 불법 감금한 후 아예 매장을 시키려고도 했다.

대한민국 군대가 당신들만의 소유가 아니고 대한민국을 위한 군대였다는 것을 인정하지 않고 사유 재산인양 다루었다. 귀하들은 세상 온갖 권력 향유하며 지금도 행복하지만 지난 과거를 반성할 줄도 모른다. 반면에 귀하들의 주군은 어떠한 처지이고 그 가족은 얼마만한 고통에 시달리는지를 귀하들은 인식을 못하고 있고 이를 방치하고 있다. 이렇게 대질을 요구하는 것은 필자도 한때는 당신들과 같이 전두환 장군을 위하여 충성을 하였던 때도 있었다.

귀하들에게 잘못이 있다는 것을 이해시키고 반성을 하도록 이야기 하려는 이유는 대충 밝혔다. 굳이 따지자는 것도 아니다. 반성할 줄 알아야 하고 주군을 위하여 더 이상 고집을 하지 말아야 한다. 이렇게 해야 서로 간에 갈등을 해소하고 과거를 잊고 새로운 관계를 정립할 수 있다고 생각한다.

이 책에 기록된 사사건건의 잘 잘못, 진실게임에서의 시비와 갈등을 해소하고 〈5공과 5·18 화해〉, 동서갈등 해소 국민대통합을 이루고 주군의 명복을 빌고 남은 가족에 대한 예의를 지키기 위하여 제안을 하는 것이다.

그리고 독자들에게 진실을 밝히기 위하여 이 글에서 잘못된 부분이 있다면 사과할 것은 사과할 용의가 있기 때문에 공개 토론을 하자는 것이다. 이 제안을 귀하들이 받아들이기에는 쉬운 문제는 아닐 줄 안다. 대의를 위하여 소아를 희생하는 마음으로 대화 제안에 응해주기를 바란다. 공개 토론이 어렵다면 귀하들의 대선배이고 생존해 계신 손영길 장군과 정호용 장군 외에 보안사 출신 김병두, 권정달, 이용린 장군 등을 모시고 대화의 자리라도 만들고 싶다는 제안을 하면서 이글을 마친다.

부 록

부록1 5·18 당시 북괴군 침투설 관련 필자의 기자 회견
(2019. 4. 12 뉴스프리존 고승은 기자)
부록2 〈5공과 5·18 화해〉 관련 전두환 화해 및 광주 방문 기자회견
(2022. 5. 12 오마이뉴스 구영식 기자)
부록3 CH – 47 헬기 구매 관련 필자의 600만 불 국가 헌납 제안과
필자의 국고 낭비 대책 건의
부록4 대한민국 정치 60년사 정치적 사건 연대표
부록5 한반도프로세스 포럼 활동 실적

부록 1

5·18 당시 북괴군 침투설 관련 필자의 기자 회견

(2019. 4. 12 뉴스프리존 고승은 기자)

전두환 前 부하의 충격 폭로 "전두환도 지만원에 놀아났다!", 자한당과 태극기 모독단처럼…

김충립 前 보안반장 "전두환, 광주가서 망월동묘지 참배하겠다고 결단했는데…"

출처: 서울의소리

▲ 5·18 광주민중항쟁 당시 전두환이 보안사령관으로서 실권을 쥐고 있을 때, 그의 부하였던 김충립 전 소령이 11일 강력한 폭로를 했다.

"저는 한국에 나와서 5공과 5·18을 화해시키려고 4년간을 쫓아다니다가 전두환 대통령이 사과하겠다는 결단이 있었습니다. 그런데 그 이후로 일이 잘못 꼬여지더니 지금은 내가 이 얘기를 하지 않으면 더이상 뒤로 물러설 수 없는 절박한 상황에 도달했어요. 국가가 어지럽고 사회가 혼란한데 이것을 이렇게 일으킨 장본인을 정리해야 조용해지니까, 내가 어쩔 수 없이 이런 얘길 하게 됐다는 말씀을 드립니다."(김충립 전 소령)

5·18역사왜곡처벌농성단이 '5·18 북한군 600명 개입' 가짜뉴스를 퍼뜨리는 지만원에 대해, 비영리단체를 통해 모금한 자금을 횡령했다고 주장하며 11일 서울 영등포경찰서에 고발장을 접수했다.

이들은 지만원이 500만 야전군 사령부 불법단체조직, 불법모금, 기부금품 모집법률 위반, 탈세, 횡령, 유용, 탈북자에 대한 부적절한 지원 등을 했다고 지적했다.

이들은 고발장을 접수하기 전, 영등포경찰서 앞에서 기자회견을 열었다. 이 자리에는 특별한 인물이 한 사람 있었는데, 5·18 광주민중항쟁 당시 전두환이 보안사령관으로 실권을 쥐고 있을 때, 그의 부하로 특전사령부 보안반장을 지낸 김충립 전 소령이었다.

그는 말문을 이렇게 열었다.

출처: 노컷뉴스

▲ 지난달 광주법원에 출석한 전두환, 질문하는 기자들에게 신경질적인 반응을 보이는 파렴치한 태도를 보였다.

"40년간 조용히 지냈지만 지금 이 순간에 여러분에게 국민들에게 또 전두환에게, 여러 관계자들에게 저의 이야기를 전해주시는 게 도리라고 생각하고, 제가 결단을 내렸습니다. 말씀 드리기 전에 국군이 국민을 향하여 발포하는 불상사가 있었던 데 대해 군인의 한사람으로서 사과드립니다."

그는 놀라운 얘기를 하나 꺼냈다. 전두환이 광주에 가서 시민들에게 사과하고 망월동 묘지를 참배하려고 했었다는 주장이었다.

출처: MBN

▲ 전두환의 최측근인 민정기 전 비서관. 전두환의 회고록을 작성한 것으로 알려져 있다.

"드릴 말씀 중에 가장 안타까웠던 것은, 전두환 대통령이 2016년 4월달에 광주에 가서 시민들에게 사과하고 망월동 묘지를 참배하겠다고 결단했어요. 그래서 제가 광주 가서 기자회견도 했는데, MBN에서 5월 13일 민정기라는 사람이 나와 가지고 '김충립이는 사기꾼이다. 전 대통령과 만난 적도 없다. 우리가 왜 사과하느냐'하고 뒤집어버렸습니다. 즉 지만원이 말대로 폭동으로 바꾸면 영웅이 될텐데 왜 김충립이 얘기하는 대로 사과하러 가느냐는 측근들의 비난 속에 제가 주장했던 사과와 위로의 말씀을 전하지 못하고 무너졌어요."

출처: 민중의소리

▲ 전두환을 두둔하는 세력들은, 전두환에게 야유한 초등학생들을 겨냥해 "어떻게 초등학생이 전두환이 무슨 일을 했는지를 알고 있었는지, 이해가 안 된다"고 황당한 음모론을 펴기도 했다. 해당 초등학교 앞에서 기자회견을 빙자한 집회를 열어 아이들을 위협하기도 했다.

그는 전두환 회고록을 대필한 것으로 알려진 민정기 전 비서관에 대해 거세게 비난을 퍼부었다.

"민정기 말에 의하면, 전 대통령이 그거 쓰라고 해서 자기가 그거 썼다는 거예요. 경찰에서는 민정기와 지만원이가 어떤 과정에서 글을 썼는지 조사해야 할 것입니다. 그리고 민정기는 처벌받아야 합니다. 대통령의 회고록은 역사물인데, 그 역사물을 허위로 기록한 민정기는 조사받아야죠."

그는 지난해 3월에도 전두환 측에 발포 문제 등 모든 문제를 정리할 것과, 지만원 얘기를 회고록에 실은 민정기를 조져야 한다고 제안했다고 밝히기도 했다.

그는 5·18 유공자인 국회의원들이 지만원을 명예훼손 혐의로 고소하자, 경찰청에 가서 진술을 해줬음을 알렸다.

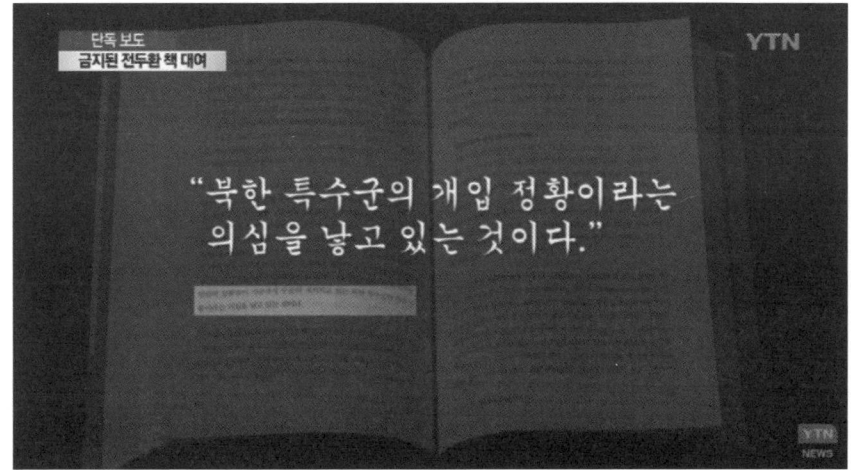

출처: YTN

▲ 전두환은 회고록에서 '5·18 북한 개입설'을 읊었다. 이는 지만원의 황당한 가짜뉴스와 일치한다.

"내가 그 당시에 특전사 있었을 때 북괴군이 없었다. 지금까지 어느 한 사람도 북괴군 봤다는 사람이 없다. 1988년도 (5공)청문회에도 북괴군이 (광주에)왔었으면 (증언자가)나왔어야 하고, 전두환이 사형 선고받던 1996년 재판에도 (증언자가)왔었어야 하고, 그 때 북괴군이 왔었다는 얘기가 나왔어야 하잖아요?"

그러면서 이명박 정권이 들어선 이후인 2008년 10월경부터 지만원이 책을 내면서 거짓주장을 하고 있음을 지적했다. 그는 "그 책을 보면 모두 북한의 자료를 가지고, 북한 사람 주장을 듣고 책을 썼다는 거다. 이게 될 말인가"라며 "지만원이 전두환에게 휘발유통을 들고 아궁이속으로 들어가게 만들었다"고 꾸짖었다.

그는 지만원의 가짜뉴스를 추종하는 태극기모독단을 향해 안타까움을 드러내기도 했고, 개인적으로 자유한국당 나경원 원내대표와 김진태 의원을 찾아 지만원 말은 모두 거짓이라고 알렸음을 밝히기도 했다. 나 원내대표는 지만원을 만나 "5·18 진상조사위원에 (지만원이)조종할 사람을 추천해달라"고 제안했다는 논란에 휩싸여 있고, 김 의원은 잘 알려졌다시피 지만원을 국회에 초청한 5·18 망언 당사자다.

출처: JTBC

▲ 자한당의 뿌리는 전두환의 민주정의당이다. 민주자유당→신한국당→한나라당→새누리당→자유한국당으로 이어진다. 물론 민주정의당 이전엔 민주공화당, 이승만의 자유당이라고 할 수 있겠다.

"나경원 의원을 찾아, 지만원 얘기는 100% 거짓말이니 한국당 물러서시오. 당신도 물러서야 대한민국의 지도자가 될거라고 얘기했습니다. 김진태 의원 만나서 의원님 내 말이 진실이오, 지만원이 거짓말이야"라고 했다.

그는 지만원의 불법행위를 조목조목 언급하기도 했다.

"지만원이가 대한민국 대청소 500만 야전군사령부를 모집하면서, 이거 비영리사업단체 등록 안 했어요. 그리고 자기를 추종하는 동료 송영인의 개인구좌 세군데에다 3억 2,000원을 모았어요. 4,000명 회원모집하고 그 돈 가지고 막썼요. 그런 비영리 사회단체에 들어온 자금은 세무서에 보고해야 하고,

지도감독을 받아야합니다. 지금까지 지만원이가 걷은 돈이 얼마인지 모르지만, 억대가 넘는 돈을 수집해서 모아가지고 이래저래 쓰는 행위는 적법한 행위가 아니라는 겁니다. 이거 조사해서 불법단체조직, 불법모금 횡령, 이런 거 조사해야 할 거 아닙니까?"

출처: 서울의 소리

▲ 5·18역사왜곡처벌농성단이 '5·18 북한군 600명 개입' 가짜뉴스를 퍼뜨리는 지만원에 대해, 비영리단체를 통해 모금한 자금을 횡령했다고 주장하며 11일 서울 영등포경찰서에 고발장을 접수했다. 이들은 접수 전 기자회견을 열었다.

그는 또 지만원이 임천용, 김유성 등 탈북자들에게 자금을 지원했다는 의혹도 조목조목 제기했다. 그는 이날 자신이 한 이야기를 "국민에게 상세하게 알려달라. 그리고 여러분이 필요하면 어떤 프레스센터고 어디에 가서도 이야길 하겠다"고 했다. 그러면서 다음과 같이 자신의 바람을 전했다.

부록 2

〈5공과 5·18 화해〉 관련 전두환 전대통령의 화해 및 광주 방문 기자회견

(2022. 5. 12 오마이뉴스 구영식 기자)

"전두환 돌 맞더라도 5·18 사과하러 가자 했다, 이제 가족이 결단해야"

[인터뷰] '전두환·광주 화해프로젝트 추진했던 특전사 출신 김충립 5.18진상규명위 전문위원

▲ 지난 1980년 5·18 당시 특전사 보안반장으로 근무했던 김충립 5·18민주화운동진상규명조사위원회 전문위원

김충립 현 5·18민주화운동진상규명조사위원회(5·18진상조사위원회) 전

문위원은 특별하다. 1980년 5·18 광주민중항쟁이 일어났을 당시 국군보안사령부(보안사) 소속으로 육군특수전사령부(특전사) 보안반장으로 파견나가 있던 그가 10년이 넘도록 '전두환-광주 화해프로젝트'를 추진해 왔기 때문이다. 이는 5·18 당시 '신군부의 동향'을 누구보다 잘 알고 있었고, '쓰리 허'(허화평·허삼수·허문도) 등 신군부 핵심인사들과 갈등하다 강제로 예편당한 경험이 있어서 가능한 일이기도 했다.

김충립 위원은 지난 2012년부터 '박근혜-전두환 프로젝트'와 함께 '전두환-광주 화해프로젝트'를 추진해 왔다. 이를 위해 2013년 10월 정호용 전 특전사령관과 고명승 전 제3야전군사령관 등 5공 인사들과 5·18 관련 4개 단체(5·18기념재단, 5·18민주화운동부상자회, 5·18민주화운동유공자유족회, 5·18민주화운동구속부상자회) 측 인사들이 참여하는 '5·18 화해를 위한 정책세미나'를 열 예정이었다. 5·18기념재단 측을 설득해 어렵게 합의해 낸 세미나였지만 전두환 전 대통령이 반대하고, 정호영 전 사령관이 세미나가 열리기 직전에 미국으로 출국하면서 취소됐다.

'전두환-광주 화해프로젝트'를 포기하지 않았던 김충립 위원은 그로부터 2년 반 뒤인 2016년 4월 27일 전직 대통령 전두환 씨의 연희동 자택에서 전두환 씨와 광주의 화해를 위한 모임을 주선했다. 정호용 전 사령관, 고명승 전 사령관과 함께 전두환 씨는 물론이고 박근혜 당시 대통령과 가까웠던 전운덕 천태종 대종사도 참석한 자리였다. 전두환 씨가 광주와의 화해에 동의하며 '화해 요청 기원문'을 작성해 내놓았고, 본인이 "돌을 맞더라도 광주에 사과하러 가자"고 말하는 등 적지 않은 성과가 있었다.

하지만 전두환 씨를 보좌하던 민정기 전 청와대 공보비서관이 모임 직후 "전두환 대통령의 사과와 화해는 없었다"라면서 4·27 모임의 성과를 전면 부인했다(2016년 5월). 이어 민정기 전 비서관의 주도로 '북한군 개입설' 등 지만원 씨의 주장이 그대로 반영된 〈전두환 회고록〉(3권짜리, 2017년 4월)이 출간됐다.

이에 5·18단체들과 고 조비오 신부 유족이 각각 출판, 배포금지 가처분 신청과 사자 명예훼손 소송을 냈고, 전두환 씨는 재판이 진행되던 중에 사망했다(2021년 11월 23일). 이로써 전두환 씨의 '5·18 사과'도, '전두환-광주의 화해'도 물거품이 됐다.

■ 전두환의 '화해 요청 기원문' "광주 시민들-계엄군 모두 희생자 …"

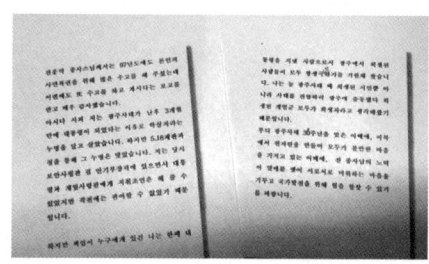

▲지난 2016년 4월 27일 전운덕 천태종 대종사, 김충립 전 특전사 보안반장 등을 만날 때 전두환 전 대통령이 가지고 나온 메모

10년이 넘도록 '전두환-광주 화해프로젝트'를 추진해온 김충립 전문위원은 지난 4일 5·18진상규명위원회 사무실에서 진행한 〈오마이뉴스〉와의 인터뷰에서 "전두환 전 대통령이 5·18에 대한 사과없이 죽음으로써 스스로 역사의 죄인이 되고 말았다"라며 "광주에서 희생된 분들이나 광주 시민들에게 한을 남겨놓았고, 그 한은 자손대대로 이어질 것이기 때문에 전두환 전 대통령은 역사의 죄인이 돼 버렸다"고 지적했다.

다만 김충립 위원은 "잘 알려지지 않았지만 전두환 전 대통령이 대통령을 지낸 사람으로서 발포를 포함한 잘못에 대해 총체적인 사과를 했다는 기록이 있다"라며 "그 기록만으로도 광주 희생자들이나 광주 시민들이 위로를 받아야 하고, 전두환 전 대통령을 용서할 필요가 있다고 본다"라고 강조했다.

"전두환 전 대통령이 5·18에 대해 총체적인 사과를 했다는 기록이 있다"라고 주장하는 근거와 관련해 김충립 위원은 4·27 모임 때 전달받은 전두환 씨의 '화해 요청 기원문'을 제시했다. '화해 요청 기원문'은 모임 전날(4월 26일) 전두환 씨가 자필로 쓴 것이다. 전운덕 대종사에게 쓴 '화해 요청 기원문'을 배우자 이순자 씨가 A4 두 장으로 타이핑했고, 이씨가 이것을 모임이 있던 날 김충립 위원에게 전달했다. '화해 요청 기원문'의 전문은 다음과 같다.

"전운덕 종사스님께서는 97년도에도 본인의 사면 복원을 위해 많은 수고를 해주셨고, 이번에도 또 수고를 하고 계시다는 보고를 받고 매우 감사했습니다.
아시다시피 저는 광주사태가 난 후 3개월 만에 대통령이 되었다는 이유로 학살자라는 누명을 달고 살았습니다. 하지만 재판을 통해 그 누명을 벗었습니다. 저는 당시 보안사령관 겸 안기부장 직에 있으면서 대통령과 계엄사령관에게 지휘조언을 해줄 수 있었지만 작전에는 관여할 수가 없었기 때문입니다.
하지만 책임이 누구에게 있건 나는 한때 대통령을 지낸 사람으로서 광주에서 희생된 사람들이 모두 왕생극락하기를 기원해 왔습니다. 나는 늘 광주사태 때 희생된 시민뿐 아니라 사태를 진압하러 광주에 출동했다 희생된 계엄군 모두가 희생자라고 생각해 왔기 때문입니다.
부디 광주사태 36주년을 맞은 이때에 이북에서 원자탄을 만들어 모두가 불안한 마음을 가지고 있는 이때에 전 종사님의 노력이 열매를 맺어 서로서로 미워하는 마음을 거두고 국가발전을 위해 힘을 합할 수 있기를 바랍니다."

전두환 씨 자필이 아니고, 5·18 진압작전 개입설도 부인하는 등의 문제점이 있지만, 광주와 화해하려는 그의 뜻이 담겨 있다는 점에서 의미가 있다. '화해 요청 기원문'의 타이핑 원본은 4.27모임 당시 기록자로 참여한 월간 〈신동아〉에서 보관하고 있다.

■ '사과문' 시연하자 "좋다, 돌을 맞더라고 광주에 사과하러 가자"

▲지난 2016년 4월 27일 전두환 전 대통령 부부가 전운덕 천태종 대종사, 김충립 전 특전사 보안반장 등과 만났다.

김충립 위원은 "그날 전두환 전 대통령이 발포를 포함한 총체적인 책임에 대해 사과하겠다는 요청서를 제출했고, 저에게 '어떻게 사과하면 되느냐?'고 요청해서 전두환 전 대통령이 모임에서 한 말을 종합해서 '사과문'의 연습을 시연했다"라고 전했다. 당시 김 위원이 전두환씨의 요청으로 시연했다는 전두환 전 대통령의 사과문 요지는 이렇다.

'본인은 5·18 당시 중요직(보안사령관, 중앙정보부장)에 있던 자이고, 5·18이 끝난 후 3개월이 지난 시점에 대통령이 된 자로서, 5·18 당시 희생된 분들의 명복을 빌고 그 가족들을 위로하고, 광주 시민들에게 총체적인 유감의 뜻을 표한다.'

김충립 위원은 "제가 그렇게 사과문을 대신 시연했더니 전두환 전 대통령이 '좋다, 좋아, 돌을 맞더라도 김충립을 앞세워 광주에 사과하러 가자'고 했다"라고 전했다. 특히 전두환 씨가 "돌을 맞더라도 광주에 사과하러 가자"라고 했다는 대목과 관련해서는 "그 육성이 녹화돼 있다"라고 주장했다.

이어 김충립 위원은 "이날 모임 대화를 녹화한 것을 현재 월간 〈신동아〉에서 가지고 있다"라며 "이것은 전두환 전 대통령이 5·18과 광주에 대해 사과했다는 역사적인 증거물"이라고 의미를 부여했다.

김충립 위원은 "5공과 5·18의 화해에서 (전두환 전 대통령이) 이것보다 더 중요하게 사과의 의지를 밝힌 적이 없다"라며 "저는 '전두환은 광주에 사과하지 않았다'고 믿는 모든 사람들에게 '그것은 아니다'라고 하기 위해 월간 〈신동아〉가 가지고 있는 자료를 받아서 위원회 조사자료로도 쓰고, 5·18기념관에 역사적 증빙자료로 제출할 생각이다"라고 전했다.

이를 위해 5·18진상규명조사위원회는 지난 4월 18일 월간 〈신동아〉에 공문을 보내 4.27모임 당시 대화 녹화, 전두환 씨의 '화해 요청 기원문' 타이핑 원본의 제출을 요청했다. 위원회는 공문에서 "5·18민주화운동 핵심관계자의 사과와 관련된 진실을 규명하는 데 매우 중요한 자료들"이라며 "이 자료들이 여러 면에서 본 위원회의 조사업무에 매우 중요한 자료를 포함하고 있다"라고 자료 제출 요청의 배경을 설명했다.

■ "민정기·허화평·장세동이 5·18 사과 막았다고 생각"

문제는 전두환 씨가 5·18에 대해 '총체적 책임'을 인정하고 광주에 사과하려고 했다고 하더라도 사망하기 전까지 그러한 사과가 공개적으로 이뤄지지 않았다는 점이다. 전두환 씨가 '화해 요청 기원문'을 제출하고, "돌을 맞더라도 광주에 사과하러 가자"라고 말했다는 2016년 4월 27일부터 그가 사망한 2021년 11월 23일까지 5·18에 대해 사과할 시간은 충분했다. 그런데도 그렇게 하지 못한 이유는 무엇일까?

이와 관련해 김충립 위원은 '개인 생각'임을 전제로 전두환 씨의 '5·18 사과'를 막은 측근들로 민정기 전 비서관과 허화평 전 보안사령관 비서실장, 장세동 전 특전사 작전참모(이후 제3공수특수여단장 역임)를 거론했다. 그러면서 "민정기 전 비서관의 배후가 허화평이고, 그(허화평)의 배후가 장세동이다"라고 주장했다.

김충립 위원은 "그 측근들은 12·12(1979년, 신군부 반란), 5·17(1980년, 비상계엄 확대), 5·18(1980년)로 이어지는 역사는 자기들이 정권을 잡기 위해 음모한 사건이 아니고, 오직 국가가 공산화되는 것을 막기 위해 자기들이 구국적 차원에서 한 것이기 때문에 절대 5·18에 대해 사과할 수 없다는 것이다"라고 지적했다.

"이 측근들은 전두환 전 대통령이 사과했음에도 불구하고 이를 없었던 일로 폐기하고 사과한 일이 없다고 주장한다. 전두환 전 대통령의 명예를 존중한다면서 지금까지 이러한 헛된 주장을 반복해 전두환 전 대통령이 끝내 불행한 처지에 놓이게 만든 측근들에 대해 대단한 유감의 뜻을 표한다.
자신들의 행위가 전두환 전 대통령을 불우하게 함은 물론이고 온 국민에 대한 예우도 아니다. 그런데도 자신들의 독선만을 주장하는 것은 참으로 안타깝다."

김충립 위원은 "2016년에 사과했더라면 박근혜 당시 대통령이 동서화합과 국민대통합을 위해 (5·18 문제를) 매듭짓고, 전두환 전 대통령에게도 그에 걸맞은 예우를 해줬을 것이다"라며 "그런데 전두환 전 대통령이 측근들의 주장에 부응하다 보니 모든 것을 잃어버리는 것으로 결론났다"라고 꼬집었다.

"누가 권유할 게 아니라 전두환 유족들이 결단해야"

▲ 2016년 4월 27일 전두환 전 대통령이 전운덕 천태종 대종사, 앞줄 왼쪽 김충립 전 특전사 보안반장, 월간 〈신동아〉 기자 등과 만났다

전두환 씨가 살아생전에 5·18 사과를 하지 못한 채 사망했지만 여전히 '전두환-광주 화해의 길'이 남아 있다는 것이 김충립 위원의 생각이다. 김 위원은 "4·27 모임에서 본인이 화해를 원한다는 요청서를 줬고, 본인 스스로 '광주에 사과하러 가자'고 한 사실이 있다는 것을 유족이 직접 밝히는 것으로 사과를 대신했으면 좋겠다"라고 제안했다.

김충립 위원은 "금년 5·18 전에 아무런 이유 없이 전두환 전 대통령 유족(이순자 씨와 자녀들)이 4·27모임 때 전두환 전 대통령이 했던 사과를 그대로 재현하고, 광주는 이를 받아들여 화해의 매듭을 지어야 유종의 미를 거둘 수 있다"라며 "누가 권유할 것이 아니라 당사자들(전두환 유족들)이 풀어야 한다"라고 주문했다. 특히 "측근들은 5·18에 대해 영원히 사과할 일이 아니라고 주장하는 것을 그만둬야 한다"고 강조했다.

이어 김충립 위원은 "이렇게 5·18 화해에 대한 유종의 미를 거둔 뒤에 전두환 전 대통령의 분묘를 쓰고 자손들이 참배할 수 있도록 하는 게 좋지 않겠냐 하는 생각을 가지고 있다"라며 "전두환 전 대통령을 어렵게 만든 측근들의 말을 듣지 말고 유족들이 결단해주기 바란다"라고 말했다.

김충립 위원은 "(노태우 전 대통령의 장남) 노재헌이 하는 것을 보라"라며 "노재헌은 사과하러 광주에 두 번이나 갔다. 그래서 결국 아버지를 국가장도 시켜주고 묘도 쓰지 않았냐?"라고 말했다. 김 위원은 "그런데 전두환 전 대통령은 죽어서도 역사의 죄인이 됐으니 유족들이 결단해라"라고 거듭 유족들의 결단을 촉구했다.

부록 3

CH-47 헬기 구매 관련 필자의 600만 불 국가 헌납 제안과 필자의 국고 낭비 대책 건의

1987년 CH-47 헬기 도입 보너스 국고 헌납 및 국고 낭비 방지 대책 수립 건의

 필자가 보잉헬기사와 인연을 맺은 것은 1984년이었고, 1987년에 CH-47 헬기 24대를 국방부에서 구입하는 과정에서 보잉사 컨설턴트로 활동하였다. 그런데 국방부의 무기 수입 과정에 많은 국고손실이 있고, 중간업자가 아무런 일도 하지 않고 국가 예산 600억 원을 해 먹는 등 부정이 있었다. 이유는 직거래를 하지 않고 거래상을 끼고 돈을 해 먹도록 해주고 떡 고물을 챙기고자 하는 비리가 수반되기 때문이었다.

보잉사 헬기 CH-47 모습

부록 345

이와 관련하여 전두환 전 대통령의 조치가 미흡하여, 즉 직무유기를 했기 때문에 이 사건과 관련하여 총 1,000억 원이라는 국방비를 날렸고, 후임 무기 거래상은 600억 원이란 국고를 갈취하였고, 당시 정권 실세들은 무기상과 어울려 합법이란 구실로 어마 어마한 국고를 빼먹었다. 파렴치한 사건을 공개하고 이와 유사한 일이 다시는 일어나지 않도록 해 주기를 바라며 비리를 폭로한다.

1차로 6대가 한국에 인도되자 판매 수수료 외에 600만 불(당시 한화 48억 원)의 보너스가 개인 구좌에 입금되었고, 앞으로 이 계약에 의해 헬기가 수입될 때마다 총액의 5%에 해당하는 600억 원의 수수료를 받게 되어 있었고 계속하여 부품 수입에 대하여도 수수료를 받게 되어있었다. 천문학적 수입이 보장되어 있었다. 하지만 언제고 조사를 받아야하는 위험이 뒤따르는 사업이었다.

문제는 보잉사는 앞으로 계속 비행기 가격을 올려 국고를 축낼 것이고, 소개업자는 600억 원 이상의 국고를 도둑질할 것이 명확했다. 드디어 필자는 1차로 송금되어온 600만 불을 국가에 헌납하기로 결심하고 앞으로는 중개상 없이 직접 거래하여야 한다는 것을 건의키로 하였다.

1987년 말 600만 불 수수료를 국가에 헌납하겠다는 뜻을 조달본부장과 국방부 장관에게 전했으나 해결이 어려워 보였다. 자신들이 구매 협상이 잘못되었다고 문책을 받게 되니 해결할 수가 없는 사안이었다.

1988년 1월 필자는 친구인 보안사령부 대전복 과장이던 장오섭 대령을 만나 대통령에게 아래 사항을 보고해 줄 것을 요청하였다. 대통령의 마지막 임기를 한 달 앞둔 시점이었다.

첫째, 수수료 600만 불을 국고에 헌납하겠다.
둘째, 군수물자 구입은 수수료 없이 직접 구매토록 해야 한다.
셋째, 보잉 헬기는 이미 계약이 완료된 것이니 앞으로 중계상이 있을 필요가 없고, 국방부가 직접 거래해야 한다. 그렇지 않으면 600억 원의 국고손실을 당한다.

며칠 후 보안사령부 장오섭 대령을 만났다. 전두환 전 대통령이 200만 불만 국가에 헌납하고, 나머지 400만 불은 필자의 회사인 원서교역에서 쓸 수 있도록 하라는 전 대통령 친필 결재를 보여 주었다. 필자가 앞으로 국고 낭비를 막아야 하는데, 그 문제는 어떻게 되는 건지 문의하였더니 그렇게 조치될 것이라 하여 다행이라고 생각했다. 그러나 안타깝게도 그렇게 조치가 되지 않았고 국고는 천문학적으로 빠져나갔고 후임자는 강남에 4개의 건물을 구매했다는 이야기가 나돌았다. 지금도 수시로 귀국하여 빌딩을 팔고 미국으로 가서 호의호식하며 잘 살고 있다.

시기가 대통령직을 사임하기 직전이라 경황이 없고, 필자에 대한 배려였는지는 모르지만 잘못된 결정을 한 것이었다. 600만 불 전액 국고에 몰수하고, 즉각 사건을 조사해서 국고손실이 없도록 통치권을 행사했어야 했다.

전두환 전 대통령 지시대로 200만 불은 국고에 넣고, 400만 불은 관련자들에게 돈 잔치를 하였다. 원서교역을 폐업키로 하고, 정산해 놓은 세금 5억 원은 년말에 세금으로 내라 했더니 이병서 씨가 착복하고 말았다. 이번에는 역으로 필자가 이병서를 횡령으로 고소했다.

보안사령부 장오섭 대령이 전두환 전 대통령 친필 결재서류를 보여 주면서 200만 불만 국고에 헌납하고, 400만 불은 필자가 쓰도록 하라고 하였을 때 필자는 크게 실망하였다. 600만 불 전액을 국고에 환수시키고 재발 방지대책을 세우라고 지시했어야 한다. 이 결정은 대통령만이 할 수 있는데 이렇게 되면 모든 것이 허사가 되기 때문이었다. 이래서 필자는 이 조치가 직무유기라고 주장하는 것이다. 이 조치가 직무유기인 이유는 다음과 같다.

그 후 보잉사는 김영완을 앞세워 노태우, 김영삼, 김대중 대통령 재임 기간 동안 24대 중 잔여분 18대의 헬기와 부속품을 판매하였고, 김영완은 아무런

한 일 없이 필자가 계약한 계약서에 의해 국고, 국민의 고혈 600억 원을 들어먹었고, 수많은 사람들에게 뇌물로 주었다.

이 과정에서 필자는 계속하여 언론에 기고도 하고 국회의원에게도 이렇게 하면 안 된다고 제보를 해 보았지만, 국회의원들은 모두들 국가를 위하는 일은 하지 아니하고 돈맛에 김영완의 하수인이 되어 국고를 축내고 말았다.

김대중 정권 당시 필자의 친구인 최택곤의 소개로 권노갑 국방위원장을 만나 국고 낭비를 막아달라는 요청을 한 일이 있었다. 지금도 필자는 당시 권노갑 의원에게 써 주었던 질의서를 가지고 있다. 그런데 권노갑 씨는 바로 김영완으로부터 거액을 받고 김영완의 하수인이 되어버렸다. 이 이야기는 최택곤 씨가 잘 알고 있다.

세월이 흐른 후 권노갑 전 의원은 150억 원을 전달받았다는 이유로 징역형을 선고 받았다는 이야기를 들었다. 비서실장 박지원 씨에게도 마찬가지였지만 200억을 주었지만 이 돈을 받지 않아 처벌을 받지 않았다. 세월이 흐른 후 문제의 200억 원은 주인이 없어 국고에 환수되었다는 보도가 있었다. 언제 어디서 누가 왜 준 돈인데 주인이 안 나타났다 하니 참 한심한 일이고 요지경 속이다. 그래도 이 흑돈을 받고도 쓰지 않은 분은 선견지명이 있는 분이라는 생각을 하고 존경한다.

지금도 필자는 전두환 전 대통령이 필자가 제안하였던 600만 불을 국가에 환수 조치하고, 직거래 지시를 하지 않은 것은 직무유기라고 생각한다. 이유는 대통령의 시정지시가 있었다면 보잉사가 500억 원의 부당 이익을 챙기고, 김영완이 600억 원 합계 천 억여 원의 국고손실은 막을 수 있었기 때문이다. 이를 막지 못하고 방치한 전두환 전 대통령의 통치력 부족, 직무유기에 실망했다.

이 책에서 지난 과거사를 들추는 이유는 앞으로가 문제이기 때문이다. 지금도 국고는 새나가고 국방은 걱정이다. 이 글을 읽는 독자들이 국고를 축내는 매국노들에 대하여 엄정대처해 줄 것을 당부한다.

부록 4

대한민국 정치 60년사 정치적 사건 연대표

1. 1945.8.15. 해방 (박헌영 조선인민공화국, 남노당 창당 1946.9 북한으로 탈출)
2. 1946.10.2. 대구폭동, 1948.4.3. 제주폭동, 1948.10.여수반란사건)
3. 1948.5.10. 총선거, 대한민국 건국(여수반란사건 1948.10.)
4. 1950.6.25. 북괴 남침 (9.28 수복, 1953.7.27. 휴전)
5. 1961.5.16. 5 · 16혁명 (박정희 장군 전속부관 손영길 대위)
6. 1963.7.6. 쿠데타 사건 (노태우 · 전두환 등 육사 11기).
7. 1963년 5대 대통령선거 박정희 46.64%, 윤보선 45.09%, 호남지지율 박 50.7 / 윤 35.9%
8. 1968 김신조 사건 (윤필용 방첩부대장 사임)
9. 1971. 3선 개헌
10. 1971.5. 김재규, 윤필용 감청사건
11. 1972. 10월 유신(박종규 · 이후락 · 윤필용 · 강창성. 손영길 · 전두환)
12. 1972.11. 신범식 음모 (윤필용. 손영길 장군 모함)
13. 1972.11. 통일정사 1973.1.15 준공 (손영길 장군 모함)
14. 1972.12. 손영길 장군 2국장 보직요청 파동 (윤필용 · 전두환 조언
15. 1973.1.1. 4명 장군진급(손영길 · 김복동 · 전두환 · 최성택)
16. 1973.1.4. 청와대 전두환 · 손영길 장군 초청
17. 1973.1.15. 통일정사 준공
18. 1973.1.22. 10월유신 손영길 공로훈장 사건(전두환 반감 유발)
19. 1973.3.5. 윤필용 장군 가택연금
20. 1973.3.8. 윤필용 장군 구속
21. 1973.3.15. 손영길 장군 구속
22. 1973.4. 김충립(필자) 진종채 장군께 건의 / 진종채 장군 각하께 보고. 종결
23. 1974.8.15. 육영수 여사 서거, 박종규 경호실장 사임 / 차지철 등장

24. 1975. 김대중 사건으로 이후락 퇴진 / 김재규 등장
25. 1979. 3. 20사단 대대장 월북, 전두환 보안사령관 보직
26. 1979.10.26. 10 · 26사건(김재규 처형)
27. 1979.12.12. 12 · 12 사건 특전사 김오랑 피살
28. 1980.1.1. 손영길 · 김복동 · 최성택 · 전두환 장군 진급
29. 1980.1. 필자의 전두환 군 복귀건의
30. 1980. 2. 정당 창당 모금
31. 1980.3. 중앙정보부장 겸임 (4.16. 중정부장 취임)
32. 1980.4. 언론통폐합 반대 (허문도. 허삼수)
33. 1980.5.18 사건발생 7월 후임 보안사령관 문제, 김복동 승진 비화
34. 1980.10. 필자 강제전역후 1981년 특수수사대 연행 조사
35. 1988. 600만불 헌납, 전두환 백담사 유배, 정호용 제거 광주청문회
36. 1988.11. 언론청문회 증인 출석
37. 1991.9–10 〈하나회 파워게임〉 신동아 연재
38. 1997.15대 대통령 박정희 기념관 300억, 박근혜에게 동서화합 적임자 당부
39. 2007년 대선 시 이명박 권모술수, X–파일, 전두환 배신
40. 2012. 전두환 박근혜 화해 시도
41. 2013. 탈북동포지원 활동
42. 2014.10. 5공과 광주 5.18 화해시도, 님을 위한 행진곡 건의
43. 대한민국 현대 50년 정치적 사건의 진실 〈음모와 암투〉 책 발간

부록 5

한반도프로세스 포럼 활동 실적

2021년 5·18 조사위원회 발행 자료집

아이 키우기 좋은 도시 서울, "엄마아빠 행복 프로젝트"

서울특별시

수신 한반도프로세스포럼
(경유)
제목 비영리민간단체 변경등록 알림(한반도프로세스포럼)

1. 공익활동으로 건강한 사회를 만드는 귀 단체의 노력에 감사드립니다.
2. 귀 단체에서 제출하신 비영리민간단체 변경등록 신청을 비영리민간단체 지원법 제4조 제1항, 같은 법 시행령 제3조 제4항 및 제5항의 규정에 따라 변경등록증을 붙임과 같이 교부합니다.

○ 비영리민간단체 변경등록내역

변경내용	변경전	변경후
사무소 소재지	서울특별시 영등포구 여의대방로65길 23, 코오롱포레스텔 406호	서울특별시 강동구 양재대로 1626, 고덕빌딩 503호

등록번호	단체명	대표자	주된사업
1826	한반도프로세스포럼	김홍립	• 동서화합 및 국민통합 운동 • 탈북동포 지원 활동 • 사회 정화 및 치유 활동

3. 아울러 비영리민간단체 준수사항을 붙임과 같이 안내하오니, 철저히 이행해 주시기 바랍니다.

붙임 1. 비영리민간단체 변경등록증 1부.
      2. 비영리민간단체 준수사항 안내 1부. 끝.

서울특별시장

| 주무관 | 이강란 | 남북협력정책팀장 | 김대홍 | 남북협력과장 | 05/26 윤정희 |

협조자

시행 남북협력과-4568   (2023. 5. 26.) 접수   (   )
우 04524 서울특별시 중구 세종대로 110, 서울시청 8층 (태평로1가)
전화 02-2133-8664   /전송 02-768-8807   / lkran@seoul.go.kr   / 부분공개(7)

제1826호

비영리민간단체등록증

1. 단 체 명 : 한반도프로세스포럼
2. 소 재 지 : 서울특별시 강동구 양재대로 1626 고덕빌딩 503호
3. 대 표 자
   - 성   명 : 김 충 립
   - 생년월일 : 1947.02.16.
   - 주   소 : 서울특별시 강동구 양재대로 1626 고덕빌딩 503호
     전화 : 010-2333-3418
4. 주된사업
   - 동서화합 및 국민대통합 활동
   - 탈북동포 지원 활동
   - 사회 정화 및 치유 활동

「비영리민간단체 지원법」 제4조 제1항 및 같은 법 시행령 제3조 제2항의 규정에 따라 위와 같이 등록하였음을 증명합니다.

2023년 5월 25일

이 문서는 서울시의 승인없이 수정할 수 없습니다.

한반도프로세스포럼 등록증

한반도프로세스포럼 실적 목록 (2013-2020)

No.	내 용	페이지
1	2014. 10. 서울시 비영리단체 등록 서류	1-4
2	한반도프로세스포럼 설립 목적	5
3	한반도프로세스포럼 정관, 조직표	6-8
4	2013년도 사업계획서, 2013년~2014년 총회 회의록	9-15
5	회원 명부	16-20
6	2013. 9. 〈5공과 5.18〉 초청 동서화합 및 국민통합을 위한 기자회견	21-24
7	2013. 10. 국민대통합을 위한 성명서	25
8	2013. 10. 8. 시사저널 〈5공구데타 세력 광주 5.18묘지 참배한다.〉 보도	26-28
9	2013. 10. 제1회 국민통합을 위한 동서화합 전진대회 (성명서)	29-36
10	2014년 총회 회의록, 2014년도 사업계획서	37-41
11	2014. 11.〈2015년 광복 70주년 기념 행사 정책 건의	42
12	2014. 11. 국민통합을 위한 5.18 관련단체 간담회 결과 청와대 보고	43
13	2014. 11. 국민통합과 동서화합 2014 정책토론회 개최 준비	44
14	2015년도 사업 계획	45
15	2015. 2. 청와대에 〈임을 위한 행진곡 제창 요청〉에 대한 국가보훈처 답신	46
16	2015. 2. 청와대에 〈임을 위한 행진곡 고찰 및 제창〉 건의	47-51
17	2015. 4. 7개 단체 명의로 〈임을 위한 행진곡 제창 건의〉에 국가보훈처 답신	52
18	2015.6. 시사저널 〈임을 위한 행진곡 제창 2차 건의 무산〉 항의 보도	53-55
19	2015.10. 소논문 〈전두환 전 대통령의 국민대통합 촉구 헌신을 촉구하는	56-62
20	2016.4. 박근혜 대통령에게 〈동서화합과 국민대통합, 임을 위한 행진곡 제창〉 건의	69
21	2016.4.16. 고명승 장군에게 화해 추진을 박근혜 대통령에게 보고한다는 증거 제시	70
22	2016.4.16. 〈전 대통령 사과, 임을 위한 행진곡 제창〉 건의 (2)	71
23	2016.4.25. 27일 회담 예정 보고 및 전두환 사과 참여 5.18 행사 준비〉 보고	73
24	2016.4.28. 〈27일 전두환 전 대통령 사과 결단 및 5.18 단체 건의사항 보고	74
25	2016.4.28. 〈27일 전두환 전 대통령 사과 결단 및 5.18 단체 건의사항 2차 보고	75
26	2016.5.11. 12개 단체 연합으로 〈전 대통령 사과, 임을 위한 행진곡 제창〉 건의	76-77
27	2016.1-10. 〈신동아〉에 〈대한민국 현대 50년 정치적 사건의 진실 증언 연재	78-101
28	2016.1. 신동아 1월호 배수강 기자 김충립 인터뷰 기사	80-87
29	2016.6. 신동아 6월호 배수강 기자 전두환 전 대통령 인터뷰 기사	88-101
30	2018.4. 국민대통합 운동 추진합의서 (최환, 보성, 오재일, 김충립)	102

31	2018.6. 광주일보 기사 〈전두환 분신 장세동 5.18 때 광주에 있었다〉 보도	103
32	2018.8.5.18 4개 단체장이 〈5.18 진상조사위원회 조사관 추천서〉 작성 추천	104
33	2019.4.3. 지만원 최초 자금 대여자 〈윤명원〉으로부터 경위서 획득	106-108
34	2019.4. 광주일보에 지만원 관련 제보	108
35	2019.4.11. 지만원 영등포 경찰서 고발	109-112
36	2019.4.11 지만원 고발 후 기자회견	113-117
37	2020년도 한반도프로세스 활성화 대책 협의	118
38	2020.3.26. 민정기, MBN 방송국 고소	119
39	2020.7.7. 민정기 고발	120
40	2020.8.4. 민정기 항고	122-131
41	2020.8.4. 미디어 오늘 기사 〈북한군 침투설 전두환 회고록 쓴 민정기 고발〉	132-138
42	2020.8.10. 정호용, 장세동, 고명승과 2016년 사과 재실현을 위한 모임 주선	139
43	2020.8.11. 민정기 비서에게 〈5공과 5.18 화해〉 참여하면 고소, 고발 취하 제의	140
44	2016년 오마이 뉴스 구영식 기자 〈전두환과 광주 화해 프로젝드〉 추진 인터뷰	142-155
45	2016년 소논문 〈남북통일을 위한 국민대 통합론〉 (단행본 제 11화)	156-170
46	2012년도 한반도 프로세스 포럼 행사 사진 (1)	171-172
47	2013년도 한반도 프로세스 포럼 행사 사진 (2)	173-174

2021년 한반도프로세스포럼 활동 사진

에필로그

 이 글을 마무리하며 한국정치 60년과 군부 역사(5공 집권시나리오)와 필자의 삶의 흔적도 되돌아보았다. 한국정치 60년은 대충 1960년부터 2020년까지를 말한다. 박정희 대통령 집권 18년과 전두환, 노태우 집권 13년과 퇴임 후 30년을 말하며 전두환이 주도한 5공 집권시나리오 역사는 1960년부터 지금까지 60년을 말하고 1980년 후 지금까지 계속된 5·18 관련 역사 44년 등을 포함한 기록이다.

 햇수로는 1961년부터 2023까지 62년 동안 있었던 한국 정치와 군부역사다. 상호 겹치긴 하지만 이 역사의 주인공은 전반부 20년은 박정희 대통령 역사이고 전두환의 역사는 1963년 7·6 쿠데타 이후 2023년 현재까지 60년 역사다.

 차제에 필자는 두 가지 질문을 해 본다. 첫째, 이들은 과연 군인이 되어 군과 국가를 위하여 헌신적으로 희생하며 봉사하는 삶을 살았는가? 다음은 이들은 과연 친구간에 의리를 지키지 않으면 자결하기로 한 약속을 지켰는가를 묻는다.
 답은 한마디로 둘 다 아니었다고 단정한다. 군과 국가를 위하기 보다는 자신의 정치적 욕망 달성을 위하여 주구 같이 달렸고 의리는 헌 신짝처럼 날려 보냈다. 군과 국가를 위한다는 명분을 앞세우고 정치적 목적 달성을 위하여 목숨을 걸었고 친구 간의 의리를 목숨과 같이 여기는 것이 아니라 자신의 사욕을 위하여 배신과 배반을 식은 죽 먹듯 하였다.

필자는1961부터 1973년까지 역사는 손영길 장군과 전두환 장군의 실화를 기록하였고 1970년부터 현재까지 53년 군부 역사는 필자가 직접 지켜보고 경험한 것들을 기록했던 수기와 기억을 되살려 역사를 썼다. 2016년 전 전 대통령의 사과와 화해 결단은 정호용 장군과 같이 추진했던 〈5공과 5·18 화해〉 운동을 통하여 얻어낸 값진 역사임을 밝힌다.

돌이켜 보면 한국 사회가 동서로 갈리고 분열이 심했던 이유 즉 국민통합을 이루지 못한 요인 역시 육사 출신 한 사람이 북괴군 침투라는 허위 맹랑한 주장을 하여 국가와 국민을 혼란시킨 것이고 '하나회'가 이를 부추기고 4성 장군 육사 출신 장교와 일부 목사가 이를 떠들고 다녀 국민통합을 이룰 수 없도록 방해를 하였던 2005년부터 20년은 분노로 점철된 쓰디 쓴 고통의 역사였음을 5공 실세와 고위 장성 그리고 목사들에게 고한다. 얼마나 많은 사람들이 20년간 정신적 고문을 당했나 생각해 보라고 외친다.

이 문제로 시달리던 전 전 대통령은 재판에 시달리다 비명에 돌아가셨고 국가를 사랑했던 태극기부대를 오염시켰으며 정치권에까지 침투하여 나라를 온탕 분란속에 빠뜨리지 않았는가? 계엄 하에 600명의 북한군이 바람같이 침투하여 구름같이 사라졌다면 대한민국의 존재와 권위는 싸그리 무너졌다고 봐야하고 당시 군인들은 모두 처벌받아야 마땅하지 않은가?

필자는 2017년 탈북동포지원한국교회 연합 대표당시부터 알고지낸 임모씨를 알고 있다. 이분은 5·18 당시 북괴군으로 침투했다가 월북 후 재차 탈북한 자라며 책을 쓴 자 였다. 이분이 필자에게 사실이 아니라는 고백을 한 증거를 가지고 있는바 언제든지 밝힐 수 있음을 밝힌다.

필자는 제 3 공화국이 무너진 것은 1973년 윤 장군 사건 당시 가해자와 피해자가 누군 인가를 밝혔고 10·26과 12·12와 5·18의 진실을 밝히면서 5 공 집권시나리오를 썼다. 현 시점에서 남은 과제는 역시 〈5공과 5·18 화해〉라고 생각한다. 많은 식자들이 절대로 화해가 안 된다고 하지만 필자는 이 문제를 마무리 지어야 동서화합과 국민대통합을 이룰 수 있다는 확신을 가지고 있다.

당시 책임자들은 사과 없이 생을 마감하였고 남은 자들은 침묵과 회피로 일관하는 게 작금의 현주소다. 반면에 한때 반란군의 일원이었던 필자는 과거 회한을 곱씹어보며 역사적 진실을 제대로 알림으로 국민 대통합을 이룰 수 있다는 가느다란 희망을 가지고 이 글을 써 내려갔다.

모쪼록 이 책의 출판으로 인하여 여러분의 궁금증을 풀어주고 여러분들의 올바른 국가관, 애국관, 민족관, 정치관 형성에 도움이 되고 동서화합과 국민대통합에 도움이 되기를 희망한다. 이 책을 통하여 잘못 인식되었거나, 와전되어 잘못 알려진 대한민국 현대사가 사실대로 바로 알려지기 바란다. 지금도 역사를 왜곡하려는 자들이 많고, 아니라는 것을 인정하면서도 특별한 정치적 목적으로 진실을 인정하지 않거나, 부인, 부정, 왜곡하는 분들이 많기 때문에 당부의 말씀을 드리는 것이다.

이 일을 위하여 목사님들과 특히 박근혜 전 대통령의 도움을 요청하였고 특별히 살아있는 5공 인사들과 공개 토론도 제의해 놓았다. 영화 '서울의 봄'을 관람한 천만 명 국민과 지난 과거사를 경험하지 못한 젊은 세대들이 지난 과거를 바로 이해하고 앞으로는 이와 같은 전철을 밟지 않고 새로운 역사의 주인공이 되어 대한민국의 고유한 전통인 백의(白衣)민족정신과 홍익인간(弘益人間) 정신을 살려 아름다운 민족정기(民族正氣)를 바로 세우는 역사가 이루어지기를 바란다.

이 책을 쓰면서 지난 50년 동안 겪었던 역사를 돌아보며 많은 고뇌와 번민이 있었음을 고백한다. 때로는 분노했고 희생된 분들과 가족을 생각하며 뜨거운 눈물을 흘리기도 하였다. 그 동안 여러 차례 기고, 기자회견, 인터뷰, 증언, 강연을 해 오던 중 이 책을 발간하게 된 것을 다행이라고 생각한다.

이 책을 쓸 수 있도록 도와주신 손영길(93) 장군과 정호용(93) 장군 그리고 필자가 보안사령부에서 상관으로 모셨던 김병두 장군, 권정달 장군, 이용린 장군님께서 더욱더 건강하시기를 바라며 특히 병원에서 요양 중인 백동림 대령님과 한용원 대령님의 쾌유를 진심으로 바라며 가족 여러분들께 위로의 말씀을 올린다.

〈후원과 관심 부탁드립니다.〉

이 책의 수익금은 비영리단체인 〈한반도프로세스포럼〉의 동서화합과 국민대 통합 기금으로 사용될 것입니다. 이 뜻깊은 활동에 함께 참여하고 싶은 분은 많은 관심과 후원 부탁드립니다.

- 단체명 : 한반도프로세스포럼 (서울시 1826호. 2012년 등록)
- 계좌번호 : 신한은행 140-013-435708
- 주소 : 서울시 강동구 양재대로 1626 고덕빌딩 503호
- 전화 : 010-2333- 3418
- 대표 : 김충립

※ 책을 구매하신 분은 본 회 회원가입을 해드립니다. (전화요망)

한반도프로세스포럼 새 회원 초대의 말씀

1. 본 모임은 2012년 박근혜 대통령 후보의 제안으로 한국기독교 협의회 신신묵 목사님과 여러 목사님과 필자가 같이 〈동서화합 및 국민통합 운동, 탈북동포지원 활동, 사회정화 및 치유 활동〉을 목적으로 서울시에 등록된 비영리단체입니다.

2. 지난 12년 동안 〈탈북동포지원 활동〉, 〈5공과 5·18 화해 운동〉을 해왔으며 앞으로 기독교를 통한 사회정화 및 치유활동을 지속하여 국민통합 운동을 하기 위하여 새로이 회원을 모집하오니 많이 동참해 주시기 바랍니다.

3. 금 번 발행한 필자의 책을 구독하신 분을 회원으로 참여해 주시기 바라며 앞으로 기자 간담회, 토론회, 세미나, 회지 발간 등 여러 활동을 같이 하시기를 희망합니다.
   이 책을 구매하신 분은 이 메일 (clklm1945@naver.com)이나 전화 (010-333-3418)로 등록해 주시기 바랍니다.

4. 사회 정화와 치유 활동을 회원님과 같이 하려고합니다. 특별히 교회와 사회단체를 통한 국민 통합을 위한 치유활동을 하고자 하오니 회원님께서 주선해 주시고 회원 여러분께서 동참해 주시기 바랍니다.

   회원 여러분의 동참을 기대합니다.

회장 김 충 립

〈숨겨진 5공집권의 진실〉
전 특전사령부 보안반장의 수기

짓밟힌 서울의 봄

비극의 10·26, 거짓의 12·12, 잔혹한 5·18

초판 발행 : 2024년 1월 25일

지은이 : 김 충 립 (010-2333-3418)
(E-mail : clkim1945@naver.com)

펴낸곳 : 도서출판 혜민기획
출판등록 1995년 8월 4일 제 2-2017호
주소 서울시 중구 퇴계로-226, 405호(복조빌딩)
전화 02-722-0586 팩스 02-722-4143
E-mail : dmo4140@hanmail.net

@ 2024 김충립

ISBN 979-11-88972-85-2

정가 : 18,000원

※ 저자와 출판사의 서면에 의한 허락없이 내용의 일부를 무단으로
　인용하거나 발췌하는 것을 금합니다.
　　잘못된 책은 교환해 드립니다.